BECCA ANDERSON

MULHERES INCRÍVEIS

★★★

HEROÍNAS E PIONEIRAS QUE
MARCARAM A HISTÓRIA

BECCA ANDERSON

MULHERES INCRÍVEIS

★★★

HEROÍNAS E PIONEIRAS QUE MARCARAM A HISTÓRIA

TRADUÇÃO
UBK Publishing House

© 2017, Becca Anderson
Copyright da tradução © 2020, Ubook Editora S.A.

Publicado mediante acordo com Mango Media Inc. Edição original do livro,
The Book of Awesome Women, publicada por Mango Media Inc.

Todos os direitos reservados. Nenhuma parte deste livro pode ser utilizada ou reproduzida sob quaisquer meios existentes sem autorização por escrito dos editores.

COPIDESQUE	Sol Coelho
REVISÃO	Pérola Paloma | Jaciara Lima
	Mariá Moritz | Patrícia Baroni
CAPA E PROJETO GRÁFICO	Bruno Santos

Dados Internacionais de Catalogação na Publicação (CIP)
(Câmara Brasileira do Livro, SP, Brasil)

Anderson, Becca
  Mulheres incríveis : heroínas e pioneiras que marcaram a história / Becca Anderson ; tradução UBK Publishing House. -- Rio de Janeiro : Ubook Editora, 2020.

  Título original: The book of awesome women : boundary breakers, freedom fighters, sheroes & female firsts
  Bibliografia.
  ISBN 978-85-9556-226-4

1. Mulheres - Biografia 2. Mulheres - Histórias de vida I. Título.

20-33353   CDD-305.4092

Ubook Editora S.A
Av. das Américas, 500, Bloco 12, Salas 303/304,
Barra da Tijuca, Rio de Janeiro/RJ.
Cep.: 22.640-100
Tel.: (21) 3570-8150

·SUMÁRIO·

A coragem das mulheres 7
Prefácio 9
Introdução 12
1. Amazonas entre nós 18
2. Eco incríveis: salvando a máe terra 37
3. Atletas incríveis: dominando o jogo 59
4. Ela os cegou com a ciência: quebrando paradigmas 87
5. Ainda assim, ela se levanta: mulheres negras admiráveis......... 121
6. Elas resistiram. Elas persistiram. Elas são incríveis 146
7. Musas e musicistas incríveis: ocupando o centro do palco 210
8. Artistas incríveis: o poder da mulher criativa 233
Referências bibliográficas 282

·A CORAGEM DAS MULHERES·

A coragem das mulheres me comove. Este poder, que só as mulheres têm, foi o que mais me incentivou durante toda a minha vida. Foram as palavras das mulheres que me criaram que me inspiraram a ter coragem para me tornar uma escritora. Um dos momentos em que senti essa alegria foi quando minha mãe me levou para assistir à peça *A Raisin in the Sun*, de Lorraine Hansberry. Este foi um episódio importante e comovente na minha vida, que ainda me inspira e alimentou e encorajou a minha criatividade. O trabalho desta bem-sucedida mulher negra, que compartilhou sua mensagem com o público de todo um país e, mais tarde, com todo o mundo, tornou-se a base sobre a qual minha criatividade pessoal foi desenvolvida. Ao ler, estudar e aprender mais, descobri que uma ex-escravizada africana foi uma das primeiras mulheres a serem publicadas na América Colonial. Que coragem! Mas não foram apenas as mulheres negras que balançaram as estruturas da sociedade e continuaram a lutar por todas nós que viemos depois: foram todas as mulheres que trabalharam, tanto dentro quanto fora de casa. Todas as mulheres que marcharam pelo direito de voto, que viajaram em ônibus pelos direitos civis e ousaram sentar-se em qualquer lugar. Toda mulher que não ouviu quando lhe foi dito que não podia fazer contas ou pilotar um avião ou ser uma astronauta, uma cientista ou uma atleta. Graças a Deus, estas mulheres não deram atenção a ninguém a não ser elas próprias. Ouviram os próprios corações. Ouviram um chamado à grandeza e atenderam. Somos todas nós, fluindo como um rio e subindo como a maré — irrefreáveis. Muitas destas mulheres fizeram escolhas difíceis e uma aposta no futuro, mais para nós do que para elas próprias. Elas foram ignoradas e esquecidas pelos historiadores. E é por isso que eu adoro livros como este, que trazem à tona aquelas mulheres que corajosamente construíram o nosso futuro. Parabéns às grandes mulheres!

Ntozake Shange, poeta, romancista, intérprete e dramaturga, responsável por *For Colored Girls Who Have Considered Suicide/ When the Rainbow Is Enuf*, uma produção da Broadway ganhadora do Obie Award.

·PREFÁCIO·

Mulheres incríveis provoca uma pergunta que já me fiz dezenas de vezes: onde estava esta preciosidade de livro quando frequetei a escola? Desde a primeira série, sentei-me em minha cadeira, ouvindo sem rodeios os relatos cheios de clichê de heróis da história, todos eles — ou assim parecia — sobre homens. Nesse meio-tempo, enquanto eu crescia no Noroeste do Pacífico, nos anos 1950, muitas das mulheres perfiladas neste livro estavam ocupadas fazendo história, mudanças, contribuições intelectuais e sendo disruptivas. Ouvi falar de alguma delas na escola? Na mídia? Naquele brilhante novo mundo das comunicações chamado televisão? Raramente, se é que houve alguma vez.

Minha vida teria sido diferente se eu tivesse esses exemplos ousados para ambicionar, para criar coragem, para me apoiar como meu próprio grupo de apoio pessoal sobre a história? Com certeza.

Por exemplo, quando minha mãe e meu pai me empurraram para uma determinada faculdade, eu perguntei o que eles me imaginavam fazendo com essa educação. Eles disseram: "Você pode ser uma enfermeira, talvez. Ou uma professora." Eu me revoltei contra essa visão pequena e esse caminho bem-intencionado do ensino superior. Passaram-se décadas antes que eu percebesse que o aprendizado (tão válido na vida universitária quanto em instituições mais tradicionais) me libertaria, permitindo que eu me tornasse o que quer que desejasse ser.

Ao longo dos anos, em minha jornada como escritora e pesquisadora, muitas das heroínas deste livro tornaram-se também minhas heroínas pessoais. A vida e os feitos de mulheres como Mary Leakey, Karen Silkwood, Margaret Mead, Rachel Carson e Eleanor Roosevelt comoveram-me profundamente e me ajudaram a crescer. Como uma repórter universitária de trinta e poucos anos precisei, por exemplo, escrever a minha primeira notícia sobre a vitória de Billie Jean King sobre Bobby Riggs na Batalha dos Sexos — e, ao fazê-lo, a audácia das ações de Billie Jean atingiu o seu objetivo. *Mulheres incríveis* traz todas as minhas mulheres favoritas, e mais centenas, à luz — um feito enriquecedor e brilhante para um livro.

Ultimamente, tenho pensado muito sobre como e por que o quebra-cabeças de toda a nossa história humana tinha tantas peças femininas faltando. Desde 1995, data de publicação do livro *Uppity Women of Ancient Times*, o meu primeiro sobre conquistas femininas da vida real ao longo do tempo, participei de centenas de conferências, workshops e palestras sobre as mulheres energéticas e corajosas do nosso passado antigo, medieval e renascentista. Eu assinalo que muitas dessas pioneiras eram famosas — ou infames — em suas épocas. Invariavelmente, alguém na plateia pergunta: "Se estas mulheres eram figuras populares, como e por que se tornaram invisíveis?"

Nesta altura, menciono um trio de nomes de mulheres e digo: "O que esses nomes significam para você?" Depois de ter feito este questionamento a milhares de pessoas (muitas delas mulheres cultas, cuja educação excede em muito a minha), lamento dizer que ninguém soube responder. Ninguém. Nenhuma pessoa identificou três mulheres-chave que selecionei ao acaso a partir da nossa própria história americana, muito recente.

Esta resposta — ou a falta de uma — leva-me ao meu ponto mais revelador. "Percebe? Mesmo no fim do século xx, o processo histórico de invisibilidade muitas vezes começa de imediato na vida de uma mulher."

Mulheres incríveis é um antídoto perfeito para esse processo, um retrato ousado e colorido de mulheres que arriscaram perseguir seus sonhos. Nessa busca, elas mesmas se tornam matéria-prima, a matriz de ideias para os sonhos de outras mulheres. Tornam-se, numa palavra, heroínas — uma palavra e uma noção, cujo grupo de apoiadores vai ficar cada vez mais clamoroso no novo e corajoso segundo milênio.

Vicki Leon, autora da série *Uppity Women in History*, publicada pela Conari Press.

P.S.: Faça o meu teste "mulheres invisíveis" e veja o quão bem você se sai. Identifique as seguintes mulheres do século xx: Junko Tabei, Sally Louisa Tompkins e Gerti Cori.

Respostas: Junko Tabei — primeira mulher a escalar o Monte Everest, em 16 de maio de 1975. Esta dona de casa levou uma equipe só de mulheres japonesas ao cume. Sally Louisa Tompkins — única mulher a ser nomeada oficial do Exército Confederado, onde dirigia um hospital que já tinha estabelecido (à sua própria custa) com a menor taxa de mortalidade de qualquer hospital para soldados no Sul. Gerti Cori — primeira médica a ganhar um prêmio Nobel; premiada em Fisiologia e Medicina em 1947, um prêmio compartilhado com seu marido.

·INTRODUÇÃO·

Mulheres sempre foram poderosas. Tanto que vários milênios de opressão só nos tornaram mais fortes. Não importa a quantidade de fogueiras para bruxas, saltos agulha ou a falta de direitos humanos básicos, nada pode parar o atual florescimento da mais ousada e corajosa onda de mulheres e garotas, aqui no início do novo milênio.

As mulheres sempre foram heroínas. Mas falar isso já não é o suficiente. Enquanto sacudimos os últimos vestígios de uma grande ressaca patriarcal, as mulheres precisam de uma nova linguagem, de um novo dialeto e de um paradigma recém-forjado para expressar uma feminilidade independente, que não tem nada a ver com submissão — exceto, é claro, que seja de seu interesse. Mulheres corajosas, além de retomarem o seu poder, devem ter um nome próprio. Qualquer mulher sábia pode te dizer que as palavras têm poder. Como Rumpelstiltskin sabia, conhecer o nome de algo ou alguém é ter domínio e poder sobre o nomeado. Ele tremia em suas botas de couro por medo de que a princesa que havia aprisionado (para que ela transformasse palha em ouro nos seus cofres decadentes) descobrisse seu nome. Claro, a nossa protagonista se apoderou da boa e velha intuição feminina, e o jogo dele terminou. Como heroínas, todas as mulheres podem abraçar e encarnar o ardente poder feminino em sua totalidade e celebrar a potência única de nossa tribo. Ao se apossar, propagar e orgulhosamente ostentar o título e o estandarte dos heróis, as mulheres podem se identificar com traços de força, coragem e individualidade sem limites, compartilhando e espalhando o poder ao seu redor. Retomar o poder não significa necessariamente que o poder tenha de ser retirado de outra pessoa; há o suficiente para todos. Não há necessidade de repetir os erros do passado.

PODER. COMPARTILHE: ELE CRESCE!

Firmes e fortes e, não raro, empunhando uma caneta e uma espada, mulheres incríveis vêm em todas as formas, tamanhos e cores imagináveis, e manifestam seu heroísmo de infinitas maneiras. Nossas heroicas antepassadas de séculos anteriores abriram o caminho para as ciber-heroínas e deusas da atualidade — e isso numa época em que as mulheres eram relegadas ao status de cidadás de segunda classe, se tivessem a sorte de ser cidadás. As suas realizações são impressionantes, levando em conta o fato de ter existido, para todos os efeitos práticos, um sistema tácito de castas com um gênero no topo. Lutando contra a exclusão e o isolamento, estas mulheres incríveis arriscaram tudo pela liberdade que desfrutamos e sustentamos hoje. Mulheres guerreiras, que não aceitaram um *não* como resposta e assumiram a liderança mesmo sem autorização, enfrentando um sem-número de reprovações, a má fama e muitas outras desvantagens.

A JORNADA DA HEROÍNA

Os heróis e suas viagens ganharam bastante espaço graças à erudita bolsa de estudos do falecido mitógrafo Joseph Campbell, que popularizou o gênero. A sua delineação da Jornada do Herói começa com a inquietação e a escuta do chamado à ação; ele vai para a estrada, entre a matança de um dragão e uma passagem subterrânea de ida e volta através do inferno, onde o herói enfrenta a morte, transformando sua busca visionária em autoconhecimento; então retorna para casa.

O arquétipo heroico foi apresentado ao mundo quando George Lucas extrapolou a explicação de Campbell sobre a Jornada do Herói na trilogia *Star Wars*. É importante ter em mente que nem todos os aspirantes a herói que se lançam no caminho da grandeza são bem-sucedidos. Na verdade, os candidatos mais promissores podem fracassar — olhem para Lancelot, a flor da França e o melhor cavaleiro da corte do rei Artur, que traiu o seu senhor feudal e perdeu a sua honra. O heroísmo nada garante! A questão a se considerar aqui é como a viagem de uma heroína difere, se é que difere, completamente, da viagem do herói. Tendo estado obcecada com esta mesma questão durante a maior parte de um ano, concluí que é, de fato, diferente.

Curiosamente, o próprio Campbell nunca abordou o assunto, mas comentou que a questão sempre surgiu após as suas palestras (*Você não consegue imaginar as alunas do Sarah Lawrence College protestando?*). Sua posição era que "se uma mulher se envolve na mesma busca que um homem, então sua mitologia será essencialmente a mesma que a do herói masculino".

Além do fato de que a realização por si só não é a verdadeira marca da evolução psicoespiritual de um ser humano, as mulheres têm conseguido grandes conquistas desde que transformaram a sociedade primitiva da caça e da coleta em comunidades baseadas na agricultura. Por essa razão, poderíamos voltar ao início, à Eva — que teria queimado seu sutiã, se tivesse tido um — e às suas antecessoras entre as primeiras mulheres, incluindo a primeira feminista, Lilith, que Yahweh tentou engatar com um Adão totalmente humano. Lilith, sendo semidivina, não queria saber de nada dessa disposição humana e mundana, e caiu fora imediatamente. Mas, de acordo com os primeiros Evangelhos Gnósticos Cristãos, antes de haver Adão e antes mesmo de haver Deus, havia Sofia, a entidade primordial e muito feminina que encarnava a sabedoria absoluta associada ao coração incognoscível das trevas.

Marion Woodman, sem dúvida uma das mais proeminentes analistas junguianas do nosso tempo, examina a "jornada da heroína", como ela a chama, profunda e brilhantemente. Em seu excelente livro sobre o assunto, *Leaving My Father's House*, Woodman alcança o cerne da repressão das energias audaciosas e poderosas das mulheres e defende que as mulheres transcendam o velho modelo patriarcal, livrando-se de sistemas de controle obsoletos e os perigosos *daddy issues*, para iluminar o mundo com nosso verdadeiro espírito e nossa excelência. "Enquanto uma mulher aceita a projeção arquetípica de um homem, ela está presa a um entendimento masculino da realidade", Woodman observa. A jornada da heroína, explica ela, é um despertar para a consciência, e "ficar com o processo é o que importa". A heroína não precisa necessariamente ir para o submundo; ela pode voltar-se para dentro, para a sabedoria intuitiva e ocasionalmente supraconsciente no âmago do seu ser — Sofia, a sabedoria feminina divina. Woodman exorta as mulheres a compartilhar essas histórias de transformação e crescimento para "abrir o caminho da liberdade" para outras mulheres.

Mulheres incríveis é uma coleção de histórias de vida das precursoras da transformação feminina. Cada uma das heroínas deste livro, e milhares que não estão aqui, fizeram este trabalho. Elas libertaram toda a sua energia e, ao fazê-lo, mudaram o mundo para nós, abrindo caminhos, derrubando barreiras e capacitando outras mulheres a fazer o mesmo.

Irmãs-heroínas, sufragistas, amazonas e sacerdotisas lançaram as bases para as heroínas pós-modernas de hoje, que estão fazendo novas greves na arte e nas letras, no mundo dos negócios, no poder e nas arenas esportivas. Desde Madeleine Albright, que declarou que a política "não é mais uma fraternidade!", até a corajosa atitude de Ellen DeGeneres ao se assumir lésbica em seu programa de televisão, as mulheres estão fazendo enormes progressos hoje, que devem nos levar a um século XXI fabulosamente feminizado. Uma encantadora ironia que percebi é que a já mencionada trilogia *Star Wars* contém o paralelo perfeito entre a jornada do herói e da heroína, embora isso não pareça ter tanta importância quanto todo o *hype* em torno do sucesso internacional desta mítica série de ficção científica. Você deve lembrar que Luke Skywalker tem uma irmã gêmea, ninguém menos que a princesa Leia Organa. Enquanto Luke brincava com androides e passeava pelo seu planeta em naves espaciais improvisadas, a princesa Leia estava dominando a rebelião contra o fascista Darth Vader. Ela estava falando sobre abandonar a casa do seu pai!

TROPEÇANDO NA LUZ FEMINITÁSTICA

Este livro de heroínas pretende ser também um apelo à ação e um chamado desafiador para honrar mulheres fortes e corajosas, contando suas histórias. Este livro é apenas a ponta do iceberg heroico, no entanto. Se eu fizesse do meu jeito, esse trabalho nunca acabaria, porque eu gostaria de incluir todas as heroínas que já viveram. A minha maior esperança é que isso acenda algo em você, leitora — quem são as suas heroínas pessoais? Conte para mim.

A etnógrafa Marina Warner, em sua inspiradora pesquisa das mulheres nos contos de fadas e folclóricos, *From the Beast to the Blonde*, conclui que as palavras e o manejar das palavras são o reino das mulheres: "A história em si torna-se a arma dos sem-armas. As lutas das mulheres, por exemplo, não se resolvem com combates em geral (exceto por uma ou duas heroínas amazonas), enquanto as contendas masculinas podem criar épicos heroicos... as artes femininas dentro dos contos de fadas são muito marcantes, e a maioria delas são verbais: enigmas, feitiços, conjurações, entender as línguas dos animais, transformar palavras em atos". Contar histórias é uma forma de tecer a trama da percepção, introduzindo novos fios, nova consciência. Desta forma, as histórias de heroínas podem, em um nível arquetípico, mudar, transformar e criar uma nova realidade para nós e, mais importante, para as jovens mulheres e as meninas. Imagine uma utopia neoamazona onde toda adolescente tem uma autoestima altíssima — sem Ofélias para reviver! Toda a estima pela frente e absolutamente sem pudor, glorioso.

Isto leva de volta ao ponto original do que é esta aventura de contar histórias, para mim. No início era o Verbo. Logos. Sofia. No novo início é a palavra — *shero*! O termo "mulheres heroicas" não é mais suficiente para uma população pós-patriarcal, e a possibilidade de confusão entre a palavra heroína e o opiáceo extremamente viciante é, certamente, uma desvantagem e razão suficiente para abraçar o manto do *sheroism*. Por isso, devo agradecer à poeta heroína Maya Angelou, que usou a palavra em um discurso e despertou o conceito para mim.[1] Para finalizar, quero agradecer a todas as mulheres que estabeleceram os modelos e derrubaram as paredes da opressão, tijolo por tijolo. Muitas vezes, ao pesquisar a vida dessas mulheres, fiquei emocionada ao perceber o que elas enfrentaram em nome de suas magníficas realizações — entre tantas, Elizabeth Blackwell, que entrou na faculdade de medicina como uma piada e riu por último; a supermodelo Waris Dirie, que lutou contra o flagelo da circuncisão feminina; e toda heroína da classe trabalhadora que exigiu o seu devido respeito. Dedico este livro a cada heroína cuja história permanece por contar e cujo espírito insaciável continua vivo!

---

1. Em inglês, há um equivalente para "heroína", *heroine*, mas a palavra é mais associada à droga heroína do que a super-mulheres, que normalmente são chamadas de *hero*, como os homens. Como em português usamos o feminino de "herói" com frequência, a palavra foi utilizada quando a autora optou pelo termo de Maya Angelou. (N. da E.)

1
·AMAZONAS ENTRE NÓS·

Desde a queda de Troia, as amazonas nunca saíram de moda. Agora, no novo milênio, elas nunca estiveram mais em alta! O fenômeno global da maravilhosa Xena, a princesa guerreira, e sua ajudante Gabrielle, é uma prova positiva de que as amazonas estão, mais uma vez, governando o mundo. Geralmente, as amazonas representam a agressividade feminina (afinal, se você pode invocar uma musa, por que não invocar a coragem das amazonas? Por que será que ainda não existe um livro de autoajuda para empoderar as mulheres intitulado "abraçando a sua amazona interior"?)

O mito da nação das amazonas fala de um país só de mulheres à beira do rio Termodonte, com um governo muito avançado e o melhor exército do mundo. Ocasionalmente, elas socializavam com os homens de outras nações com o propósito de gerar filhos. O destino dos bebês do sexo masculino nascidos no país das amazonas era lamentável: eles eram castrados e escravizados. O antigo historiador Diodorus Siculus registrou histórias de campanhas militares amazonas em cavalos velozes e bem treinados, arcos esportivos, flechas, machados duplos e um único seio (elas cortavam um dos seios para serem melhores arqueiras e para usarem seus escudos especiais), com os quais conquistaram uma ampla faixa desde a Ásia Menor até o Egito. Grécia e África não foram as únicas culturas a celebrar o valor da mulher. A mitologia nórdica tem uma espécie de amazonas do pós-vida, as Valquírias, "as escolhidas dos mortos" da cultura nórdica antiga.

Damas de Odin, as Valquírias incluem Gondul, "a loba"; Skuld; Skorn, a portadora da morte; Brunnhilde, "aquela que chama"; Hrist, "a tempestade"; e Thrud, "a força", que cavalgam pelos céus em cavalos de batalha, preparando-se para o Ragnarok, a batalha que marca o fim do mundo.

Estes e todos os outros anjos vingadores e bruxas infernais quebram todos os estereótipos sobre as mulheres como o gênero mais gentil. Resumindo a conduta de "não fazer prisioneiros", estas mulheres guerreiras esmurraram, chutaram, esfaquearam, atiraram e fizeram seu caminho ao topo. Górgonas, fúrias, rainhas piratas, princesas guerreiras, freiras marciais, bacantes, gladiadoras e guerrilheiras desde a antiguidade até o século XXI representam o heroísmo no seu sentido mais visceral e emocionante.

PENTESILEIA: A VERDADEIRA

Filha de Otrera, Pentesileia foi a governante, juntamente com sua irmã Hipólita, da nação amazona da Idade do Bronze, em uma área do Mar Negro. Uma guerreira feroz, o nome Pentesileia significa "aquela que obriga os homens a lamentar". Durante o reinado de Otrera, repetidos ataques de destacamentos da Guerra Grega erodiram as fronteiras do seu outrora extenso império. A própria nação das amazonas, porém, vivia em paz; suas mulheres guerreiras eram consideradas os soldados mais habilidosos entre todos os exércitos do mundo. Mesmo os aventureiros piratas do mito dos Argonautas abandonaram seus planos de invasão ao país das amazonas quando viram como ele era pacífico e autossuficiente.

Pentesileia foi a maior amazona de todos os tempos. No início, a sua excelência com armamento tinha a caça como propósito principal. Quando sua irmã morreu, caindo sobre a lança de Pentesileia durante uma caçada, ela escolheu canalizar sua dor e fúria para a batalha. A pedido da rainha Hécuba, libertou a cidade de Troia, cercada pelos gregos durante anos. A ligação entre Troia e o país das amazonas é anterior a Homero e Eurípedes em séculos, e muitos estudiosos acreditam que Homero adaptou sua famosa história da poetisa egípcia Fantasia e a reorientou para os gostos patriarcais de seu público grego.

Essencialmente, o calcanhar de Aquiles de Pentesileia era o seu desejo de liderar o ataque à Troia, a cidade-Estado no Mediterrâneo da Ásia Menor a cultuar uma Deusa. As lendas variam, mas o consenso entre os historiadores é que Aquiles olhou para a poderosa e bela Pentesileia e se apaixonou profundamente. Eles lutaram implacavelmente, e a rainha amazona provou ser o único soldado que Aquiles já havia encontrado que fazia frente a ele. Uma versão retrata a grande Pentesileia tirando a vida de Aquiles e de dezenas de outros gregos no campo de batalha ao redor de Troia, só para ser frustrada quando o deus Zeus trouxe Aquiles de volta à vida. Nesta versão, ela morre, mas a dor de Aquiles foi tão severa que ele matou vários dos seus aliados que tinham mutilado o corpo dela (em outra versão, ele viola seu corpo em uma luxúria necrófila gratuita). Outros relatos dos contos trazem Pentesileia matando brutalmente o grego e se apaixonando por ele enquanto seus olhos moribundos se fecham travados nos dela, depois se fixam no próprio cadáver antes que ela o devore, em um ato final de amor selvagem.

Somente trechos do antigo poema *Etiópida*, que descrevem Pentesileia e a libertação de Troia, sobreviveram desde a antiguidade. Eles incluem um discurso sufragista feito por essa espantosa amazona: "Não somos inferiores em força aos homens; temos os mesmos olhos, os mesmos membros; vemos a mesma luz comum, respiramos o mesmo ar; a comida que comemos não é diferente. Então por que nos foi negado o Paraíso concedido ao homem? Apressemo-nos para a guerra gloriosa!"

OUTRAS MULHERES GUERREIRAS DO MUNDO ANTIGO

Marpésia, "a ladra", era a governante das amazonas de Cítia junto com Lâmpedo. Em frenesi, as bacantes eram criaturas ferozes, com as quais não se podia brincar, especialmente depois de alguns goles de vinho ritualístico; Marpésia lutou e arrancou a cabeça de seu próprio filho, Penteu, em um de seus êxtases, confundindo-o com um leão. Ela então desfilou orgulhosamente segurando a cabeça decapitada para que todos pudessem ver. Seu marido conheceu um fim semelhante em outro rito. Agave era uma deusa da Lua e estava a cargo de algumas das revelações que foram o precedente para o culto de Dionísio. Eurípides celebrou a ferocidade de Agave e suas companheiras Ino e Aunonoë, em sua tragédia *As bacantes*, com soldados que relatam como "quase não escapamos de sermos rasgados em pedaços em suas mãos" e descrevem ainda o choque de testemunhar aquelas mulheres semidivinas rasgando membros de jovens touros com seus terríveis "dedos sem faca". Nessa versão, Penteu morreu enquanto tentava espiar o ritual privado das bacantes, disfarçado de mulher.

Aba foi uma guerreira que governou a cidade de Olbe na nação de Tencer por volta de 550 a.C. Ela obteve apoio de alguns grandes nomes, como Cleópatra VII e Marco Antônio! Tencer permaneceu um matriarcado após o seu reinado, passando para as suas descendentes femininas.

Abra foi irmã de Artemísia (rainha de Cária e conselheira militar de Xerxes) e uma rainha guerreira (por volta de 334 a.C.) por direito próprio. O brilhante estrategista militar Alexandre ajudou-a a recuperar o trono tomado por seu irmão invasor. Ela liderou e triunfou no cerco da capital da acrópole, tomando a cidade em seguida. Contribuíram para sua ferocidade as emoções intensas de uma guerra civil entre gêneros dentro de sua própria família, "o cerco tendo se tornado uma questão de raiva e inimizade pessoal", de acordo com Strabo.

Hércules foi o guerreiro mais feroz, até que lutou contra Admete, também conhecida como "A Indomada", que o venceu e o fez servir a deusa Hera, a esposa de Zeus, que detestava Hércules. Hera recompensou Admete por sua lealdade e excelência, nomeando-a sumo-sacerdotisa do templo da ilha de Samos; Admete, por sua vez, em um fervor evangélico para honrar sua deusa, expandiu o território do culto feminino à Hera até os confins do mundo antigo.

Aëllopus era uma harpia que lutou contra os argonautas; seu nome significa "pés de tempestade".

Crisópolis foi rainha de Sicião por volta de 300 a.C. Ela esteve em batalhas ao lado de seu marido, o famoso Alexandre, o Grande, e lutou mesmo após sua morte. Ela governou com sucesso várias cidades gregas importantes e gerenciou um vasto exército de soldados-mercenários. Ela tentou tomar Corinto de Ptolomeu e quase se casou com ele, mas os planos fracassaram.

Larina foi uma amazona italiana que acompanhou Camilla na Eneida ao lado de outras companheiras de luta, Tulia, Acca e Tarpeia. Segundo o poeta Virgílio, "elas eram como as amazonas trácias que fazem tremer as águas de Termodonte e guerreiam com seus braços ornamentados, seja ao redor de Hipólita ou quando a guerreira Pentesileia volta em sua carruagem, fazendo os exércitos femininos exultarem com um grande grito e o clamor crescente de escudos se chocando".

Rodogune, rainha da antiga Pártia em 200 a.C., recebeu a notícia de uma revolta enquanto tomava banho. Com a promessa de acabar com a revolta antes de pentear o próprio cabelo, ela saltou para o cavalo e correu para conduzir o seu exército à defesa. Fiel à sua palavra, conduziu toda a longa guerra sem nunca tomar banho ou se pentear. Os retratos de Rodogune sempre retratam fielmente seu estado caótico (outra rainha do mundo antigo, **Semíramis**, também saiu do banho para o campo de batalha quando seu país precisou de uma líder corajosa).

Da linhagem real de Cleópatra, **Zenóbia** preferiu a caça ao banho e ao conforto. Ela foi rainha da Síria durante um quarto de século a partir de 250 d.C. e uma grande estudiosa, registrando a história da sua nação. Era famosa por sua excelência em safáris, especializando-se na habilidade rara de caçar panteras e leões.

Quando os romanos vieram atrás da Síria, Zenóbia destruiu o exército imperial em batalha, fazendo-os fugir com o rabo entre as pernas. Isto inspirou a Arábia, a Armência e Periso a se tornarem seus aliados e ela foi nomeada Senhora das Nações. Os romanos lamberam as feridas e pediram a ajuda dos bárbaros que haviam angariado para o exército romano, incluindo os visigodos, os gauleses, os vândalos e os francos, que ameaçavam marchar contra a aliança de nações liderada por Zenóbia. Quando Marco Aurélio enviou mensageiros solicitando sua rendição, ela respondeu: "A submissão que você deseja só pode ser alcançada pelas armas. Você se esquece que Cleópatra preferiu a morte à servidão. Quando nos encontrarmos na guerra, vai se arrepender de sua proposta insolente." E lutaram. Zenóbia lutou corajosamente, protegendo sua cidade Palmira contra a horda de invasores por mais tempo do que alguém pensava ser possível. Ao ser capturada, Zenóbia foi levada acorrentada para Roma, com suas joias e sua própria carruagem, e recebeu sua própria casa em Roma, onde suas filhas se casaram em famílias proeminentes que governavam o império.

O nome de **Boadiceia** significa "vitoriosa" na língua dos celtas. Ela é a lendária rainha guerreira dos icenos de Norfolk, que liderou uma rebelião contra os romanos invasores no ano 61 d.C. e saqueou as colônias romanas, incluindo Verulamium e Londinium, que foram incendiadas por ela. Boadiceia tirou a vida de 70 mil romanos em suas batalhas e tinha a fama de ser "uma pessoa alta, de aparência comum e trajada com um vestido solto de muitas cores. Em seu pescoço usava uma corrente de ouro, e na mão trazia uma lança. Ela se ergueu para vigiar seu exército durante algum tempo e, sendo admirada com um silêncio reverencial, dirigiu-se a eles em um discurso eloquente e apaixonado". Ela suicidou-se em batalha, preferindo tomar veneno a ser morta por um inimigo dos celtas. Muitas mulheres lutaram para defender a sua terra e cultura; o exército celta era composto por mais mulheres do que homens!

OS EIXOS DE BATALHA EUROPEUS E AS COMBATENTES PELA LIBERDADE

A princesa germânica **Modthryth,** referenciada em *Beowulf,* foi de fato uma governante em 520 d.C., "uma rainha popular" com aspirações bélicas. Segundo os contos populares transmitidos na Suécia, qualquer homem que a olhasse com desejo era desafiado a lutar contra ela e a ser abatido por sua espada!

Lagertha também foi uma governante imortalizada em *Saga Hálfdanar*, que conta sua história sob o nome de Hladgerd. Ela se uniu à causa do herói Hálfdanar, liderando vinte navios em batalha para salvar o dia. Ela também é celebrada em um conto do Saxo Grammaticus, que fornece mais informações sobre o que inspirou Lagertha a assumir uma postura guerreira — ela e um grupo de mulheres nobres foram levadas como escravas por invasores, que as aprisionaram em um bordel. As nobres recusaram-se a se submeter e viraram a mesa sobre os seus captores, pegando em armas e entrando em batalha. Grammaticus descreve-a como dotada de "temperamento masculino no corpo de uma mulher. Com os cachos soltos ao redor de seu elmo, ela lutou na vanguarda da batalha, a mais valente das guerreiras. Todos se maravilharam com as suas façanhas incomparáveis".

Etelburga era uma antiga rainha guerreira britânica de Ine. De acordo com os escritos de Damico, ela ergueu uma fortaleza em Taunton em 722 d.C.

Após 150 anos do domínio de Etelburga, **Etelfleda** pegou em armas e jurou a si própria manter-se em celibato após sua experiência extremamente desagradável durante o parto. Ela e seu marido tornaram-se amigos e companheiros de guerra. Quando seu marido morreu, em 912 d.C., ela continuou lutando para defender seu pai, Alfredo, o Grande, e seu reino contra os invasores dinamarqueses. Tinha uma brilhante mente tática, unindo os reinos pré-ingleses do País de Gales e Mercia. Morreu em batalha, em Tammoth, na vila de Stratfordshire, e sua única filha, **Elfuína**, subiu ao trono até sofrer um golpe de estado por parte de seu tio ciumento e sedento por poder.

O bom rei Venceslau estava enlouquecido. Sua esposa, a **rainha Sofia** da Boêmia, teve que segurar o reduto real sozinha contra o invasor alemão, o imperador Sigismund, e um ciclópico bárbaro boêmio chamado Ziska, que imaginava ser capaz de ultrapassar e governar a Boêmia sozinho. **O Exército de Mulheres de Ziska** era um bando de reformistas e patriotas boêmios, em sua maioria mulheres e crianças, que derrubaram os soldados profissionais de Sofia com táticas originais como tirar suas roupas e jogá-las no campo de batalha para enredar as pernas dos cavalos de guerra que o Exército Real boêmio montava.

Os Cavaleiros Templários são famosos, mas as suas congêneres, as numerosas freiras de cruzada conhecidas como **Freiras Marciais**, não o são, tendo sido efetivamente "apagadas" da história — provavelmente por monges escribas invejosos! Havia freiras guerreiras que acompanhavam monges em combate nas Cruzadas nos anos 1400. Mesmo as freiras que ficaram em casa estavam frequentemente armadas — elas tinham de defender os seus conventos sozinhas na agressiva Idade Média territorial. Por exemplo, quando o anticristão Espartero invadiu a Espanha em seu famoso cerco, as freiras de Sevilha revidaram e venceram. Uma freira, que se apoderou de armas e canetas, escreveu sobre a sua cruzada a Jerusalém no momento do ataque de Saladino à cidade sagrada: "Eu usava um capacete ou, de qualquer forma, andava sobre as muralhas usando na minha cabeça um prato de metal que funcionava tão bem quanto um capacete. Embora eu fosse uma mulher, tinha a aparência de um guerreiro. Atirei pedras no inimigo. Escondi meus medos. Estava quente e não havia pausas para descanso. Uma vez uma pedra catapultada caiu perto de mim e fui ferida pelos fragmentos."

O estudo cuidadoso da história militar europeia mostra uma série de exércitos femininos, incluindo muitas mulheres do clero. Em última análise, o sucesso delas era ameaçador demais para os homens que lutavam ao seu lado, e vários papas declararam essas mulheres como hereges. **Joana d'Arc**, é claro, foi a mais famosa. Ela foi queimada na fogueira em 1431, com base em um estatuto centenário que proibia mulheres de usar armadura. Ao mesmo tempo, Joana foi a heroína nacional da França, tendo liderado a batalha para libertar os franceses do poder da Inglaterra, seguindo as vozes de santos que dizia ser capaz de ouvir. Várias mulheres foram inspiradas pelo exemplo de Joana e levadas à ação por seu assassinato. A mais bem-sucedida foi **Joan, a dama de Sarmaize**, que atraiu um séquito de religiosos que a apoiaram em Anjou. Ela afirmou ser a reencarnação de Joana d'Arc e, como sua antecessora, vestia-se com roupas e armaduras masculinas. Vários amigos e familiares de Joana d'Arc a acolheram e aceitaram. A sua verdadeira identidade nunca foi conhecida.

Onorata Rodiani foi uma pintora e muralista à frente de seu tempo, que estava ocupada imortalizando Tirano de Cremona em pinturas a óleo quando um "nobre inoportuno" invadiu a sessão. Onorata puxou sua adaga e acabou com a vida do nobre mal-educado ali mesmo, mas foi forçada a desaparecer como fugitiva. Ela aposentou os pincéis, pegou em armas ao se tornar a capitã de um bando de mercenários e morreu em 1472, em uma tentativa de defender sua terra natal, Castelleone.

Em 1745, uma escocesa chamada **Mary Ralphson** lutou em Fontenoy ao lado do marido. Conhecida como "Soldado Mary", o fato de ter apenas cinco dedos e um polegar não fizeram com que desistisse, vivendo a guerra até a impressionante idade de 110 anos.

A amazona dos vendeus, **Mademoiselle de la Rochefoucalt,** lutou contra os republicanos quando Luís XVI foi assassinado. Mesmo sendo apenas uma adolescente, era famosa pelos seus discursos no campo de batalha: "Sigam-me! Antes do fim do dia, ou cantamos a nossa vitória na terra, ou cantamos hinos com os santos no céu."

Alexandra Dourova foi uma coronel russa que lutou contra Napoleão no Quarto Regimento Hussardo. Na Primeira Guerra Mundial, o mesmo regimento alistou outra mulher combatente, **Elga Serguievna Schidlowskaia**.

A Major **Tamara Aleksandrovna** esteve à frente de um Regimento Aéreo feminino russo durante a Segunda Guerra Mundial. Seu sucesso fenomenal é evidenciado por seu recorde de 125 combates aéreos, 4.000 ofensivas e 38 aeronaves nazistas abatidas. Outras aviadoras foram a **Capitá Budanova**, **Nancy Wak** da Nova Zelândia, que voou pelos aliados na França, e **Ludmilla Pavlichenko**, que matou 309 nazistas sozinha!

Nancy Wak

Nina Teitelboim, chamada "Pequena Wanda com Tranças", era uma combatente antinazista que comandou uma força especial da Guarda Popular da Polônia, responsável por explodir o elitista Café Club, local de encontro do alto escalão da Gestapo. Depois disso, ela participou de uma incursão contra os nazistas, roubando os enormes estoques de dinheiro que eles haviam tomado do povo de Varsóvia. Depois deste sucesso, o preço da sua cabeça ficou mais alto do que nunca, e ela foi capturada e executada.

Florence Matomelo era uma soldado do movimento de resistência antiapartheid. Em 1965, foi presa por seu papel no Congresso Nacional Africano (Governo Pró-Azaniano, também conhecido como Governo rebelde negro sul-africano) e confinada à solitária, onde passou fome, foi espancada, interrogada e privada da insulina de que precisava para a diabetes. Ela morreu após cinco anos na prisão, deixando para trás vários filhos. Matomelo viveu uma vida de coragem, desafiando e protestando contra as práticas injustas das leis do apartheid, e morreu pela causa, com contribuições inestimáveis para as mudanças que finalmente libertaram os negros sul-africanos do regime racista estabelecido pelos brancos coloniais.

AS FEROZES MULHERES ASIÁTICAS

No ano 39 d.C., as irmãs vietnamitas Trung lideraram uma revolta contra a China. **Phung Thi Chinh** estava nas últimas semanas da gravidez, mas lutou ao lado das outras mulheres, deu à luz no meio da rebelião, e continuou a lutar com o seu bebê preso às suas costas em um pano.

Hangaku era filha de um nobre medieval e tinha habilidades excepcionais em arco e flecha. Nascida durante o xogunato Taira, ela lutou ao lado dos homens para defender o castelo da família. Era amplamente reconhecida por suas habilidades superiores de arco e flecha em comparação com seu pai, irmãos e marido, "disparando cem flechas e acertando cem vezes". Em 1201, ocorreu um ataque fatal à fortaleza familiar, em que Hangaku se vestiu como um menino e ficou de pé, sem se proteger, fazendo chover flechas sobre os atacantes. Nem seu impecável arco e flecha conseguiu salvar os Tairas; ela foi derrubada por uma flecha e capturada como prisioneira de guerra.

Afra'Bint Ghifar al-Humayriah foi uma mulher árabe que não usava véu e que lutou, ao lado de Khawlah, nas lendárias Batalhas dos Bastões durante o século VII. Estas mulheres engenhosas revoltaram-se contra os gregos que as capturaram, utilizando-se da única arma disponível — os bastões de sustentação das tendas em que foram aprisionadas!

De Gurrah, a rainha guerreira hindustaniana **Durgautti** liderou um pitoresco e ousado exército composto por 1.500 elefantes e 6 mil soldados a cavalo. "Como uma ousada heroína, montada dentro do *howdar* de seu elefante, armada com uma lança e um arco e flecha", escreve a heroica Eleanor Starling, ela venceu o invasor Mongol Asaph Khan e seu exército de 6 mil cavalos e 12 mil soldados a pé. Quando, mais tarde, ele virou o jogo contra ela, ela se matou com a adaga do seu tratador de elefantes em vez de suportar a derrota.

Lakshmi Bar, a Rani de Jhansi é uma das heroínas nacionais da Índia. Criada numa família de rapazes, ela era destemida e brilhante como estrategista militar. Quando seu marido morreu, ela saiu de Purdah para lutar contra os britânicos, tornando-se uma figura-chave ao treinar, com especial cuidado, mulheres para o seu exército. Estas mulheres ficaram conhecidas como as "amazonas de Jhansi". A própria Lakshmi era famosa por calmamente provocar os generais inimigos: "Faça o seu pior, e eu farei de você uma mulher." A sua fama espalhou-se como fogo selvagem por toda a Índia, transformando-a em uma heroína nacional quando furou uma emboscada britânica durante uma batalha e escapou a cavalo percorrendo 160 quilômetros em apenas 24 horas, com um menino de dez anos agarrado às suas costas. Ela e o rapaz eram os únicos dois sobreviventes das tropas indianas massacradas. Deve-se também notar que Lakshmi usava uma armadura completa num calor sufocante de quase 50°C. Ela morreu no campo de batalha em Gwalior com apenas trinta anos; um general britânico chamou-a de "a maior heroína" que ele já conheceu.

Qui Jin foi chamada de "Heroína entre Mulheres" por Sun Yat-Sen. Ela era simplesmente incrível! Nascida em 1874, seus hobbies incluíam vestir roupas masculinas e andar pelas ruas das cidades e vilarejos chineses. Ela fundou o primeiro jornal para mulheres na China, além de uma escola para meninas, e fugiu de seu casamento arranjado para perseguir seus objetivos revolucionários de derrubar a Monarquia Qing. Muito intelectual, escreveu poesias e fez um voto de silêncio durante sua prisão ao ser presa por conspirar pelo assassinato do governador Qing. Sua filha seguiu os passos pioneiros de sua mãe, tornando-se a primeira aviadora da China.

MULHERES GUERREIRAS DAS AMÉRICAS

Coyolxauhqui era uma divindade asteca que lutou contra sua própria mãe, Coatlicue, por defender o deus guerreiro que ela havia gerado (seu irmão, suponho, mas inimigo, no entanto!) O assustador nome de Coyolxauhqui significa "aquela cujo rosto foi tatuado com cascavéis".

Segundo a historiadora Carolyn Niethammer, **Pohaha** era uma corajosa e bem-humorada guerreira para quem o calor da batalha era bastante estimulante. Pertencente ao grupo indígena norte-americano Tewa, o nome Pohaha fala por si só: "po" refere-se à umidade entre suas pernas causada pela sua excitação na batalha e "haha" era uma denominação dada a ela por conta de suas risadas enquanto guerreava. Pohaha queria ter certeza de que seus inimigos soubessem que estavam enfrentando uma mulher guerreira, e levantava sua saia para provar seu sexo.

Weetamoo, a Squaw of Sachem de Pocasset, viveu na área onde hoje está Tiverton, Rhode Island, desde 1650, durante um quarto de século de feitos lendários. Ela comandou um exército de trezentas mulheres guerreiras e atordoou todos os que a encontraram com a sua incrível beleza e carisma. Ela era uma boa estrategista e corajosa em batalha. Quando seu marido, Wamsutta, foi envenenado pelos ingleses, Weetamoo se voltou contra os não nativos e decidiu tentar erradicar os invasores brancos de sua terra. Ela juntou-se ao seu cunhado Metacom e os seus exércitos lutaram lado a lado contra os ingleses na Guerra do rei Phillip. Durante a luta do Grande Pântano de 1675, ela se afogou no rio Tetcut enquanto era perseguida pelos britânicos. Os ingleses pescaram seu corpo das enchentes do rio, cortaram-lhe a cabeça e colocaram-na em exposição.

Bowdash era uma mulher indígena que agiu como guia para exploradores brancos. Nascida na tribo Kutenai, em Montana, ela era uma heroína popular naquela região, celebrada como uma pacificadora, profetisa, mensageira e guerreira em canções e histórias transmitidas oralmente através de gerações. A sua história é, ao mesmo tempo, sangrenta e gloriosa. Segundo a lenda Kutenai, quando ela estava sendo assassinada pelas lâminas de seus inimigos, suas feridas eram seladas magicamente.

Elizabeth Custer foi a independente esposa do famoso Major-General George A. Custer, que viajou para o oeste depois da Guerra Civil Americana. "Libbie" cavalgou com a Sétima Cavalaria ao lado do marido e outros notáveis, como Wild Bill Hickok e Medicine Bill Comstock. Era uma cavaleira extraordinária, capaz de cavalgar facilmente 65 quilômetros por dia. Seu marido superprotetor (para dizer o mínimo!) deu ordens ao seu próprio regimento para matá-la em vez de deixá-la cair em mãos inimigas. Isso nunca aconteceu, porque ela e sua irmã perderam a batalha de *Little Big Horn* ao deixarem o Forte para viver algumas aventuras a cavalo por conta própria. Libbie também viajou para a Índia e andou a cavalo do Passo Khyber ao Afeganistão. Ela viveu até os 92 anos e foi enterrada no cemitério militar de West Point, ao lado de George.

Pauline Cushman era uma cigana de grande beleza que lutou na Guerra Civil Americana e ganhou o posto de major por sua coragem de lutar atrás das linhas inimigas no Tennessee. Sua vida era incrivelmente exótica — depois da guerra, ela foi para o Oeste e fez discursos trajando o uniforme completo da União. Também atuou, surpreendendo o público, popularizando o papel e a fantasia de uma amazona. Durante algum tempo, ela instalou-se no Arizona, onde dirigiu um hotel e manteve a paz com o seu confiável Colt .45. Ao mudar-se para o posto avançado de São Francisco, no Oeste Selvagem, ela tomou novamente a lei nas próprias mãos e chicoteou um homem em público por tê-la difamado. Sem dúvida, as pessoas pensariam duas vezes antes de falarem mal da jovem cigana e soldado Pauline Cushman depois disso!

Poker Alice Ivers pertenceu ao grupo especial de "Amazonas do Oeste Selvagem". Dirigia um cassino, fumava charutos e carregava uma escopeta que usava com habilidade. Na década de 1880, ela se deparou com um negociante de cartas em Pecos que a enganou em um jogo de *poker*; ela aguardou até que a soma das apostas valesse a pena, segurou sua arma contra a cabeça dele e depois fugiu com o prêmio de 5 mil dólares, gritando: "Eu não me importo com trapaças, é uma trapaça desajeitada que eu não suporto."

Belle Starr lutou pelos *Yankees* como mercenária do outro lado da Linha Mason Dixon. Infelizmente, para ela e algumas centenas de outros, esses grupos guerrilheiros foram exilados, transformando Belle em uma fugitiva, incapaz de ir para casa. Forçada a uma vida de crime como uma fugitiva acidental, Belle mostrou-se talentosa como assaltante e ladra de gado, e usou seu mau gênio para trabalhar como assassina de aluguel. Belle foi falsamente pintada como uma criminosa; ela e os outros na clandestinidade foram patriotas que serviram bem ao seu país durante um período perigoso apenas para que o tapete (ou bandeira, por assim dizer) fosse puxado debaixo de seus pés.

Calamity Jane nasceu em 1852 e continua a ser um nome familiar pela sua habilidade como atiradora de elite, tratadora de mulas, parteira, jogadora e caçadora de cavalos. Seu verdadeiro nome era Martha Jane Canary, e ela morreu na pobreza em 1903, apesar de uma vida baseada na caridade para com os necessitados ou doentes. Também não pensava duas vezes antes de atirar no chapéu de qualquer homem que a desrespeitasse!

Chefe Mulher, a "amazona de Absaroka", era uma menina de Gros Ventre criada pela tribo Crow, que a capturou numa caçada pouco depois do seu nascimento, estimado em 1806. Como Shoshone **Sacajawea**, sem a qual a excursão de Lewis e Clark à costa norte-americana do Pacífico teria feito a Caravana Dooner parecer um passeio no parque, Chefe Mulher era uma caçadora, guia, negociadora e tradutora altamente habilidosa, especializada em caça ao búfalo, roubo de cavalos e batalha de curta distância. A sua reputação aumentou em uma proporção mítica quando ela matou e feriu vários homens em sua primeira batalha. Seus companheiros guerreiros cantavam canções em sua homenagem, e seus feitos foram contados ao redor de fogueiras. Como caçadora, ela tinha a reputação de ser "capaz de matar cinco búfalos durante uma caçada e depois esquartejá-los e carregá-los até os cavalos de carga com uma mão só". Suas habilidades no comércio de cavalos lhe garantiram um lugar no Conselho de Chefes e o título de Chefe Mulher. Ela foi assassinada por um guerreiro de Gros Ventre durante as negociações de paz que estava empreendendo entre os Crow e seu povo nativo.

A coragem e a glória são celebradas na revolucionária canção de Zapata, "Adelita". No entanto, **Adelita** foi uma pessoa bastante real, não apenas uma noção romântica em uma canção popular. Ela foi uma camponesa que viveu em Zapata na virada do século XX, e mais tarde se juntou ao exército de Pancho Villa. Havia muitas mulheres soldados nos exércitos camponeses da revolução, denominadas *"soldederas"*, que começaram a seguir o exército como cozinheiras, carregadoras de água e acompanhantes do acampamento, ajudando a causa e os homens. Acabaram criando a sua própria organização, divididas em posições criadas por elas mesmas, e carregavam pistolas, espingardas e facas, tornando-se "guerreiras tão ferozes quanto os homens".

E depois houve mais mulheres guerreiras nos tempos modernos, como as "Bruxas da Noite" da Segunda Guerra Mundial; Eileen Collins, que, em lugar de ser uma cadete espacial, era uma comandante espacial... e Lotfia ElNadi, que desafiou a cultura patriarcal egípcia para se tornar piloto em 1933.

LOTFIA ELNADI: VOANDO PARA DESAFIAR A TRADIÇÃO

Lotfia ElNadi foi a primeira mulher do Oriente Médio, bem como a primeira mulher africana, a se tornar aviadora. Como se isso não fosse suficiente, ela foi na verdade a primeira aviadora do mundo. Nascida em 1907, em uma família de classe média no Cairo, Egito, esperava-se que ela completasse a escola primária e depois se tornasse dona de casa. Sua mãe a incentivou a frequentar o *American College*, que contava com um currículo moderno e ensinava idiomas. ElNadi viu um artigo sobre uma escola de aviação local recém-inaugurada, e decidiu encontrar uma maneira de estudar lá, embora seu pai acreditasse que o ensino superior era perda de tempo para sua filha. Ela tentou pedir ajuda a um jornalista, mas, quando isso não funcionou, ousou abordar diretamente o diretor da companhia aérea EgyptAir em busca de apoio. Ele reconheceu o potencial que uma aviadora egípcia teria para as relações públicas da EgyptAir e concordou em ajudar; assim, ela começou a escola de aviação como a única mulher em uma classe de homens, dizendo ao pai que ia para um grupo de estudos, buscando esconder as suas ambições quanto à aviação. Como ElNadi não tinha dinheiro para pagar as mensalidades, trabalhou como secretária da escola e telefonista.

Em setembro de 1933, ela ganhou sua licença de piloto após apenas 67 dias de estudo; seu feito foi manchete em todo o mundo. Ao descobrir, o pai dela ficou zangado, mas uma vez que viu a publicidade positiva que ela estava recebendo, concordou em deixar que ela o levasse em um voo sobre as pirâmides. Três meses depois, ElNadi voou na corrida internacional entre Cairo e Alexandria, em velocidades superiores a 100 km/h; ela teria ganhado a corrida se não tivesse cometido um pequeno equívoco, mas acabou desqualificada em termos técnicos. No entanto, ainda recebeu um prêmio de duzentas libras egípcias e os parabéns do rei Fuad por sua façanha. A líder feminista Huda Sha'arawi então levantou fundos para comprar um avião para ElNadi. Ela serviu como secretária-geral para o Clube de Aviação Egípcia e voou durante cerca de mais cinco anos, até se machucar gravemente nas costas em um acidente. Ao longo dos dez anos que se seguiram ao feito de ElNadi, outras mulheres egípcias seguiram o seu exemplo; no entanto, após esse período, nenhuma outra mulher chegou lá até Dina-Carole El Sawy se tornar piloto da EgyptAir, décadas mais tarde. Em 1989, ElNadi foi convidada para voltar ao Cairo e participar do 54º aniversário da aviação civil no Egito, onde recebeu a Ordem de Mérito da Organização Aeroespacial Egípcia. Ao completar oitenta anos, ela se mudou para Toronto para viver com um sobrinho e sua família, mas, depois de um tempo, voltou ao Cairo, onde viveu o resto dos seus dias. Ela nunca se casou e viveu até os 95 anos.

> *Quando algo é excessivo, estimula o seu oposto. A pressão*
> *excessiva que sofri me fez amar a liberdade.*
> **Lotfia ElNadi**, de *Take off from the Sand*,
> um documentário biográfico.

CAÇA ÀS BRUXAS

Os nazistas chamavam-nas de "Bruxas da Noite" ("Nachthexen") — e estavam aterrorizados com essas aviadoras soviéticas altamente habilidosas. Este nome pomposo surgiu devido à forma como estas pilotos ferozes desligavam os motores das suas aeronaves e silenciosamente se precipitavam antes de lançarem suas bombas; o som do ar se deslocando rapidamente quando sobrevoavam assemelhava-se ao de uma vassoura de bruxa. A União Soviética estava lutando com vontade em 1941, visando deter os avanços dos nazistas. O próprio Stalin ordenou a formação de três unidades da força aérea compostas só por mulheres. Uma das primeiras voluntárias foi Nadezhda Popova, de dezenove anos, que se tornaria uma das mais célebres heroínas da União Soviética; ela voou em 852 missões contra os alemães em biplanos de madeira frágil e foi abatida várias vezes. A sua unidade, o 588º Regimento de Bombardeios Noturnos, foi equipada com biplanos obsoletos do tipo Polikarpov PO-2, com dois lugares feitos de madeira e tecido. Portanto, não eram muito rápidos, além de serem extremamente pesados e difíceis de manobrar. Estas aviadoras não tinham rádios, armas, sequer tinham paraquedas, e precisavam navegar usando um cronômetro e um mapa de papel. Por estarem demasiadamente expostas em voos diurnos, as Bruxas da Noite só voavam sob a cobertura da escuridão. A missão delas era atacar as posições alemãs e destruir acampamentos de tropas, depósitos de armazenamento e linhas de abastecimento. Elas eram extremamente boas em seu trabalho e ficaram marcadas como as primeiras mulheres no mundo a voar como pilotos militares.

No inverno, quando você olhava para fora para ver melhor o seu alvo, você ganhava queimaduras de gelo. Nossos pés congelavam nas botas, mas nós continuávamos voando. Era preciso se concentrar no alvo e pensar em como atingi-lo. Não havia tempo para dar lugar às emoções.
Nadezhda Popova

EILEEN COLLINS, MULHER FOGUETE: A PRIMEIRA COMANDANTE NORTE-AMERICANA DE UM ÔNIBUS ESPACIAL

Desde pequena, Eileen Collins queria ser piloto. Ela estudou na Corning Community College em Nova York, e depois completou seu bacharelado em Matemática e Economia na Universidade de Syracuse em 1978. Depois de Syracuse, foi escolhida, com outras três mulheres, para realizar o treinamento de piloto da Força Aérea na Base Aérea de Vance, em Oklahoma; sua classe foi uma das primeiras da base a incluir mulheres. Depois de provar seu mérito, em 1979, permaneceu por três anos como instrutora de pilotos T-38 Talon antes de ser transferida para a Base Aérea de Travis, na Califórnia, para treinamento transversal no C-141 Starlifter. Ela obteve um mestrado em Pesquisa Operacional em Stanford em 1986, depois um segundo mestrado em Gestão de Sistemas Espaciais pela Universidade Webster em 1989.

Nesse mesmo ano, Collins foi aceita na competitiva Air Force Test Pilot School, em Edwards, na Califórnia. Em 1989, tornou-se a segunda mulher a se formar como piloto de testes. Subiu ao posto de coronel da Força Aérea antes de ser selecionada pela NASA como astronauta, em 1990. Em 1995, Collins foi a primeira astronauta a pilotar uma missão espacial, servindo como a segunda no comando do ônibus espacial

Discovery. Ela pilotou uma segunda missão no orbitador Atlantis, em 1997. Depois de mais de quatrocentas horas no espaço, foi escolhida pela NASA para comandar o ônibus espacial Columbia em uma missão em 1999, sendo a primeira astronauta a pilotar um ônibus espacial utilizando uma manobra de 360 graus, assim como a primeira mulher americana a comandar um ônibus espacial. Em 2006, Collins se aposentou da NASA para seguir outros interesses e passar mais tempo com sua família. Desde a aposentadoria, Collins recebeu inúmeros prêmios e honrarias, incluindo a entrada no *National Women's Hall of Fame*, e fez aparições como comentarista cobrindo voos de ônibus espaciais para a CNN.

A minha filha acredita que todas as mães pilotam ônibus espaciais.
Eileen Collins

2
-ECO INCRÍVEIS: SALVANDO A MÃE TERRA-

Seja salvando gorilas na névoa africana ou acorrentando-se a árvores para impedir a derrubada de antigas florestas, as mulheres lideram a vanguarda da revolução verde em todo o mundo. Na verdade, a pessoa apontada como responsável pelo nascimento do movimento ambiental moderno é uma mulher nascida no início do século XX, Rachel Carson.

Ser uma guerreira ecológica muitas vezes significa colocar sua própria vida em perigo. Judi Bari, da Earth First!, quase morreu quando alguém plantou uma bomba em seu carro depois do sucesso de sua campanha para salvar a floresta vermelha do norte da Califórnia, e centenas de mulheres camponesas na Índia ficaram diante do cano de uma arma em suas tentativas de preservar as árvores que regulam o clima e fornecem o essencial para a vida em aldeias rurais.

Talvez seja apenas natural que o poder criativo das mulheres seja dirigido de volta para a fonte de toda a vida, para a Mãe Gaia. No início de um novo milênio, enfrentamos a contínua extinção de espécies, a destruição de preciosas florestas tropicais — os "pulmões" do planeta —, a alarmante ideia de oceanos tóxicos, a redução da camada de ozônio e o aquecimento global. Embora os publicitários governamentais e corporativos neguem a ameaça de um planeta superaquecido, ambientalistas trabalham assiduamente para garantir um mundo saudável para as gerações futuras. O sonho de um mundo melhor e salubre é uma questão que certamente afeta todos os seres humanos. As histórias dessas mulheres corajosas devem nos inspirar a fazer o que pudermos — reciclar, reutilizar, reduzir, restringir o uso dos nossos carros, plantar árvores, jardinar, fazer compostagem e trabalhar em conjunto para proteger o meio ambiente. Esta é uma área em que todos nós temos infinitas oportunidades de sermos heróis e heroínas todos os dias, uma pequena ação de cada vez. Este movimento cresceu, tornando-se de importância crítica em nossos dias. Estas ecologistas e preservacionistas pioneiras estão, literalmente, salvando o mundo!

RACHEL CARSON: "O MUNDO NATURAL... SUPORTA TODO TIPO DE VIDA"

A ecologista e escritora científica mundialmente famosa Rachel Carson virou os estudos ecológicos de cabeça para baixo. Antes de ela aparecer, observa a *Women Public Speakers in the United States*, "a orientação masculina [ao assunto] enfatizava ou o encontro dominante e agressivo da humanidade com a natureza selvagem ou o distanciamento da natureza por meio da observação científica". Ao criar uma relação diferente, mais feminina, com a natureza, que via o ser humano como parte da grande teia da vida, separado apenas por nossa capacidade de destruí-la, Rachel Carson não só produziu os primeiros livros de ecologia amplamente lidos, mas lançou as bases para todo o movimento ambiental moderno.

Rachel herdou seu amor pela natureza de sua mãe, Maria, uma naturalista de coração, que levava Rachel para longas caminhadas em bosques e prados. Nascida em 1907, Rachel foi criada em uma fazenda na Pensilvânia, onde os sinais da indústria não estavam muito distantes. No início do século XX, a Pensilvânia tinha mudado muito em relação à floresta silvestre nomeada pelo colonialista William Penn. As minas de carvão e de minérios tinham devastado algumas das melhores terras agrícolas. Fábricas químicas, siderúrgicas e centenas de manufaturas despejavam no ar o mal puro. À medida que crescia, o amor de Rachel pela natureza voltou-se inesperadamente em direção à oceanografia, uma ciência em ascensão limitada, por questões tecnológicas, para mergulhadores. A jovem estava totalmente fascinada por essa ciência em particular, e embora ela fosse graduada em letras e adorasse escrever, ouvia cada vez mais alto o canto da sereia chamando-a para o oceano. Enquanto estava na Faculdade Feminina da Pensilvânia, em meados da década de 1920, mudou sua graduação para Biologia, apesar dos inúmeros conselhos de seus professores e professoras para continuar a graduação em Letras, algo muito mais aceitável para uma jovem mulher. Os seus conselheiros estavam bastante corretos em suas afirmações de que as mulheres estavam bloqueadas na ciência; havia pouquíssimos cargos de ensino, exceto nas escassas faculdades femininas, e ainda menos perspectivas de emprego para as mulheres.

No entanto, Rachel ouviu o seu coração e graduou-se com altas honras, além de obter uma bolsa para estudar no Laboratório Biológico Marinho Woods Hole durante o verão, e outra bolsa completa em Johns Hopkins, Maryland, para estudar Zoologia Marinha. O primeiro semestre de Rachel na pós-graduação coincidiu com o início da Grande Depressão. Sua família perdeu a fazenda; seus pais e seu irmão vieram morar com ela em seu minúsculo apartamento no campus. Ela ajudou a pagar as contas dando aulas em tempo parcial na Johns Hopkins e na Universidade de Maryland, enquanto continuava os seus estudos. Em 1935, o pai de Rachel sofreu um ataque cardíaco e morreu repentinamente. Rachel procurou desesperadamente por trabalho para sustentar a mãe e o irmão apenas para ouvir os mesmos argumentos desanimadores — ninguém a contrataria como professora universitária de ciências em tempo integral. Brilhante e trabalhadora, Rachel foi encorajada a ensinar em escolas primárias ou, melhor ainda, a ser uma dona de casa, afinal era "inapropriado" que mulheres trabalhassem na área científica.

Finalmente, seus incansáveis esforços para trabalhar em sua área de atuação foram recompensados com um emprego como roteirista de rádio para Elmer Higgins no Bureau de Pesca dos Estados Unidos, um trabalho perfeito para ela porque combinava sua habilidade na escrita com seu conhecimento científico. Depois, surgiu uma vaga no Bureau para um biólogo marinho júnior. O trabalho deveria ser atribuído à pessoa que obtivesse a maior pontuação no teste, e foi o que Rachel fez, conquistando a posição. Elmer Higgins percebeu que sua escrita era excelente, facilitando o acesso do público em geral à ciência. Sob sua direção, ela submeteu um ensaio sobre o oceano ao *Atlantic Monthly*, que não só publicou a obra de Rachel, mas também pediu que ela trabalhasse com eles como freelancer regular, resultando em um acordo para publicação por uma grande editora nova-iorquina.

A esta altura, Rachel era o único apoio de sua mãe, irmão e suas duas sobrinhas. Ela criou as meninas, ajudou sua mãe e trabalhou em um exigente emprego de tempo integral, deixando sua pesquisa e seus escritos para os fins de semana e noites tardias. Mas ela foi bem-sucedida, apesar de tudo. Seu primeiro livro, *Under the Sea Wind*, foi lançado em 1941 para um público confuso e preocupado com a guerra. Foi um livro completamente original, cuja narrativa trazia como personagens a flora e a fauna marítimas, primeira indicação da perspectiva única de Rachel sobre a natureza.

Seu segundo livro, *The Sea Around Us*, foi uma apresentação não-ficcional da relação do oceano com a terra e seus habitantes. Desta vez, o público estava pronto: ela recebeu o *National Book Award* e esteve na lista de best-sellers do *The New York Times* por quase dois anos! *The Edge of the Sea* também foi muito bem recebido, tanto pela crítica especializada quanto pelo público em geral. A mensagem de respeito e afinidade de Rachel Carson por todas as formas de vida, combinada com uma sólida base de conhecimento científico, encontrou um público fiel nos Estados Unidos do pós-guerra. No entanto, Rachel, de índole tímida e solitária, fugiu dos holofotes ao aceitar uma bolsa que lhe permitiu regressar à sua amada costa marítima, onde podia ser encontrada com lama até aos tornozelos ou enfiada na areia, pesquisando.

À medida que sua popularidade aumentou, assim como a sua renda, Rachel pôde deixar seu emprego e construir uma casa de campo costeira para ela e sua mãe, graças aos direitos autorais de seus livros. Ela também devolveu o dinheiro que recebeu como subsídio para suas pesquisas, pedindo que fosse redistribuído entre cientistas necessitados. Em 1957, a carta de uma leitora mudou tudo para Rachel. Era Olga Owens Huckins, relatando a morte de pássaros após aviões terem pulverizado dicloro-difenil-tricloroetano, DDT, um químico que, naquela época, era usado em larga escala. Carson ficou muito interessada em descobrir os efeitos do DDT sobre o meio ambiente. As suas descobertas foram chocantes: se as aves e outros animais não fossem abatidos imediatamente pelo DDT, os seus efeitos eram ainda mais insidiosos: por exemplo, cascas de ovos tão finas que se partiam antes de os recém--nascidos estarem completamente desenvolvidos. Também havia a suspeita de que a substância era cancerígena para os humanos.

Rachel jurou a si mesma escrever um livro sobre o devastador impacto do DDT na natureza. "Ou não haveria paz para mim", proclamou. Pouco depois, foi diagnosticada com câncer. Apesar da quimioterapia, cirurgia e das dores constantes, Rachel trabalhou lenta e incansavelmente em seu novo livro. Em 1962, *Silent Spring* foi publicado. Foi como um tiro de canhão. As empresas químicas negaram, revidaram e tentaram se proteger do protesto público. Acusações perversas contra Rachel tentavam atingir o que muitos dos capitães da indústria química viam como seu calcanhar de Aquiles: sua existência enquanto mulher. "Não é uma cientista de verdade", eles proclamavam. Ela também foi chamada de instável, tola e sentimental por seu amor à natureza. Com uma lógica calma e razão fria, Rachel Carson respondeu utilizando-se de termos científicos precisos, explicando as ligações entre o DDT, o abastecimento de água e a cadeia alimentar.

Por fim, o presidente John F. Kennedy designou seu Comitê Consultivo Científico para a tarefa de examinar o pesticida, e Rachel Carson provou estar absolutamente correta. Ela morreu dois anos depois, e embora a sua reputação continuasse a ser difamada pela indústria química, o seu trabalho foi o início de uma revolução em torno do uso responsável de produtos químicos, servindo como lembrete de reverência por toda a vida.

Talvez se a dra. Rachel Carson tivesse sido o dr. Richard Carson a controvérsia tivesse sido menor... o tecnocrata americano não consegue suportar a dor de ter as suas conquistas deflacionadas pela caneta desta mulher sagaz.
Joseph B.C. White, autor

MARJORY STONEMAN DOUGLAS: SANTA PADROEIRA DE EVERGLADES

Embora não fosse nativa da região, Marjory Stoneman Douglas conquistou o Everglades da Flórida com extrema facilidade, tornando-se desde 1927 a grande campeã deste habitat raro. Ela nasceu em Lake Country, Minnesota, em 1890, durante um dos muitos empreendimentos comerciais fracassados de seu pai, que manteve a família se deslocando pelo país. Em férias familiares, aos quatro anos de idade, Marjory se apaixonou pela luz da Flórida e prometeu voltar.

Marjory escapou de sua vida doméstica instável buscando abrigo nos livros. Uma garota extremamente brilhante, foi admitida no *Wellesley College* em uma época em que o ensino superior para mulheres ainda era bastante incomum. Sua mãe morreu pouco depois de sua formatura, em 1911. Sentindo-se desamparada, ela aceitou um emprego não-remunerado em uma loja de departamentos, casando-se pouco depois com um homem muito mais velho, Kenneth Douglas, que tinha o hábito de passar cheques sem fundo.

Partir para a Flórida com o pai em mais uma tentativa empreendedora pareceu ser a forma perfeita de se afastar de um marido criminoso e mesquinho e das memórias tristes. As últimas ideias de Frank Stoneman pareciam ter mais fundamento: abrir um jornal na cidade de Miami (o jornal se tornaria o *Miami Herald*). Marjory aceitou com entusiasmo o emprego como repórter. Opinativos, com visão de futuro e sem medo de compartilhar pontos de vista pouco populares, ambos os Stoneman encontraram seu nicho no comércio de jornais. Uma das causas que mais mobilizou a dupla foi o plano do Governador Napoleão Bonaparte Broward de drenar o Everglades para construir mais casas. Pai e filha usaram o jornal como amplificador para gritar contra esta ideia absurda com todas as suas forças.

Levada à ação, Marjory estudou tudo que pôde sobre o Everglades e descobriu que muitas das espécies pertencentes às pradarias pantanosas da Flórida estavam em perigo de extinção. Quanto mais ela aprendia, mais fascinada ficava. Quando, décadas depois, ela decidiu deixar o jornal para escrever ficção, incluiu o Everglades em muitos de seus enredos. Marjory aprendeu que o Everglades na verdade não era um pântano, mas um pantanal. Para ser um pântano, as águas devem estar paradas, no Everglades a água flui em constante movimento. Marjory cunhou o termo *"river of grass"*, rio de grama, e em 1947 escreveu um livro sobre este precioso ecossistema chamado *The Everglades: River of Grass.*

Mais do que qualquer outra coisa, o livro de Marjory ajudou as pessoas a perceberem o Everglades não como um pântano fétido, mas como um tesouro nacional sem o qual a Flórida poderia se transformar em um deserto. Após a publicação de seu livro, Harry Truman nomeou parte do pantanal da Flórida como Parque Nacional Everglades. O triunfo foi, no entanto, de curta duração. O Corpo de Engenheiros do Exército iniciou a escavação de canais por toda a área, instalando barragens e comportas. Como se isso não fosse suficiente, modificaram o curso do rio Kissimmee, fazendo com que aquele delicado ecossistema entrasse em choque.

Aos 78 anos, Marjory Stoneman Douglas juntou-se à luta, parando escavadeiras prontas para transformar uma parte do Everglades em pista de pouso. Quase cega e armada com nada além de um grande chapéu de sol e uma vontade implacável, Marjory fundou a Amigos do Everglades, indo pessoalmente conversar com todos os cidadãos da Flórida sobre os efeitos da devastação deste raro ambiente, construindo a organização membro por membro até atingir milhares de pessoas em 38 estados. "Pode-se fazer tanto lendo, aprendendo e falando com as pessoas", observou ela. "Os estudantes precisam aprender tudo o que puderem sobre os animais e o meio ambiente. Acima de tudo, precisam partilhar o que aprenderam."

Marjory Stoneman Douglas e o "Exército da Marjory", como seu grupo ficou conhecido, interromperam a construção da pista de pouso, conseguiram restrições ao uso de terras e produtos químicos por parte dos fazendeiros, cuidaram da remoção das "melhorias" propostas pelos militares e conquistaram a adição de milhares de acres ao Parque Nacional Everglades, onde estariam protegidos das grandes construtoras. Em 1975 e 1976, Marjory foi recompensada por seu trabalho árduo ao ser nomeada Conservacionista do Ano por dois anos seguidos. Em 1989, ela se tornou a vice-presidente honorária do *Sierra Club*. Proteger o Everglades tornou-se o trabalho da vida de Marjory, um trabalho que ela adorava. Ela nunca pensou em se aposentar e continuou morando na mesma casa desde 1926, trabalhando todos os dias para a Amigos do Everglades até sua morte, em 1998, aos 109 anos de idade. Ela salvou milhões de hectares de terras.

Descubra o que precisa ser feito e faça!
Marjory Stoneman Douglas

Junte-se ao Exército da Marjory!
Você pode contatar a Amigos do Everglades e continuar o seu trabalho: www.everglades.org

MARJORIE KINNAN RAWLINGS: A MENESTREL DE BACKWOOD

Marjorie Kinnan Rawlings costumava tocar "Story Lady" em Washington, D.C. quando era menina, inventando histórias para contar aos rapazes do seu bairro. Depois de adulta, ela e seu marido se mudaram para Cross Creek, Flórida, onde ela se apaixonou pelo povo único do sul da Flórida e sua caridade em face das dificuldades, pobreza e fome, algo que ela imortalizou em seu livro de memórias *Cross Creek*. Como Marjory Stoneman Douglas, Rawlings trouxe o foco da nação para uma área antes considerada apenas como um "terreno baldio" através de seus contos, ganhadores do O'Henry Award, como "*Gal Young Un*" e "*The Black Secret*", bem como em seus romances — *South Moon Under, The Sojourner,* e o clássico infantil, *The Yearling*. É em *The Yearling*, aliás, que Rawlings mostra sua melhor performance, com a sua história lindamente representada e seu senso de identidade, com os quais ganhou o prêmio Pulitzer em 1939. *The Yearling* foi transformado em filme e recebeu aclamação crítica e popular; tanto o livro quanto o filme são considerados clássicos pelo seu retrato sensível da vida no Everglades da Flórida.

GERTRUDE BLOM: TESTEMUNHANDO

Nascida em 1901, a pioneira ativista em prol da floresta tropical, Gertrude Elizabeth Loertsher, despertou seu fascínio pelos povos nativos quando criança, na Suíça, ao ler sobre os povos nativos norte-americanos e encenar as histórias com seus amigos depois da escola. Ela não sentiu a mesma atração pela academia, no entanto, e seguiu a horticultura e o trabalho social em vez de uma carreira acadêmica mais tradicional. Morou um ano na Inglaterra com uma família quaker, cujo modo de vida e filosofia pacifista achou imediatamente interessantes. Depois de um casamento fracassado com o filho de um vizinho em Berna, Trudi, como gostava de ser chamada, viajou para a Alemanha na década de 1930, onde ficou chocada com a ascensão do fascismo. Filha de mãe judia e de um pai pastor protestante, sua sensibilidade própria para a paz e a justiça opunha-se aos ideais do partido nazista. Após a eleição de Hitler como chanceler em 1933, o poder dos nazistas tornou-se dominante; qualquer ação ou conversa contra eles era tratada como traição.

O posicionamento de Trudi era totalmente antinazista, e ela arriscou sua vida muitas vezes para conseguir informações sobre tragédias provocadas por nazistas para os jornais de seu país natal, a Suíça, provando-se mais esperta que os vassalos e assassinos do partido nazista em inúmeras ocasiões. Os tempos ficaram mais sombrios e sair da Alemanha tornou-se cada vez mais difícil; Gertrude finalmente conseguiu ir para a França, onde trabalhou na Resistência, viajando para os Estados Unidos para ajudar outros refugiados europeus. Ao retornar à França, foi colocada na prisão após a tomada do poder pelos nazistas.

Por fim, o governo suíço conseguiu tirá-la da França, e ela foi para o México para descansar e se distanciar um pouco da luta política. Foi lá que desenvolveu interesse pela fotografia, fazendo das mulheres operárias de fábrica o seu tema. Suas fotografias eram convincentes, cheias de beleza e resgatavam a profundidade nos rostos desgastados por vidas difíceis. O povo mexicano ficou maravilhado com o trabalho de Trudi; aquele país foi tanto uma nova casa quanto uma musa inspiradora, catapultando-a para novas possibilidades. Ela viajou por aquele vasto país em busca do significado que sabia existir naquela terra. Sua primeira visão da selva mexicana foi uma epifania: "Esta selva me encheu de uma sensação de encantamento que nunca me abandonou", observou ela muitos anos depois. A misteriosa floresta e o povo indígena Lacandon que lá vivia mostraram-lhe uma forma de viver no mundo muito diferente da sua origem europeia. Trudi aprendeu com essas pessoas, estudando suas tradições apenas para descobrir que aquele estilo de vida estava em perigo; camponeses mexicanos estavam sendo realocados para o estado de Chiapas, na fronteira com a Guatemala, e deixados para viver da sujeira.

A vida de Trudi também estava mudando. Ela conheceu e se casou com o arqueólogo, cartógrafo e viajante dinamarquês, Franz Blom, que compartilhava o fascínio de Trudi pela cultura maia e os povos nativos. Juntos, eles perseguiram seu amor pela floresta tropical e sua sede de conhecimento constantemente, mapeando a região e registrando suas descobertas tanto em revistas quanto na fotografia de Trudi, que eles publicaram. A dupla chegou a um profundo entendimento da floresta tropical lacandense e de seu povo. Eles perceberam a fragilidade daquele ambiente e procuraram preservá-lo, fundando a Na Bolom, uma instituição de pesquisa e centro de visitas para pesquisadores, viajantes e qualquer pessoa interessada em conhecer a civilização Maia e seus descendentes modernos.

Trudi também descobriu uma maneira prática de desfazer alguns dos danos que os Lacandon haviam sofrido. Ela convidou especialistas em árvores para ajudá-la a criar um viveiro onde pudesse replantar a floresta tropical, permitindo o acesso às árvores a qualquer um capaz de plantá-las. Trudi trabalhou diligentemente em um circuito de palestras para conseguir pagar as mudas, chegando ao total de 30 mil árvores plantadas um ano antes de sua morte, em 1993 (aos 92 anos de idade). A Na Bolom continua o seu trabalho de educação e reflorestamento da floresta tropical maia.

Chegou a hora de acordarmos para o que estamos fazendo e tomarmos medidas para parar esta destruição.
Gertrude Blom

JANE GOODALL: NÃO É MERA MACACADA

Nascida em 1934, a zoóloga inglesa Jane Goodall deve sua carreira ao fato de sua mãe divorciada não ter tido condições de mandá-la para a faculdade. Em vez disso, a naturalista amadora trabalhava em escritórios e como garçonete para pagar viagens e alimentar a sua grande curiosidade. Em 1960, recebeu um convite para visitar um amigo cuja família tinha se mudado para o Quênia. Enquanto lá estava, a jovem reuniu coragem para contatar Louis e Mary Leakey, que trabalhavam para encontrar fósseis de humanos pré-históricos no desfiladeiro Olduvai, no Grande Rift. Os Leakeys viram em Goodall uma companheira capaz, apta para trabalhar no campo em busca de fósseis ou no Museu Nacional de História Natural do Quênia, reconstruindo o que encontraram. Apesar de não possuir formação científica formal, o dr. Louis Leakey pediu a Jane para ir à Tanzânia realizar um longo estudo sobre os chimpanzés na natureza. Ele acreditava que, estudando chimpanzés, era possível aprender muito sobre a vida dos primeiros humanos.

Jane, que estava muito mais interessada em animais do que nos antepassados da Idade da Pedra, topou a mudança de ares — este seria o primeiro estudo a longo prazo sobre chimpanzés em seu habitat natural. Quando o governo africano se recusou a deixá-la trabalhar sozinha no refúgio para animais, a mãe de Jane ofereceu-se acompanhá-la. Apesar da sua falta de treino, Jane estava bem preparada para a tarefa de observação científica; ela fez anotações meticulosas e esforçou-se ao máximo para encontrar chimpanzés, caminhando quilômetros na floresta todos os dias. O trabalho de Goodall foi material para uma revolução científica.

Ela desmentiu muitas crenças errôneas sobre chimpanzés. Por exemplo, percebeu que eles são onívoros, não herbívoros; que fazem e usam ferramentas; que têm estruturas sociais elaboradas e uma variedade de emoções semelhantes às humanas; e que dão a seus jovens afeto incondicional. Ela foi desacreditada por zoólogos homens por dar nomes aos chimpanzés, como Graybeard, em vez transformá-los em meros números em suas anotações. Jane trabalhou "à sua maneira" e superou todos os acadêmicos com seu empenho, resistência e inteligência. Em muitos aspectos, ela recebeu um tratamento melhor dos animais que pesquisava do que de seus pares, em especial no emocionante momento em que um chimpanzé macho aceitou uma noz da mão de Jane, apertando sua mão amigavelmente antes de se desfazer da noz. Jane ficou tocada com aquela tentativa gentil de recusar a fruta.

Em 1964, Jane conheceu e se casou com um jovem fotógrafo que veio ao seu acampamento para tirar fotos dos chimpanzés, e tiveram um filho. Ela obteve um Ph.D. em Etnologia em Cambridge (uma das únicas pessoas a consegui-lo sem um bacharelado!), e as suas descobertas têm sido amplamente publicadas. De volta a África, fundou o Gombe Stream Research Centre, que hoje celebra décadas de investigação contínua no Parque Nacional de Gombe. Nos últimos anos, seu trabalho tomou um rumo ligeiramente diferente, no entanto, focado na proteção dos chimpanzés que ela estudou e com os quais fez amizade na África, através do Chimpanzee Guardian Project. Ela dá palestras por todo o mundo para angariar verba e tentar impedir a contínua redução do habitat natural dessa espécie, além de seu declínio em número: se antes, quando Goodall começou seus estudos, os animais eram em mais de 10 mil, atualmente há menos de 3 mil.

Autora de muitos livros e vencedora de inúmeros prêmios, Jane Goodall persegue seus interesses com propósito e paixão singulares. Em um reino onde o dinheiro e a educação são geralmente os fatores decisivos, ela começou com nada mais que sua inteligência natural e uma mente aberta e curiosa. Alcançou o reconhecimento máximo em sua área, tornando-se uma das figuras mais amadas da ciência hoje.

Cada indivíduo é importante e tem um papel a desempenhar na Terra. Os chimpanzés nos ensinam que não só os seres humanos, como também os não-humanos, importam no esquema das coisas.
Jane Goodall

MARY LEAKEY: ESCAVANDO PELA VERDADE

Mary e Louis Leakey trabalharam juntos na busca das origens do homem. A lendária perspicácia de Mary para cavar e peneirar igualava-se aos seus modos cáusticos e o seu amor por charutos bons e fortes. Naquela famosa dupla, Mary era a sortuda. Em 1948, descobriu o crânio e os ossos faciais do hominídeo que ficou conhecido como "o elo perdido". De sua maneira única, Mary concluiu: "Por alguma razão aquele crânio invadiu meus pensamentos." Em 1959, no desfiladeiro Olduvai, no norte da Tanzânia, ela descobriu alguns dentes e o osso palatino do antepassado mais antigo do homem até aquele momento. Ao encontrar outros ossos, eles foram capazes de determinar que o hominídeo *Zinjanthropus*, com 1,80m, um cérebro pequeno e sem sobrancelhas, tinha andado ereto há um milhão de anos. Três anos após a morte de Louis Leakey, em 1972, a trabalhadora viúva Mary superou suas próprias descobertas históricas quando encontrou os rastros de criaturas bípedes de 3,6 milhões de anos de idade, preservados em cinzas vulcânicas, e mais tarde encontrou os ossos da mandíbula de onze outros humanídeos, cuja datação com carbono apontava para 3,75 milhões de anos de idade! Mary passou a bola, ou melhor, a pá, para seu filho quando morreu, em dezembro de 1996, aos 83 anos. Nós devemos muito do nosso novo entendimento da evolução humana ao faro de Mary para encontrar ossos velhos! "O compromisso dela com os detalhes e seu perfeccionismo fizeram a carreira do meu pai", disse o filho, Richard E. Leakey. "Ele não teria sido famoso sem ela. Ela era muito mais organizada e estruturada, e muito mais técnica."

DIAN FOSSEY: GORILAS E O MITO

A terapeuta ocupacional Dian Fossey atendeu a um chamado primordial ao ir para a África, onde poderia estudar os gorilas da montanha. Após conseguir um empréstimo, ela viajou para o hemisfério sul em 1963, parando para cumprimentar Jane Goodall e os Leakey, que a encorajaram a fazer um estudo de campo com gorilas. Viajando para o Zaire (também conhecido como o "coração das trevas" para aqueles que são fãs de Conrad), ela encontrou seus objetos de pesquisa — ou melhor dizendo, sentiu o cheiro deles. "Fiquei impressionada com a magnificência física daqueles corpos imensos, escuros, misturados à paleta verde da floresta espessa." Seguindo o provérbio "quando em Roma", conquistou os macacos imitando seus movimentos, acabando por viver entre 51 gorilas. De fato, suas observações provaram que os gorilas de montanha eram, na realidade, herbívoros pacíficos correndo grande perigo de extinção devido à caça furtiva e à redução de seu habitat.

Dian Fossey defendeu corajosamente os gorilas e seu território, ganhando a inimizade das tribos ruandesas. Ela ficou devastada quando seu amado gorila Digit e outros dois foram massacrados no que parece ter sido uma ameaça para ela, em 1978. Fossey fez um apelo ao mundo para que a ajudassem a salvar os gorilas, apelo que reforçou em seu livro *Gorillas in the Mist* e no filme homônimo com Sigourney Weaver no papel principal. Depois de dar aulas em Cambridge e levantar dinheiro para o Digit Fund para ajudar os gorilas de montanha, Dian (chamada pelos ruandeses de *Nyiramachabelli*: "a velha senhora que vive na floresta sem homens") retornou para ficar mais uma vez com suas famílias gorilas, mas o reencontro foi curto. Ela foi encontrada morta na véspera de Natal de 1985, no parque dos gorilas. Dian Fossey foi enterrada ao lado de Digit. O assassinato dela nunca foi solucionado.

PETRA KELLY: A GUERREIRA VERDE

A ativista ambiental Petra Karin Kelly mostrou-se interessada nas questões sociais desde muito cedo. Nascida na Alemanha Ocidental em 1947, mudou-se para Columbus, Geórgia, com sua mãe e o padrasto, o Tenente-Coronel do Exército dos EUA John E. Kelly, em 1960, onde imediatamente se envolveu com o movimento de direitos civis. Aprendendo inglês rapidamente, durante o ensino médio ela mantinha um programa de rádio semanal sobre atualidades. Na faculdade, frequentou o curso de Serviço Internacional da American University, onde estudou política mundial e se formou com honras em 1970. Além de seus estudos, também foi muito ativa em diversos movimentos políticos do campus — antiguerra, antinuclear e feminista —, além de ter trabalhado como voluntária para a campanha presidencial de Robert Kennedy e, mais tarde, para o senador Hubert H. Humphrey, de quem se tornou amiga e com quem trocava correspondências. Seus interesses mudaram quando sua irmã Grace morreu de câncer em 1970. Petra Kelly criou um grupo de ação cidadã centrado na Europa para estudar a ligação entre câncer e a poluição ambiental, acabando por fazer campanha em tempo integral para o Partido Verde, que ela cofundou em 1979, e liderando a Campanha por uma Europa Livre de Energia Nuclear. Em um ano, estima-se que ela realizou mais de 450 reuniões para que os Verdes fossem eleitos para o parlamento alemão, tornando-se a primeira mulher alemã à frente de um partido político.

Petra tinha uma compreensão inata do funcionamento interno da política e, junto com seus colegas do Partido Verde, incluindo seu companheiro, Gert Bastian, foi surpreendentemente bem-sucedida em levar candidatos aos governos não só da Alemanha, mas de toda a Europa, apesar das posições radicalmente pró-ambientais do partido. Com o passar do tempo, as ações de Petra se tornaram cada vez mais radicais, atraindo mais críticas dos conservadores do que nunca — ela montou um "tribunal de crimes de guerra", em Nuremberg, para tratar a questão das armas nucleares e, em 1983, promoveu uma manifestação contra armas nucleares que terminou com sua prisão, seguida de outro protesto em Moscou. Petra liderou os Verdes em outras manifestações — bloqueando bases militares em toda a Alemanha e conduzindo protestos nos Estados Unidos, Austrália e Grã-Bretanha.

Petra foi uma líder imensamente carismática, captando a atenção de milhares de pessoas, especialmente jovens, em todo o mundo. O seu idealismo puro e a disposição para assumir riscos pessoais cativou a juventude da Europa. Ela recebia centenas de cartas toda semana oferecendo apoio e tinha alta demanda por palestras, artigos e livros. As questões relativas às crianças eram especialmente importantes para ela. Petra adotou uma jovem tibetana, Nima, e trabalhou para educar o mundo quanto ao genocídio do povo tibetano.

Em 1991, Petra e sua alma gêmea, Gert, foram encontrados mortos no subúrbio de Bonn pela polícia, que foi acionada pela avó de Kelly, que estava preocupada. Ambos tinham sido baleados e estavam em estado avançado de decomposição. A polícia nunca foi capaz de resolver a morte do casal, embora acreditasse se tratar de duplo suicídio. Outros afirmam se tratar de um assassinato encomendado por neonazistas antiverdes, que Gert havia exposto em artigos de jornal. A polícia baseia a teoria do duplo suicídio em uma queimadura de pólvora encontrada na mão de Gert e pela falta de outras impressões digitais ou pegadas no apartamento; a polícia também afirma ter encontrado antecedentes que apontam Gert Bastian como um ex-agente da SS que havia trabalhado para os nazistas durante a juventude. Trinta anos mais velho que Petra, ele já tinha sido um ferrenho conservador antes da guinada de 180 graus que o conduziu ao Partido Verde. Amigos íntimos lembram-se de Gert dizendo, deprimido, que a "nova" Alemanha o lembrava da velha Alemanha de sua juventude fascista.

Embora talvez nunca saibamos o que realmente aconteceu, sabemos que Petra Kelly, enquanto viveu, fez importantes avanços para chamar a atenção do mundo para o armamento nuclear, a destruição ambiental, os direitos das crianças e a paz mundial. Ela viveu inteiramente para o benefício da humanidade.

KAREN SILKWOOD: REAÇÃO EM CADEIA

A história de Karen Silkwood é rodeada por mistérios. Em 13 de novembro de 1974, ela morreu em um acidente de carro sob circunstâncias suspeitas, depois de ter criticado a segurança da fábrica de combustíveis de plutônio para a qual trabalhava em Crescent, Oklahoma. Ela estava indo se encontrar com um repórter do *The New York Times* para lhe dar provas de que a Kerr--McGee estava conscientemente repassando baterias defeituosas como boas.

Antes de sua morte, ela foi inexplicavelmente exposta a níveis extremamente elevados de plutônio. Karen tinha aprendido a se testar rotineiramente contra a exposição, mas nada a preparou para as descobertas feitas pelo Healthy Physics Office a seu pedido. Embora não tenha sido encontrado plutônio em nenhuma superfície do laboratório em que trabalhava, descobriu-se que o seu apartamento estava contaminado. Considerando que a medida de uma desintegração por minuto (dpm) é o resultado positivo mais baixo possível, foram essas as medidas encontradas na casa de Karen, de acordo com as informações disponíveis no site da PBS: 400 mil dpm em um pacote de mortadela e queijo na geladeira, 25 mil nas laterais do fogão, 6 mil em um pacote de frango e 100 mil na tampa da privada. Após a sua morte, uma autópsia confirmou que a exposição de Karen Silkwood ao plutônio era muito recente e a fábrica nunca conseguiu encontrar uma explicação para toda aquela exposição. Um ano após a sua morte, a fábrica fechou.

A especulação em torno da morte de Karen nunca foi finalizada, mas as provas de má-fé da empresa permanecem inconclusivas. No entanto, sabe-se que foi a Kerr-McGee que vendeu baterias à central nuclear de Three Mile Island, onde baterias defeituosas se avariaram e liberaram radioatividade na atmosfera.

WANGARI MAATHAI: DEUSA VERDE

Wangari Maathai foi uma mulher notável. Ela se propôs a salvar as terras agrícolas, as florestas e as pastagens do continente politicamente mais instável, que ela chama de casa — a África. Para isso, ela iniciou o movimento Cinturão Verde. "Queríamos enfatizar que, cortando árvores, removendo a vegetação, tendo esta erosão do solo, estávamos literalmente despojando a Terra de sua cor", comenta ela.

Wangari vem de um lugar sagrado para toda a humanidade: a aldeia rural onde ela nasceu está ao lado do Vale do Grande Rift, local de nascimento dos primeiros humanos a andarem eretos. Muitos chamam a casa de Wangari de *o berço da vida*. Desde cedo, ela foi instruída por sua mãe sobre a importância e a santidade da terra e daquilo que cresce sobre ela, especialmente as árvores. Em 1960, deixou sua aldeia e recebeu uma bolsa de estudos oferecida aos quenianos pelos Estados Unidos. Ela encontrou na educação superior o seu território, participando de um mestrado em ciências na Universidade de Pittsburgh, além de um doutorado na Universidade de Nairóbi — a primeira mulher a fazê-lo. Depois, passou a acumular várias outras primeiras vezes em seu país, incluindo tornar-se a primeira professora da Universidade de Nairóbi, a primeira catedrática e a primeira mulher no departamento de anatomia.

Apesar de ter vivido um casamento feliz com um membro do Parlamento queniano, de ter uma carreira próspera e criar três filhos, ela ainda encontrou tempo para se envolver com os direitos femininos. Sua vivência como Quicuio era diferente daquela que encontrou no distrito de Nairóbi, para onde seu marido foi designado. Como uma mulher Quicuio, Wangari era livre para expressar as suas opiniões e estar ativamente envolvida nos assuntos da aldeia. Em Nairóbi, era vista como arrogante demais para o seu próprio bem. E eles tinham alguma razão, afinal Wangari decidiu concorrer ao Parlamento, abandonando seu emprego na universidade para trabalhar em tempo integral em sua campanha. Quando lhe disseram que não era elegível para concorrer ao Parlamento por ser mulher, a universidade recusou-se a contratá-la de volta.

Wangari então virou a sua energia prodigiosa para o meio ambiente. No Dia Mundial do Meio Ambiente de 1977, ela e seus apoiadores plantaram sete árvores em um parque público, lançando as bases para o movimento Cinturão Verde. Desmotivada por muitas pessoas e até mesmo esquecida por diversas associações, foi acusada de jogar fora sua educação e seu talento. Desta vez, ela provou que todos estavam errados. Wangari descobriu que apenas 3% da floresta queniana ainda existia. Como resultado, os aldeões quenianos estavam sofrendo com a desnutrição, erosão das suas terras agrícolas e a subsequente perda de água à medida que as nascentes e os riachos secavam. Ela previu com bastante precisão a fome e o desastre ambiental que estavam a caminho se não houvesse o plantio imediato de novas árvores para restaurar o ambiente ao seu estado natural. Wangari viajou pelo Quênia, ensinando as mulheres das aldeias a plantar árvores a partir das sementes que elas recolhiam. Logo as crianças se envolveram nos projetos de plantio do Cinturão Verde e, em 1988, mais de 10 mil árvores foram plantadas.

A brilhante estratégia da Wangari baseia-se na simplicidade. Ela não tentou converter os aldeões ao programa. O que fez foi aguardar que o bom trabalho e seus resultados práticos se espalhassem, fazendo com que rapidamente os Cinturões Verde fossem convidados a visitar outras áreas. Além de ajudar a conter a maré de destruição do ecossistema queniano, o movimento de Wangari tem assegurado muitas oportunidades econômicas para as mulheres da região.

Ao longo dos anos, Wangari Maathai recebeu mais reconhecimento pela fundação do movimento do que qualquer assento parlamentar teria proporcionado. Ela recebeu muitos prêmios, incluindo o Nobel da paz, recebeu o prêmio *Woman of the World* de Diana, princesa de Gales, e o incentivo para continuar seu inestimável trabalho para recuperar o precioso coração da África.

Uma pessoa pode fazer a diferença.
Wangari Maathai

ABRAÇADORAS DE ÁRVORES, UNI-VOS!

O movimento Chipko, na Índia, começou em 1973, quando um grupo de mulheres indianas protestou contra uma ação governamental para criar madeireiras perto de sua aldeia. Quando os madeireiros optaram por outra estratégia, essas mulheres decidiram parar o corte de árvores. Em um país onde as viúvas ainda são queimadas com seus maridos mortos em algumas regiões, essa é uma atitude verdadeiramente corajosa. Um ano depois, elas precisaram mudar a ação de proteção às árvores para um novo lugar. Gaura Devi, uma respeitada anciã e viúva da aldeia de Reni, foi avisada por uma menina pastora de que os madeireiros estavam a caminho. Gaura entrou em ação, reunindo uma tropa de mulheres. Quando um madeireiro a ameaçou com uma arma, ela respondeu com uma calma feroz: "Atire em nós. Só então vai poder cortar a floresta." A partir desse momento, a força do movimento Chipko aumentou tremendamente, recebendo inclusive pedidos de homens que queriam se unir ao grupo. Chipko significa "abraçar"; estas ambientalistas rodeiam as árvores, de mãos dadas, para protegê-las, e ao mundo, da destruição.

JUDI BARI: HEROÍNA DO MOVIMENTO FLORESTAL

No dia seguinte à morte de Judi Bari, alguém usando uma camiseta Earth First! deixou a bandeira dos Correios de Willits a meio mastro. A bandeira ficou de luto até que o carteiro responsável a reposicionou, algum tempo depois. Foi uma atividade que ele precisou repetir várias vezes naquela semana, porque todos os dias a bandeira era baixada, até o dia do velório de Judi, quando foi a vez de a bandeira da prefeitura permanecer a meio mastro ao longo do dia.

Judi era amada por ser uma inspiração; era admirada e caluniada por seu poder de organização. Ela sabia como organizar todo tipo de gente — de jovens hippies a donas de casa — em uma aliança que, em 1991, começava a incluir madeireiros e outros trabalhadores daquela indústria. Por essa razão, foi massacrada. Judi sabia exatamente quando clamar pelo apoio da vizinhança e quando não. Também por isso ela foi massacrada. Ela se uniu ao (até então masculino) movimento Earth First!, renunciando à prática do arborismo; e continuou no movimento apesar de estar incapacitada e com dores crônicas em seus últimos seis anos de vida.

Eis a jornada dessa heroína: fazer com que madeireiros e trabalhadores dessa indústria honrassem e respeitassem seu trabalho como ambientalista. Madeireiros que estavam cansados de ir de um lado para o outro cortando jovens árvores para ganhar a vida; trabalhadores que perceberam que a empresa não se importava com a floresta, tampouco com eles. Judi os levou a entender que aquelas empresas estavam destruindo suas possibilidades de trabalho; ela era boa em apontar que colocar o relatório trimestral acima da saúde da floresta iria destruir o futuro de seus filhos.

Os trabalhadores começaram a entender sua mensagem; e os "Senhores Madeireiros" não podiam suportar algo do tipo, então ela foi massacrada. Por alguém que ainda está por aí.

O FBI liderou um exército de pessoas, cujo desejo de desacreditar Judi parecia não ter fim, e decidiu qualificá-la como terrorista: decidiu pôr em Judi a culpa pelo atentado que ela sofreu, quando uma bomba explodiu em seu carro; e depois a acusou de fingir estar com câncer um mês antes de sua morte, alegando que ela estava apenas em busca da simpatia do público.

Mas por que isso? Creio que foi porque Judi abraçou e viveu uma filosofia que chamou de "biocentrismo", que sustenta que a humanidade, enquanto espécie, é apenas parte de um mecanismo maior na natureza e, portanto, tem pouco direito de explorar e destruir os recursos do planeta. Ela acreditava que as grandes corporações estavam traindo a confiança pública em nome de lucros obscenos; naturalmente, essas eram afirmações terríveis para os guardiões da América corporativa. Portanto, se os terroristas não puderam destruir o corpo de Judi, o FBI destruiria sua reputação. Se ela não pudesse ser impedida de formar uma aliança com os trabalhadores, poderia ao menos ter seu trabalho dificultado com intimidações, ameaças, isolamento e desinformação. Não funcionou: ela resistiu e nunca parou até ser vencida pelo câncer, seis anos após o atentado.

Esse foi seu heroísmo. Ela desafiou todo o tipo de força machista em seu próprio território. Quando a Louisiana-Pacific Security lhe deu uma rasteira e enganou a polícia para prendê-la por falsas motivações, sua resposta veio alguns dias depois, com Judi conduzindo um círculo de mulheres por seus portões em Albion, cercando o chefe de segurança enquanto cantavam os muitos nomes da Grande Deusa. "Meu Deus, elas me lançaram um feitiço!", ele gritou, revirando os olhos. Quando, durante a investigação de seu atentado, ela obteve fotos no Departamento de Polícia de Oakland, passou horas olhando-as uma por uma, endurecendo a si mesma para ser capaz de reviver o trauma; então conduziu ativamente seu caso contra o FBI, acusando-os por assédio, calúnia e outras maquinações igualmente repulsivas conduzidas por seu programa COINTELPRO.

Judi inspirou muitos de nós a abraçarmos os princípios do Earth First! porque viveu e trabalhou por esses princípios, e pela ação direta e não-violenta. Ela nos inspirou a aprender todas as diversas bases do manejo florestal. Ela percebeu, e nos levou a perceber, que a confiança de homens honestos, que acreditavam que a floresta ainda estaria lá para seus filhos como estava para eles, tinha sido traída e quebrada pelas grandes corporações. Ela nos inspirou a trabalhar para salvar nossas árvores locais, estendendo seu trabalho desde o norte da Califórnia até a fronteira com Oregon e além: as Cascades, a área de Siskiyous, o deserto de Kalmiopsis, a costa de Clayoquot Sound, pedacinho por pedacinho até alcançar a cadeia montanhosa de Brooks Range.

Seis anos — os últimos de sua vida —, baseados em uma organização incansável e à fidelidade à sua missão, ela passou enfrentando a versão empresarial dos estábulos de Aúgias, como se os corcéis corporativos estivessem comendo e destruindo o mundo. Ela nunca desistiu e nunca perdeu o bom-humor. Maravilhosa, profunda, capaz de fazer o mundo rir, mesmo com toda a dor dos seus últimos meses. Ela foi embora cedo, cedo demais. O que o atentado não fez, o câncer de mama — a bomba de nêutrons feminina — conseguiu. Judi tomou a decisão heroica de morrer com dignidade, rodeada por seus filhos, sua família e seus amigos. Em seus últimos meses, logo após o Headwaters Rally de 1996 — a maior desobediência civil em massa da história do movimento florestal americano (foram 1.033 prisões naquele dia; mais de duzentas ações nos meses seguintes) —, ela organizou, orientou e delegou as montanhas de material que havia acumulado: desde material para fazer banners (seu último, pendurado na Skunk Train Line proclamando "L-P OUT!" ["Fora, L-P!", em tradução livre], está se tornando realidade) até extensos arquivos sobre o seu caso contra o FBI.

Nessa época, ela também teve a oportunidade de ver o quanto era amada pelas pessoas da cidade. Houve um evento beneficente em sua homenagem um mês antes de Judi morrer. Ela estava lá e aproveitou o tempo para expressar sua alegria e agradecimento cantando, "Sou um guerreiro da terra; ganhei vida no Antigo Redwoods", agarrada a uma garrafa de água Headwaters, e, por último, usando um pouquinho de cannabis medicinal, só para soprar no ar, ali mesmo no Auditório da Willits High School. "Eu libertei Willits High!", ela gritou e, enquanto aplaudíamos, chorávamos e gritávamos ao ver aquela fumaça efêmera subir diante dos holofotes, sabíamos que nunca mais seríamos os mesmos por conhecê-la, tendo visto a Deusa viver mais uma vez entre nós com sua grande e visceral risada. Viva Judi! *Presente Siempre*.

A mulher que foi corajosa o bastante para subir e se sentar nos galhos de uma árvore teve seu assento explodido hoje.
Robin Rule, sobre o atentado de Judi Bari.

3
ATLETAS INCRÍVEIS: DOMINANDO O JOGO

A mitologia grega nos fala da primeira atleta feminina, Atalanta da Beócia. Filha de Esqueneu, ela não ligava para a tecelagem ou a cozinha, nem pretendia desperdiçar o seu precioso tempo com homens incapazes de superar suas proezas atléticas. Seu pai, orgulhoso daquela mocinha boeciana de pés ligeiros, ignorou as normas da antiga sociedade grega e não insistiu em casar a filha para obter ganhos políticos ou financeiros, apoiando sua decisão de casar apenas com um homem que fosse capaz de superá-la. Seus pretendentes recebiam, porém, uma pequena vantagem, e Atalanta, "com armas em punho, perseguia seu pretendente nu. Se ela conseguisse alcançá-lo, ele morria". Ela foi superada por Hipomene, que espalhou maçãs douradas enquanto corria, atrasando a amazona, que parava para pegá-las. Formando uma bela combinação em todos os sentidos, eles foram felizes juntos, até que foram longe demais, profanando um santuário a Afrodite por fazerem amor no altar! Por conta disso, a Deusa transformou Atalanta em uma leoa, existência que ela dominou com seu espírito selvagem e régio.

Na vida real, as atletas têm destruído barreiras e dado saltos poderosos em seu caminho para a fama desde o século XIX. Em 1972, receberam uma pequena ajuda do governo federal dos Estados Unidos por meio do Título IX. Embora o presidente Richard Nixon tenha sancionado essa lei afirmando que "nenhuma pessoa nos Estados Unidos será excluída, com base no sexo, da participação e dos benefícios de qualquer programa de educação ou atividade que receba assistência financeira federal, ou será sujeita à discriminação", ainda muito se debate se esta legislação é suficiente para garantir paridade às mulheres. Desde a criação do Título IX, as estatísticas mostraram um aumento de 7% na proporção de mulheres atletas no ensino médio. Embora esta seja uma melhoria significativa, ainda há um longo caminho a se percorrer para alcançar a marca dos 50%.

Mesmo sem igualdade total de financiamento, o esporte é um espaço onde as mulheres novamente podem competir com os homens, graças a pioneiras heroicas, como a estrela do tênis Billie Jean King, que enfrentou Bobby Riggs no badaladíssimo jogo de 1973. Riggs, arrogante e fanfarrão, declarou que destruiria King, afinal os homens eram "mais fortes" e "melhores jogadores de tênis". Com transmissão feita no estádio Astrodome de Houston, o mundo assistiu Billie Jean King massacrar Riggs facilmente, dominando o jogo (e as quadras!) para cada mulher e garota naquele dia histórico. Tal como King e as estrelas atuais, Venus e Serena Williams, as heroínas aqui retratadas conseguiram chegar ao topo em seus esportes, superando as probabilidades com paixão, pura coragem e incrível habilidade.

SUZANNE LENGLEN: ELA MUDOU AS QUADRAS

Antes de Venus e Serena, ou mesmo de Chris Evert, havia Suzanne Lenglen, uma extravagante parisiense criadora de tendências e amante de *brandy*, apelidada de "La Divine" pela imprensa francesa, e que em sua breve vida mudou o tênis feminino. Suzanne nasceu em Paris, em 1899; quando criança, era frágil e sofria de muitos problemas de saúde, incluindo asma crônica. Seu pai decidiu que seria benéfico para a saúde da filha competir no tênis. Ela jogou pela primeira vez em 1910, na quadra de tênis de propriedade da família. A menina de onze anos gostou do jogo, e o pai continuou a treiná-la, com métodos que incluíam um exercício em que ele colocava lenços em diferentes partes do campo e mandava Suzanne bater a bola na direção de cada um deles. Apenas quatro anos mais tarde, aos catorze anos, Lenglen chegou à final do Campeonato Francês de 1914. Perdeu para a campeã da época, Marguerite Broquedis, mas na primavera do mesmo ano venceu o World Hard Court Championships em Saint-Cloud, durante o seu 15º aniversário, fazendo dela a pessoa mais jovem da história do tênis até hoje a ganhar um grande campeonato.

No final de 1914, a maioria das grandes competições de tênis na Europa foram abruptamente interrompidas pelo início da Primeira Guerra Mundial. Os campeonatos franceses não foram realizados novamente até 1920, mas o torneio de Wimbledon retornou em 1919. Lenglen fez a sua estreia lá, enfrentando a sete vezes campeã Dorothea Douglass Chambers na final. O jogo histórico foi disputado diante de 8 mil espectadores, incluindo o rei George V e a rainha consorte Maria de Teck. Lenglen ganhou a partida; no entanto, não foram apenas as suas habilidades em quadra que chamaram a atenção. A imprensa fez um estardalhaço sobre seu vestido, que revelava os antebraços e terminava acima das panturrilhas; naquela época, era comum que as mulheres competissem com trajes que cobrissem bem seus corpos. Os ingleses também ficaram chocados com a francesa que se atrevia a beber *brandy* casualmente entre os sets.

Lenglen dominou os individuais femininos de tênis nos Jogos Olímpicos de Verão de 1920, na Bélgica. A caminho de ganhar uma medalha de ouro, ela perdeu apenas quatro games, três deles na final contra Dorothy Holman, da Inglaterra. Ela ganhou outra medalha de ouro nas duplas mistas, antes de ser eliminada em uma semifinal feminina de duplas, e um bronze depois que suas adversárias se retiraram. De 1919 a 1925, Lenglen ganhou os individuais do torneio de Wimbledon em todos os anos, exceto 1924, quando problemas de saúde por conta da icterícia forçaram-na a se retirar após vencer as quartas de final. Nenhuma outra francesa ganhou novamente os títulos dos individuais de Wimbledon até Amélie Mauresmo, em 2006. De 1920 a 1926, Lenglen conquistou seis vezes o título individual do Campeonato Francês e cinco vezes o título de duplas, assim como três

World Hard Court Championships de 1921 a 1923. Surpreendentemente, ela só perdeu sete partidas em toda a sua carreira.

Lenglen foi para Nova York em 1921 para jogar a primeira de várias partidas amistosas contra a campeã americana nascida na Noruega, Molla Bjurstedt Mallory, com o objetivo de levantar fundos para reconstruir diversas regiões da França que haviam sido devastadas pela Primeira Guerra Mundial. Quando chegou, Lenglen foi informada de que ela havia sido anunciada como participante do campeonato dos EUA. Devido à imensa pressão do público, ela concordou em jogar mesmo estando bastante doente, com o que mais tarde foi diagnosticado como coqueluche; só lhe foi concedido um dia para se recuperar. Quando outra jogadora faltou, Lenglen acabou enfrentando Mallory no segundo round como sua primeira oponente. Ela perdeu o primeiro set, e assim que o segundo começou, ela começou a tossir e explodiu em lágrimas, incapaz de continuar. Os espectadores zombaram dela quando deixou a quadra, e a imprensa americana foi dura. Sob ordens médicas, ela cancelou o amistoso e voltou para casa extremamente abatida. Mas na final de Wimbledon, no ano seguinte, Lenglen derrotou Mallory em apenas 26 minutos, vencendo por 6-2, 6-0, no que foi considerado o jogo mais curto do mais importante torneio feminino da história. As duas se enfrentaram novamente mais tarde, em 1922, em um torneio em Nice, onde Lenglen dominou completamente a quadra; Mallory não conseguiu ganhar nem mesmo um game.

Em um torneio de 1926 no Carlton Club, em Cannes, Lenglen jogou seu único jogo contra Helen Wills. A atenção do público para aquela final de torneio foi imensa, com os preços dos ingressos vendidos por cambistas atingindo níveis estratosféricos. Telhados e janelas de edifícios próximos estavam lotados de espectadores. No memorável jogo, Lenglen conseguiu uma vitória por 6-3, 8-6 depois de quase perdê-lo diversas vezes. Dizem que seu pai a havia proibido de jogar contra Wills, e como Lenglen quase nunca o havia desafiado, estava tão estressada que não conseguiu dormir na noite anterior. Mais tarde, em 1926, Lenglen parecia estar no caminho certo para um sétimo título no torneio de Wimbledon; contudo, ela se retirou do torneio depois de saber que, devido a uma confusão sobre a hora da partida, ela havia feito a rainha Maria esperar, no camarote real, por uma partida preliminar, o que foi considerado uma afronta à monarquia inglesa pela aristocracia.

Suzanne Lenglen foi a primeira grande estrela feminina do tênis a tornar-se profissional. O agente esportivo C. C. Pyle pagou-lhe 50 mil dólares para que fizesse uma turnê nos EUA jogando uma série de partidas contra Mary K. Brown, que aos 35 anos foi considerada a melhor jogadora de tênis, apesar de ter chegado à final francesa naquele ano só para perder para Lenglen, com apenas um ponto marcado. Esta foi a primeira vez que uma partida feminina foi o evento principal da turnê, embora os jogadores masculinos também tenham participado. Ao final da turnê, no início de 1927, Lenglen tinha vencido cada uma de suas 38 partidas; mas ela estava exausta, e seu médico aconselhou uma longa pausa do esporte. Ela decidiu se aposentar da competição e montar uma escola de tênis com a ajuda e o financiamento de seu companheiro, Jean Tillier. A escola cresceu gradualmente e ganhou reconhecimento; Lenglen também escreveu vários textos sobre tênis naqueles anos. Muitos a criticaram por abandonar as competições amadoras, mas ela revidou: "Considerando as absurdas e antiquadas regras amadoras, somente uma pessoa rica pode competir, e de fato somente pessoas ricas competem. Isso é justo? Traz avanços ao esporte? Torna o tênis mais popular? Ou tende a suprimir e a dificultar uma enorme quantidade de talentos adormecidos no corpo de meninas e meninos cujos nomes não fazem parte da alta sociedade?"

Em 1938, Lenglen foi subitamente diagnosticada com leucemia e morreu algumas semanas depois, aos 39 anos de idade, perto de Paris. Mas seu talento, sua garra e seu estilo tinham mudado o tênis feminino para sempre; antes de sua brilhante trajetória, pouquíssimos fãs de tênis estavam interessados em jogos femininos. O troféu da competição de individuais femininos do Aberto da França hoje se chama "Coupe Suzanne-Lenglen". Ela também foi admitida no International Tennis Hall of Fame em 1978, e muitos a consideram uma das melhores tenistas que já existiram.

Eu deixo a dignidade de lado e penso apenas no jogo.
Susanne Lenglen

BABE DIDRIKSON ZAHARIAS: ELA É A MAIORAL

Babe (cujo nome verdadeiro era Mildred) Didrikson sempre se esforçou para ser a melhor em qualquer atividade que empreendesse. Insegura, achou que o esporte seria uma ótima maneira de construir a si mesma e sua autoestima. Ela acertou! Babe se destacou em todos os esportes que experimentou: corrida, salto, lançamento de dardos, natação, basquete e beisebol, para citar apenas alguns. Em seu auge, era tão famosa que ficou conhecida em todo o mundo pelo primeiro nome.

Babe vinha de um ambiente acolhedor para a vida desportiva; sua mãe, Hannah Marie Olson, foi uma patinadora artística. A família de Babe era amorosa, mas eles tiveram dificuldades em ganhar a vida na cidade do Texas, para onde acabaram indo. Quando era jovem, nos anos 1920, Babe trabalhava depois da escola embalando figos e costurando sacos de batata em fábricas próximas, mas de alguma forma ela ainda encontrava tempo para brincar. Não importava o jogo, Babe sempre foi melhor que os rapazes.

No colegial, Babe tentou jogar basquete, beisebol, golfe, tênis e vôlei; suas habilidades atléticas superiores geravam inveja entre seus pares. Uma seguradora de Dallas ofereceu-lhe um lugar no time de basquete; Babe trabalhou na empresa, terminou o ensino médio e jogou no time. Em seu primeiro jogo, ela dominou a quadra e superou a outra equipe sozinha. Para sua sorte, a Employers Casualty também tinha equipes de atletismo, mergulho e natação. As pistas exerciam uma atração especial sobre Babe; ela bateu recordes quase imediatos no tiro, salto em altura, salto em distância e lançamento de dardos. Em 1932, Babe representou o Lone Star State como uma equipe de uma mulher só e, das oito competições, foi premiada em seis. Em 1932, os Jogos Olímpicos de Verão aconteceram em Los Angeles; Babe atraiu os olhos do mundo quando estabeleceu recordes nos oitenta metros com obstáculos e no lançamento de dardos. Ela também teria vencido o salto em altura, mas os juízes declararam como inaceitável a sua técnica de se atirar de cabeça sobre a barra. Não há dúvida de que ela teria levado para casa ainda mais medalhas de ouro, se não fosse pela regra recém-estabelecida que definia um limite de três eventos por atleta.

Para Babe, ganhar a vida era mais importante do que ganhar elogios. Infelizmente, as opções para mulheres nos esportes profissionais eram extremamente limitadas na década de 1930. Ela tomou a decisão de se tornar uma golfista profissional; apesar de sua pouca experiência, dominou o Texas Women's Amateur Championship três anos mais tarde. No típico estilo Babe Didrikson, ela ganhou dezessete torneios seguidos e participou de partidas contra homens, incluindo uma partida memorável contra o "grego chorão de Cripple Creek", George Zaharias, com quem se casou em 1938. Babe logo percebeu a necessidade de equidade para o golfe feminino e ajudou a fundar a Associação de Mulheres Profissionais de Golfe. Morreu aos 43 anos, depois de fazer um impressionante retorno: ganhar o US Open por doze pontos, menos de um ano após realizar uma delicada cirurgia para o câncer de intestino. Ela é considerada por muitos como a melhor atleta feminina de todos os tempos.

Guiar a bola não é o suficiente. Você precisa relaxar e deixar a bola apontar o caminho.
Babe Didrikson Zaharias

HALET ÇAMBEL: A SUA ESPADA ERA A MAIS PODEROSA

Quantas pessoas podem dizer que desrespeitaram Hitler? Halet Çambel, uma esgrimista olímpica, foi a primeira mulher muçulmana a competir nas Olimpíadas, além de ser arqueóloga. Ela nasceu em 1916, em Berlim, na Alemanha, filha de um antigo Grão-Vizir do sultão otomano. Quando sua família voltou para Istambul, na Turquia, em meados de 1920, Halet ficou "chocada com as mulheres vestidas de preto que vinham nos visitar em casa". Tendo sobrevivido a surtos de febre tifoide e hepatite quando criança, ela decidiu concentrar-se nos esportes para garantir força e saúde. Em uma entrevista, ela disse: "Havia outras atividades na escola, como dança folclórica e outras danças, mas eu escolhi a esgrima". Halet acabou subindo ao nível necessário para representar a Turquia no evento individual feminino dos Jogos Olímpicos de Verão, em 1936. A jovem de vinte anos tinha sérias reservas quanto à participação nos Jogos nazistas, e ela e seus colegas atletas turcos estabeleceram limites quanto à necessidade de uma apresentação social ao Führer. Mais tarde ela disse: "O oficial alemão que nos foi designado nos pediu para encontrar Hitler. Na verdade, não teríamos vindo à Alemanha se dependesse apenas de nós, pois não aprovávamos aquele regime", lembrou ela no fim da vida. "Rejeitamos firmemente a oferta."

Ao voltar para casa depois dos Jogos, Halet conheceu o poeta e jornalista comunista Nail Çakırhan, por quem se apaixonou. Sua família não aprovava as ideias marxistas dele, então os dois se casaram em segredo; o casamento durou setenta anos, até a morte de Nail em 2008. Halet estudou arqueologia em Paris, na Sorbonne, na década de 1930, antes de obter o doutorado na Universidade de Istambul, em 1944. Depois tornou-se professora em 1947, e no mesmo ano trabalhou como parte de uma equipe de escavação da fortaleza hitita do século VIII, na cidade de Karatepe, na Turquia, que se tornaria o grande trabalho de sua vida acadêmica. Pelos cinquenta anos seguintes, ela passou metade de cada ano lá, trabalhando com diversos pesquisadores para alcançar uma compreensão mais profunda da escrita hieroglífica hitita, além de outros aspectos de sua cultura. Em 1960, Halet tornou-se professora de Arqueologia Pré-Histórica na Universidade de Istambul e fundou seu Instituto de Pré-História, alcançando o status de professora emérita em 1984. Ela viveu até os 97 anos.

ALICE COACHMAN: CORRENDO POR SUA VIDA

Caramba, como Alice Coachman corria e saltava! Por conta da Segunda Guerra Mundial, contudo, as competições nacionais eram o ponto mais alto a que um atleta poderia chegar nos anos 1940, e a jovem atleta afro-americana conquistou os títulos nacionais de salto em altura durante doze anos consecutivos. Sua chance de conquistar o reconhecimento internacional finalmente chegou nos Jogos Olímpicos de 1948; pensou-se que Alice já havia passado de seu auge, mas ela decidiu tentar de qualquer maneira. Os seus companheiros de equipe perderam todas as corridas; e finalmente era a vez de Alice. Ela levou o ouro, derrotando uma adversária que tinha vantagens sobre ela quanto à altura, tornando-se, aos 24 anos, a primeira mulher negra a ganhar o ouro olímpico e a primeira mulher norte-americana a conquistar o ouro no atletismo.

Alice foi calorosamente recebida de volta aos Estados Unidos, recebendo um convite para visitar a Casa Branca, além de uma comitiva de vitória por todo seu estado natal, a Geórgia, e um contrato de publicidade com a Coca-Cola. Não surpreendentemente, os Estados Unidos, racista e sexista dos anos 1940, não recepcionaram Alice adequadamente. Ela era, no entanto, idolatrada pela comunidade negra como uma favorita e foi a pioneira para cada atleta negra que seguiu seu legado.

ALTHEA GIBSON: NUNCA DESISTA

Do gueto às quadras de tênis, a história de Althea Gibson é puro heroísmo. Em uma época em que o tênis era não apenas um esporte para brancos, mas para brancos ricos, ela construiu seu caminho até o topo.

Nascida em 1927, em uma família de meeiros do sul, Althea foi uma menina inquieta que precisou de alguns anos para canalizar sua energia em realizações concretas. A mudança da família para o Harlem não ajudou. A escola a entediava, e ela faltava muito; professores e inspetores escolares previram o pior para Althea, acreditando que ela era um problema ambulante, cujo futuro se estendia até o reformatório mais próximo.

Embora as coisas parecessem terríveis para Althea, ela surpreenderia os que não acreditavam nela. Tal como muitas heroínas, Althea precisou chegar ao fundo do poço antes de alcançar o topo. Ela abandonou a escola e pulou de trabalho em trabalho até que, com apenas catorze anos, encontrou uma ala do Departamento de Bem-Estar Social da cidade de Nova York. Isto acabou sendo a melhor coisa que poderia ter acontecido a Althea — uma sábia assistente social não só a ajudou a encontrar um trabalho estável, como também a inscreveu no programa desportivo da polícia de Nova York. Althea se apaixonou pelas raquetes e, ao se aproximar das quadras de tênis, surpreendeu a todos com sua habilidade natural. O New York Cosmopolitan Club, uma organização desportiva e social interracial, patrocinou a adolescente e arranjou-lhe um treinador, Fred Johnson. A transformação de Althea de "garota malvada" em sensação do tênis foi imediata; ela venceu o New York State Open Championship um ano depois, captando a atenção de dois ricos beneméritos, que concordaram em patrociná-la se ela terminasse o ensino médio. Ela chegou lá em 1949 — recebendo em seguida uma bolsa de tênis para a Florida Agricultural and Mechanical University.

Mas as batalhas de Althea ainda não tinham acabado. Ela venceu nove campeonatos nacionais consecutivos para negros e foi excluída dos torneios reservados a jogadores não brancos. Lutando arduamente para competir contra jogadores brancos, Althea segurou a barra, apesar de estar exposta ao racismo em sua forma mais hedionda. Sua luta digna para superar a segregação no tênis conquistou seus muitos adeptos de todas as cores. Finalmente, uma de suas maiores fãs e admiradoras, a editora da revista American Lawn and Tennis, escreveu um artigo escarnecendo da "barreira de cor" no tênis. Os muros ruíram. Em 1958, Althea Gibson venceu os jogos individuais e as partidas em duplas em Wimbledon, além de vencer duas vezes o campeonato nacional dos EUA, bem como o US Open.

Depois, por questões financeiras, ela se aposentou; Althea não conseguia mais ganhar a vida no tênis feminino. Tal como Babe Zaharias, ela começou a jogar golfe, tornando-se a primeira mulher negra a se qualificar para a LPGA. Porém, ela nunca se destacou no golfe como no tênis, e nas décadas de 1970 e 1980 voltou ao esporte que realmente amava, servindo como mentora e treinadora de uma geração de jogadoras de tênis afro-americanas em ascensão.

Por pura excelência e vontade de trabalhar em nome de seu povo, Althea Gibson fez uma enorme diferença no mundo esportivo, deixando-nos todos em dívida com ela.

MARTINA NAVRATILOVA: SEMPRE AUTÊNTICA

Uma das maiores estrelas do tênis de todos os tempos, Martina Navratilova foi uma tchecoslovaca que fugiu para os Estados Unidos com o intuito de administrar sua própria carreira, em vez de ter o governo tcheco lhe dizendo o que fazer e para onde ir. Durante os anos 1980, ela foi a melhor jogadora de tênis feminino do mundo, com um recorde de 75 vitórias consecutivas na carreira. Ela levava sua profissão e seus treinos a sério, comportando-se como uma verdadeira atleta no sentido mais puro. Uma das primeiras celebridades abertamente homossexuais, Martina se relacionou amorosamente com Rita Mae Brown, que escreveu um romance sobre as duas e foi envolvida em um processo de pensão alimentícia por outra amante, Judy Nelson, que passou a partilhar uma cama com Rita. De acordo com Martina, "nunca pensei que houvesse algo de estranho em ser lésbica."

A LIGA AMERICANA DE BEISEBOL FEMININO: BONÉ VIRADO E DE SALTO ALTO

Durante um curto período nos anos 1940, as mulheres tiveram uma "liga própria" de beisebol. Embora não tivessem intenções sérias e fosse apenas mais um golpe publicitário, a All-Girls Baseball League invadiu o campo e se tornou dona dele.

A liga foi criada pelo magnata dos chicletes Phillip K. Wrigley, cujo império tinha-lhe proporcionado a compra dos Chicago Cubs. Ele teve a ideia de colocar em campo várias garotas sensuais usando saias curtas e maquiagem completa para entreter uma população faminta por beisebol, cujo passatempo nacional enfrentava uma longa pausa: os jogadores transformavam-se em soldados durante a Segunda Guerra Mundial.

Wrigley tinha razão: as garotas atraíram multidões, o suficiente para colocar em campo equipes em várias cidades do meio-oeste. (No auge da sua popularidade, a liga conseguiu atrair um milhão de clientes pagantes por 120 temporadas). Wrigley, um homem de negócios inteligente que atendia ao que acreditava ser o gosto dos fãs de beisebol, tinha diretrizes rígidas para suas "garotas" — aparência e cuidados pessoais impecáveis, e nada de cabelos curtos ou de vestir calças dentro ou fora de campo. Beleza e charme eram requisitos absolutos para as jogadoras. Arthur Meyerhoff, presidente da liga, definiu aqueles jogos apropriadamente como: "Beisebol, um jogo tradicionalmente masculino, jogado por mulheres repletas de feminilidade com habilidade masculina." Para Meyerhoff, essa "feminilidade" era um assunto sério, e ele mantinha-se atento às suas equipes para identificar o menor sinal de lesbianidade. Ele também mandou suas jogadoras adolescentes ou mais jovens para uma "escola de charme", no intuito de mantê-las com seus modos femininos. Embora as regras parecessem rigorosas, as jogadoras ficavam ansiosas para se juntar a essas novas equipes, chamadas Daisies, Lassies, Peaches e Belles, porque esta era a única chance de jogar beisebol profissionalmente. Pepper Pair fala melhor sobre o assunto no livro que traz o seu perfil e o de outras jogadoras da AAGBL: "Você precisa entender que preferíamos jogar beisebol a comer, e onde mais poderíamos receber cem dólares por semana para jogar?" Depois da guerra, os homens voltaram para casa e, junto com eles, a liga principal também retornou. No entanto, a liga All-Girls permaneceu, até mesmo escorraçando a rival National Girl's Baseball League. Com mais oportunidades para todos, as equipes de repente tiveram que aumentar os salários de suas melhores jogadoras para mantê-las nos times, e ambas as ligas atraíram atletas de todo os Estados Unidos e do Canadá.

O maravilhoso filme de Penny Marshall, *Uma equipe muito especial*, fez um trabalho muito verossímil ao retratar as dificuldades e a comicidade na vida dessas atletas profissionais, que tentaram cumprir as regras e exibir o "charme" feminino enquanto jogavam beisebol de alto nível. Ironicamente, o *boom* televisivo dos anos 1950 corroeu a audiência da AAGBL, bem como de muitos outros esportes semiprofissionais. O golpe fatal para as ligas femininas de beisebol veio, no entanto, com a criação da Little League para meninos. As garotas, que já não tinham como desenvolver suas habilidades na juventude, voltaram aos campos amadores, e a AAGBL morreu em 1954.

Os fãs achavam que éramos a melhor coisa que já havia surgido.
Mary Pratt, jogadora

JOAN JOYCE: O ARREMESSO PERFEITO

Joan Joyce deveria ser um nome familiar. Nas palavras de um árbitro de torneio que assistiu aos seus arremessos, ela foi "um dos três melhores arremessadores de softball do país, e dois deles são homens". Joan conheceu o softball quando foi impedida de jogar beisebol nos anos 1950. Ela falou sobre isso em uma entrevista à *Sports Illustrated*: "Comecei a jogar softball aos oito anos porque meu pai jogava e porque era o único esporte aberto para mim na época". Na adolescência, ela surpreendeu jogadores, treinadores e seus pais com uma bola rápida que alcançou 186 km/h. Aos dezoito anos, ela se juntou à equipe feminina de Stamford, Connecticut, a Raybestos Brakettes, e levou a equipe a três campeonatos nacionais consecutivos. Logo, as Brakettes tornaram-se o time mais promissor no softball amador, ganhando uma dúzia de campeonatos em dezoito temporadas. O recorde de Joyce foi o inacreditável número de 105 *no-hitters* (jogos em que os adversários não conseguem rebater nenhuma bola arremessada pelo outro time) e 33 jogos perfeitos (de forma resumida, acontece quando o rebatedor tem pelo menos nove vitórias em jogo sem que os jogadores do time rival consigam alcançar a primeira base).

A reputação de Joyce como arremessadora que "nunca era rebatida" levou a um desafio em 1962 entre Joyce e Ted Williams, então rebatedor campeão, com uma média de .400 por temporada. Uma multidão barulhenta assistiu a Joyce fazer trinta arremessos furiosos diante de um Williams abismado. Tudo que ele conseguiu foram apenas alguns fouls tardios e uma rebatida fraca na área de defesa. Naquele dia, Joan Joyce mostrou que não só era tão boa, quanto melhor que qualquer homem!

WILMA RUDOLPH: LA GAZELLE

A vida da corredora Wilma Rudolph é a história de alguém com espírito e coração potentes, capaz de superar obstáculos que teriam parado qualquer outra pessoa em seu caminho, literalmente! Nascida em Bethlehem, Tennessee, em 1955, Wilma contraiu pólio aos quatro anos de idade, ficando deficiente de uma perna.

A família de Wilma estava em apuros com um total de dezoito filhos dos dois casamentos do pai. Os pais de Wilma trabalhavam muito para alimentar aquela imensa ninhada, seu pai como porteiro e sua mãe como faxineira, fazendo com que fosse mais importante alimentar Wilma e seus irmãos do que ir atrás dos cuidados médicos necessários para que Wilma recuperasse as funções de sua perna. Dois anos depois, as circunstâncias melhoraram um pouco e, aos seis anos de idade, Wilma começou a andar de ônibus com a mãe até Nashville, duas vezes por semana, para fazer fisioterapia. Embora os médicos previssem que ela nunca andaria sem aparelhos, Wilma manteve seu programa de reabilitação por cinco anos e não só abandonou as muletas, mas "quando tinha doze anos", ela contou ao *Chicago Tribune*, "estava desafiando todos os garotos da vizinhança a correr, pular, fazer de tudo".

As suas habilidades excepcionais não passaram despercebidas. Uma treinadora da Universidade Estadual do Tennessee viu como ela estava ganhando todas as corridas de que participava no colegial e se ofereceu para treiná-la para as Olimpíadas, sobre as quais Wilma nem tinha ouvido falar. No entanto, ela se classificou para as Olimpíadas aos dezesseis anos e levou para casa uma medalha de bronze nos Jogos de Verão de 1956 pelos cem metros com revezamento. Ainda no ensino médio, ela decidiu batalhar em busca da medalha de ouro para os jogos de 1960.

Bem, ela fez isso e muito mais. As três medalhas de ouro que ganhou nos Jogos Olímpicos de 1960 em Roma — nos cem metros, nos duzentos metros e no revezamento 4 x 100 — transformaram-na numa superestrela da noite para o dia. Wilma foi a primeira mulher americana a ganhar ouro triplo em uma única Olimpíada. As pessoas estavam se digladiando em busca de palavras para descrevê-la. Na França, foi nomeada como Wilma "La Gazelle", e nos Estados Unidos ficou conhecida como "A Mulher mais rápida da Terra". Wilma virou a queridinha de todos depois disso, com convites para ir à Casa Branca de Kennedy e numerosas aparições como convidada em programas de televisão. Apesar de toda essa glória, Wilma quase não recebeu recompensa financeira por suas aparições públicas e teve que trabalhar em empregos provisórios para custear o período da faculdade.

Um ano depois, Wilma incendiou novamente o mundo batendo o recorde dos cem metros: 11,2 segundos. Imprevisivelmente, Wilma ausentou-se dos Jogos Olímpicos de 1964 e permaneceu estudando, graduando-se em Educação e voltando à escola que frequentou quando jovem para lecionar na segunda série. Em 1967, ela trabalhou para a Job Corps and Operation

Champion, um programa que trazia atletas famosos para os guetos americanos como forma de apresentar modelos positivos para crianças pequenas. A própria Wilma adorava conversar com crianças sobre esportes e era um símbolo poderoso com sua história inspiradora.

A forma como Wilma tocou a vida das crianças fica mais evidente durante uma campanha encabeçada por alunos da quarta série em Jessup, Maryland, que escreveram diversas cartas solicitando à *World Book Encyclopedia* que corrigisse o erro de não ter incluído essa atleta mundial. A editora cumpriu o pedido imediatamente! Wilma também foi homenageada ao ser incluída no Hall da Fama Olímpica e no National Track and Field Hall of Fame. Uma versão cinematográfica de sua autobiografia *Wilma*, estrelada por Cicely Tyson, foi produzida e bastante aclamada. Ela morreu por conta de um câncer cerebral terminal pouco depois de ser homenageada como uma das "Grandes" na premiere do National Sports Awards, em 1993.

Passei a vida inteira tentando mostrar o que significa ser a primeira mulher no mundo dos esportes para que outras jovens tenham a oportunidade de alcançar os seus sonhos.
Wilma Rudolph

EVELYN ASHFORD: O PODER DA PERSISTÊNCIA

"(Wilma Rudolph) me inspirou a perseguir meu sonho de ser atleta, a me manter fiel a ele", diz a corredora Evelyn Ashford, cujo incrível poder atlético em um esporte com elevadas taxas de esgotamento foi notável. Ela participou dos Jogos Olímpicos por quase vinte anos, voltando a ganhar uma medalha de ouro em 1992, já com 35 anos e um filho. Evelyn sempre teve talento para os esportes, mas nunca se levou a sério até que um treinador percebeu sua velocidade e a desafiou a se juntar à sua equipe masculina de atletismo. Quando ela venceu o "melhor atleta" na pista, subitamente chamou a atenção e o apoio necessários para estimulá-la.

Em 1975, ganhou uma bolsa de estudos integral para a UCLA. Um ano depois, já era membro da equipe olímpica, mas teve de esperar pelos próximos jogos, quatro anos mais tarde, para deixar sua marca. Em 1980, em protesto contra a invasão do Afeganistão pela União Soviética, o presidente Carter decidiu boicotar os Jogos Olímpicos de Verão. As possibilidades de vitória de Evelyn Ashford, assim como de seus pares, foram frustradas. Mas sua persistência foi recompensada à altura; ela deu a volta por cima após essa terrível decepção e ganhou uma medalha de ouro pelos cem metros rasos e outra pelo revezamento de quatrocentos metros nos Jogos Olímpicos de Verão de 1984, realizados em Los Angeles. Reconhecida como o modelo perfeito de um bom atleta, dentro e fora de campo, ela ficou muitíssimo satisfeita por correr ao lado das colegas e grandes campeãs Alice Brown, Sheila Echols e Florence Griffith-Joyner, além de promover o atletismo enquanto esporte. Não há dúvidas de que Wilma Rudolph ficaria orgulhosa dos feitos de Evelyn Ashford.

JACKIE JOYNER-KERSEE: RAINHA DAS PISTAS

Sem dúvida a maior estrela do atletismo de todos os tempos, Jackie Joyner-Kersee teve uma série de primeiras vezes a seu favor e continua a acumulá-las num ritmo surpreendente: ela foi a primeira mulher norte-americana a ganhar ouro no salto em distância, a primeira mulher a ultrapassar os 7 mil pontos no heptatlo e a primeira atleta, entre homens e mulheres, a ganhar múltiplas medalhas de ouro tanto em provas simples como em múltiplas provas de atletismo. Desde a sua estreia nos Eventos de Verão de Los Angeles, em 1984, Jackie sempre se manteve no topo.

Além de sua performance como atleta, o carisma e o estilo de Jackie fizeram dela uma sensação instantânea. Ademais, ela mantém a política de retribuir da melhor forma possível à sua comunidade de origem. Ela tem o imenso desejo de estimular o atletismo e sabe que o acesso aos estudos em um ambiente urbano com espaço adequado para correr e brincar é o primeiro de muitos desafios enfrentados por crianças do gueto. Sua fundação, a Jackie Joyner-Kersee Youth Center, está atualmente trabalhando para construir uma instalação recreativa e educacional para crianças em East St. Louis, na qual as crianças da área terão acesso a um laboratório de informática, uma biblioteca, campos de futebol, quadras de basquete e, é claro, pistas de corrida internas e externas.

Como vários outros atletas de destaque, Jackie nasceu em uma família pobre — é ex-aluna da parte mais miserável de East St. Louis. Felizmente, Jackie foi encorajada por sua família a participar de esportes. Ela descobriu o atletismo no Centro Comunitário Mayor Brown, e seus sonhos olímpicos começaram quando ela assistiu aos Jogos Olímpicos de 1976 na televisão. Jackie rapidamente se mostrou um "gênio dos esportes" e começou a bater recordes nacionais aos catorze anos, destacando-se no basquete e no vôlei, mantendo médias altas. Logo passou a ser cortejada por muitas tentadoras bolsas de estudo universitárias, decidindo-se por frequentar a UCLA, onde Bob Kersee seria o seu treinador.

Bob Kersee, com quem se casou em 1986, convenceu Jackie e os figurões da UCLA de que a carreira dela estava nas provas múltiplas. Olhando para trás, é difícil imaginá-la em qualquer outro lugar senão neste, onde é a melhor do mundo. O forte de Jackie é o heptatlo, uma prova anteriormente negligenciada em que os atletas ganham pontos participando de uma corrida de duzentos metros, competem tanto em saltos em distância quanto em saltos em altura, lançam dardos, correm os cem metros com obstáculos e completam uma corrida de oitocentos metros, tudo isso em dois dias. Estes desafios hercúleos por si só apelam ao super-heroísmo, e Jackie não só fez do heptatlo a sua especialidade, mas por meio de suas proezas transformou o evento em um dos favoritos do atletismo.

Ela é uma das poucas atletas afro-americanas que conseguiu contratos publicitários de prestígio e está muito consciente de seu papel em oferecer um modelo positivo, como disse à *Women's Sports & Fitness:* "Sinto que, como mulher afro-americana, a única coisa que posso fazer é continuar a melhorar, continuar a ter um bom desempenho, garantir que valho o patrocínio. Se as portas não se abrirem para mim, talvez se abram para outra pessoa."

Compreendo a posição em que estou, mas também sei que amanhã haverá mais alguém. Por isso tento manter as coisas em perspectiva.
Jackie Joyner-Kersee

FLORENCE GRIFFITH-JOYNER: NO RITMO DE FLO JO

O irmão de Jackie Joyner-Kersee, Al Joyner, também foi um atleta olímpico. Quando conheceu a excêntrica Florence Griffith, em 1984, uma atleta que marcou o mundo das pistas tanto por suas longas unhas e trajes coloridos quanto por ser "a mulher mais rápida do mundo", ela tinha um emprego fixo com atendimento ao cliente em um banco e trabalhava à noite como esteticista. A antiga corredora mundial tinha perdido o ouro para Valerie Brisco em 1980 e desistido. Estimulada por Al, ela voltou a treinar. Eles também começaram a namorar e se casaram pouco depois. Desta vez, Florence estava cheia de vontade de vencer e invadiu as Olimpíadas de Seul de 1988, de onde levou três medalhas de ouro. Fora das pistas, "Flo Jo", como a imprensa a chamava, dedicou-se a trabalhar com crianças, esperando educar a juventude dos Estados Unidos para "ir atrás dos seus sonhos", alimentar-se adequadamente, praticar esportes e ficar longe das drogas. Depois das suas vitórias em Seul, a revista *Ms.* enfatizou: "Florence Griffith-Joyner juntou-se aos imortais, alcançando esse status graças à sua incrível potência atlética e à singularidade de sua personalidade e forma de agir."

> *Ter uma boa aparência é quase tão importante quanto correr bem.*
> *Faz parte de me sentir à vontade comigo mesma.*
> **Florence Griffith-Joyner**

ARLENE BLUM: "LUGAR DE MULHER É NO TOPO"

Arlene Blum fez sucesso ao fazer o que "não deveria". Nascida em Chicago, em 1945, e criada pelos avós maternos, Arlene superou a aritmofobia para se tornar a melhor de sua classe em Matemática e Ciências, desenvolvendo certo prazer por competir academicamente com meninos. Ela decidiu estudar Química no Reed College de Portland, recebendo um doutorado na área pela U. C. Berkeley. Em uma entrevista para a revista *Ms.* em 1987, ela demonstrou que esse espírito de competição ainda a impulsionava: "Eu sei disso... que em tese as garotas não deveriam ser Químicas. E é sempre bom fazer coisas que não se deve fazer." A localização de Reed perto dos picos montanhosos do Oregon foi auspiciosa para a jovem cientista. Ela se apaixonou por alpinismo e até mesmo trabalhou em suas pesquisas acadêmicas analisando o gás vulcânico do topo do Mount Hood.

Surgiram desafios mais exóticos, e Arlene logo estava nos picos mexicanos e andinos. Ela teve uma epifania quando sua candidatura para fazer parte de uma equipe que iria ao Afeganistão foi recusada por ela ser mulher. Após a segunda rejeição para uma expedição ao Alasca, Arlene Blum pegou o "touro pelos chifres" e montou sua própria equipe com seis alpinistas, e todas elas alcançaram o pico do Monte Denali (anteriormente conhecido como Monte McKinley), no Alasca, em 1970. E esse foi apenas o começo, em 1978 ela levou outra equipe feminina para Annapurna, uma das montanhas mais altas do mundo. Naquela época, apenas quatro equipes tinham chegado ao topo de Annapurna, uma montanha traiçoeira conhecida por tempestades ferozes e avalanches perigosas. Além do perigo, essas caminhadas são extremamente caras. Sempre arrojadas, Blum e sua equipe conseguiram verba para chegar ao topo da Annapurna, o décimo maior pico do mundo, vendendo camisetas e ganhando patrocínio corporativo. As camisetas fizeram um verdadeiro alvoroço com seu slogan poderoso: "Lugar de mulher é... no topo do Annapurna!"

A incrível Arlene explorou toda a cordilheira do Grande Himalaia, a crista do Everest, e organizou muitas expedições e explorações. Ela também se destacou em sua outra profissão, a Química, e ajudou a identificar um agente cancerígeno em materiais resistentes ao fogo usados nas roupas infantis. A filha de Arlene, Annlise, junta-se agora à sua mãe nas escaladas, sendo parte da geração de mulheres para quem Arlene abriu caminho. Arlene Blum mostrou ao mundo que, quando se trata de excluir as mulheres do esporte, "não há montanha alta o bastante" que impeça uma mulher de subir!

As pessoas dizem que organizei expedições femininas para mostrar o que podemos fazer; não foi bem assim. Estava mais para uma rebelião contra os que queriam definir o que eu não podia fazer ou... o que as mulheres não podiam fazer.
Arlene Blum

OUTRAS GAROTAS QUE CHEGARAM AO TOPO

Cinquenta anos antes, Arlene Blum não teria entrado em certas áreas da cordilheira dos Grandes Himalaias. Foi um tipo de exploradora completamente diferente que ajudou a abrir aqueles portões. Em 1924, a espiritualista **Alexandra David-Neel** foi a primeira mulher ocidental a visitar a "Cidade Proibida" do Tibete, Lhasa, no alto da montanha. Vestidos com trapos e viajando com tão pouca coisa que sequer tinham cobertores, uma Alexandra de 55 anos e um jovem monge fizeram a perigosa subida de 18 mil pés até a cidade sagrada. Seu relato de viagem é um dos recursos mais preciosos dos estudos asiáticos, publicado como *My Journey to Lhasa*.

Cantora de ópera que se tornou erudita, a intrépida francesa também tem a honra de ser a primeira mulher ocidental a ter uma audiência com o Dalai Lama em seu exílio indiano. Alexandra nunca fez nada pela metade e achou o estudo do budismo tão atraente que se mudou para a caverna rodeada de neve de um asceta, iniciando os estudos e a prática espiritual de uma monja budista. Ela se tornou tão hábil que, segundo consta, foi capaz de controlar sua temperatura corporal através da meditação, e existem lendas sobre levitação e outros fenômenos psíquicos. Mas que grande besteira! "O sobrenatural". A sua explicação para estes assuntos é simples e prática: ela aprendeu com os tibetanos que é tudo uma questão de gestão das energias naturais. Uma das primeiras estudiosas de Estudos Orientais e misticismo oriental do mundo, a combinação única de ousadia e curiosidade de Alexandra David-Neel fez dela uma das mulheres mais fascinantes de qualquer parte do mundo.

Depois há **Lynn Hill**. Embora muitos das nossas heroínas dos esportes tenham feito progressos para as mulheres simplesmente por serem as melhores, outras, como Lynn Hill, fizeram-no com grande intenção. Lynn Hill é uma alpinista mundial cuja missão declarada é permitir que haja igualdade de condições para as mulheres alpinistas em um mundo reconhecidamente íngreme. No que antes era um esporte totalmente dominado pelos homens, exigindo uma força que as mulheres "não teriam", Lynn Hill chegou ao topo, exigindo permissão para escalar tanto quanto qualquer homem. Como ela diz, "se o atletismo extremo te melhora como pessoa, então por que não pode ser feminino?"

E não esqueçamos de **Annie Smith Peck**. Ela era uma estudiosa clássica nascida em 1850 que cobiçava as alturas. Vestindo um casaco de peles que Robert Edwin Peary havia trazido de sua exploração do Círculo Ártico, ela escalou o ápice andino do Monte Huascaran, e passou a ser a alpinista mais proeminente de seu tempo. Naquela época, ela tinha 58 anos de idade. Annie escreveu sobre as suas façanhas e tornou-se uma escritora de viagens bastante popular. Uma de suas realizações mais heroicas envolveu subir o formidável Monte Coropuna, no Peru, e pendurar uma faixa no topo onde se lia: "Votos para as mulheres!" Ela não parou de escalar até um ano antes de morrer, aos 85 anos.

MYRIAM BEDARD: BIATLETA CANADENSE

Em seu caminho para uma carreira de sucesso como patinadora artística, Myriam Bedard pendurou os patins ainda na adolescência para se tornar pioneira numa das mais recentes competições olímpicas sancionadas para mulheres: o biatlo — muito menos glamoroso e muito mais rigoroso. Há uma história interessante sobre o assunto: para os antigos escandinavos, o esqui e a caça eram necessários para a sobrevivência nos climas invernais. Os soldados de infantaria da Segunda Guerra Mundial chegaram à mesma conclusão por razões completamente diferentes, levando à formação de patrulhas militares de esqui na Noruega, Finlândia, Suécia e em outras partes da Escandinávia. O biatlo refinou-se a partir dessas origens, mas não foi reorganizado como um esporte olímpico para os homens até 1960.

As biatletas tiveram de esperar mais 32 anos para competir nos Jogos Olímpicos. A jovem Myriam estava pronta.

Ela treinava há vários anos em um subúrbio fora da cidade de Quebec e descobriu a proibição de armas de fogo no sistema de ônibus públicos do Canadá. Com jeitinho, ela conseguiu disfarçar sua arma, transportando-a num estojo de violino totalmente inocente. Dedicada, Myriam começou a ganhar corridas aos quinze anos, apesar de suas únicas botas de esqui serem tão grandes que ela precisou enfiar papel na frente dos pés. No entanto, nas Olimpíadas de Lillehammer, ela ganhou a medalha de bronze na prova de quinze quilômetros.

A carreira de Myriam está envolta em mistério e controvérsia. Ao ganhar seu prêmio olímpico, ela gerou debate ao se recusar a assinar o contrato do Biathlon Canada, no qual uma parte de seus ganhos retornaria para a organização, e vinha acompanhado por uma "ordem de silêncio" para evitar a aparição de biatletas nacionais na mídia. A teimosia — ou independência, dependendo do ponto de vista — levou à sua suspensão da equipe do Canadá. Uma trégua surgiu a tempo de ela voltar à equipe e levá-los a uma vitória emocionante no campeonato mundial de 1993, na Bulgária. Bedard fez o Canadá se orgulhar na Bulgária, vencendo o esquiador russo que a derrotou em 1992.

Os críticos de Myriam adoram falar sobre suas escolhas solitárias e sobre o seu sigilo quanto ao treinador particular, cujo nome ela se recusa a revelar. Quando ela se apresentou com velocidade abaixo da adequada nas provas de inverno de 1993, seus opositores saíram em massa para prever a decadência, a desgraça e o desastre para o Canadá. Confiante em seu próprio julgamento e no de seu "treinador misterioso", Myriam havia simplesmente decidido reservar suas forças para os Jogos Olímpicos de 1994, em Lillehammer. Embora estivesse na terceira posição de largada para a corrida de quinze quilômetros, com a concentração feroz que se tornou sua marca registrada, Bedard tomou a dianteira e levou o ouro, seguindo-se a essa vitória mais uma, na corrida de 7,5 quilômetros. Uma nota de rodapé fascinante para os triunfos de Lillehammer é que ela percebeu, após sua segunda corrida, que estava usando esquis desparelhados! A reticente Myriam Bedard tornou-se uma palestrante muito procurada no Canadá e uma heroína nacional da juventude canadense, que se orgulha por ter uma das maiores campeãs olímpicas de todos os tempos do país. Bedard tenta equilibrar tudo isso com a maternidade (ela se casou com um companheiro biatleta em 1994) e seu amor por uma vida tranquila. Ela construiu seu próprio caminho, passo a passo, e esculpiu um destino no que é indiscutivelmente o mais difícil de todos os esportes olímpicos.

Eu gosto quando enlouqueço as pessoas... afinal de contas,
é por isso que estou aqui!
Myriam Bedard

BONNIE BLAIR: PATINADORA VELOZ

Bonnie Blair patinou até conquistar os corações dos EUA. Ela vem de uma família de patinadores; Bonnie é a caçula, nascida em 1964. Ela patinava com facilidade aos dois anos de idade e participava de torneios aos quatro! Quando Bonnie tinha sete anos, sua família mudou-se de sua terra natal, Cornwall, Nova York, para a cidade de Champaign, no meio-oeste de Illinois. Nesse mesmo ano, ela ganhou o campeonato estadual de patinação de velocidade para a sua faixa etária.

Em Illinois, Bonnie teve a sorte de se encontrar com uma grande treinadora, Cathy Priestner, que era campeã olímpica. Cathy a orientou para a patinação de velocidade ao estilo olímpico, levando-a para longe das corridas de grupo que até então tinham sido seu forte. Os dezesseis anos foram doces para Bonnie, pois foi quando patinou quinhentos metros em 46,7 segundos em sua estreia como uma atleta olímpica em potencial. Isto deu-lhe uma amostra da sensação de poder ser a mulher mais rápida em patins. No entanto, Bonnie tinha alguns obstáculos pela frente — ela não conseguiu repetir a façanha em outros torneios. Outra barreira que quase a derrubou foram os problemas financeiros; as grandes despesas com viagem e treinamento foram maiores do que a família Blair podia suportar. Mas dessa vez a cidade natal de Bonnie fez as honras, e a polícia local manteve uma campanha durante dez anos para arrecadar fundos e pagar suas esperanças olímpicas com a venda de adesivos e camisetas. Aquele espírito generoso pagou o treino de Bonnie ao lado de patinadores de velocidade masculinos norte-americanos em Butte, Montana.

Bonnie estreou em 1984, nos jogos de Sarajevo. Ela fez um ótimo trabalho, classificando-se em oitavo lugar na corrida de patinação de quinhentos metros, mas sabia que poderia fazer melhor. Para os próximos Jogos Olímpicos, ela se concentrou ainda mais e aumentou a dificuldade do seu treino — musculação, corrida, ciclismo e patinação, tudo isso além da patinação intensa. Seguir em frente era a chave para Bonnie. Ela começou a bater recordes mundiais em 1986 e conquistou o campeonato americano todos os anos de 1985 a 1990. Em um esporte baseado em força, Bonnie realmente era menor e mais leve que muitos de seus rivais mundiais.

Depois de adotar seu novo estilo de treinamento, 1988 foi a primeira

Olimpíada de que Bonnie participou. Ela levou uma medalha de ouro na corrida de quinhentos metros e estabeleceu um recorde mundial de 39,10 segundos, batendo em primeiro lugar um patinador alemão que tinha acabado de estabelecer um recorde mundial. Bonnie não parou por aí e levou para casa o bronze para o *sprint* de mil metros. Ela tornou-se a melhor patinadora de velocidade do mundo em Calgary naquele dia e manteve seu título nos jogos de 1992 em Albertville, França, com mais duas medalhas de ouro. Bonnie também começou a conquistar fãs com seu jeito amigável e aberto e com sua humildade.

As probabilidades não favoreciam uma veterana como Bonnie em Lillehammer, no ano de 1994, mas ela fez o que nenhuma outra conseguiu e levou mais duas medalhas de ouro. O ponto alto dos jogos daquele ano não foram as outras *drama queens* — Harding e Kerrigan —, mas Bonnie Blair. Metade do mundo se emocionou com Bonnie quando ela conquistou seu ouro e chorou ao som do hino nacional; aquelas foram suas últimas Olimpíadas. Bonnie Blair: a primeira mulher a ganhar medalhas de ouro em três Jogos Olímpicos consecutivos e a primeira mulher norte-americana a ganhar cinco medalhas de ouro na história das Olimpíadas.

...eu estou aqui porque adoro o que faço.
Bonnie Blair

SUSAN BUTCHER: A ÚLTIMA GRANDE CORRIDA NA TERRA

A nova-iorquina Susan Butcher teve uma educação incomum nos anos 1950: seus pais Charles e Agnes Butcher achavam que as meninas deveriam ser tratadas da mesma forma que os meninos. Com esta atmosfera, ensinaram às suas duas filhas sobre carpintaria, mecânica, construção naval e tudo o mais que elas quisessem aprender. Susan se apaixonou pela construção e restauração de barcos, candidatando-se a uma escola especializada aos dezesseis anos, mas foi recusada por ser mulher. Ela também adorava qualquer atividade em que pudesse estar ao ar livre. Sempre que podia, estava do lado de fora com seu querido cão, Cabee. O seu amor pelos animais era tal que sua família pensou que ela poderia aspirar à medicina veterinária, afinal, ela parecia "mais confortável com os animais do que com as pessoas". Mas Susan surpreendeu a todos quando escolheu o trabalho da sua vida.

Mudando-se para Boulder Mountainous, Colorado, a Susan de dezessete anos trocou a faculdade pelo *mushing* — as corridas de cães. Mais tarde, mudou-se para Fairbanks para frequentar a Universidade do Alasca, a fim de participar de um projeto especial para prevenir a extinção dos bois-almiscarados. Susan estava definitivamente no cenário perfeito para praticar *mushing*; ela adotou três cães, mudou-se para uma remota cabana de madeira em Wrangell Mountain, longe de Fairbanks, e viveu em estilo pioneiro, caçando sua própria comida e andando de trenó pelo campo nevado. Em 1977, o seu trabalho com os bois almiscarados em extinção levou-a para Unalakleet, sede da Last Great Race on Earth. Lá, ela conheceu o sr. Joe Reddington, fundador desta corrida, mais conhecida como Iditarod Trail Sled Dog Race. Reddington imediatamente tornou-se fã da Susan, percebendo seu talento com cães e o quanto ela se esforçava no *mushing*. Ele declarou que um dia Susan Butcher seria uma campeã de Iditarod. A sua previsão logo se provou verdadeira.

Na corrida de 1978, Butcher saiu do décimo nono para o primeiro lugar. Depois conheceu um jovem advogado e corredor de trenó chamado David Monson. Embora a relação tenha começado em uma disputa sobre a dívida que Susan tinha com a companhia representada por Monson, eles se apaixonaram, se casaram e se estabeleceram em Eureka, a 160 km ao sul do Círculo Ártico. Eles fundaram o Trail Breaker Kennels e construíram 120 casas para cães de corrida e quatro cabanas simples para visitantes e companheiros de corrida. Os amigos dizem que Susan tem uma ligação única e especial com seus cães, tratando-os como ela trata as pessoas e encontrando qualidades únicas que tornam cada cão diferente. Já Susan diz apenas que os cães são os seus "melhores amigos".

Ela continou a correr todos os anos desde que se casou, ganhando muitas vezes. Apesar das nevascas e dos ventos de 128 km/h, dos ataques de alces e de um trenó ruim, Susan estabeleceu recordes de velocidade no Iditarod e foi manchete em todo o mundo como a mulher que poderia ultrapassar qualquer homem no clima mais extremo do planeta.

Alaska: Onde homens são homens e mulheres ganham o Iditarod
slogan em mais de um milhão de camisetas vendidas desde que Susan Butcher ganhou pela primeira vez a Last Great Race on Earth.

SOBRE COCKPITS, GALINHAS E TOUROS, ENTRE OUTRAS ATIVIDADES "FEMININAS"

Adalynn (Jonnie) Jonckowski: Ela foi membro vitalício do hall da fama das vaqueiras e tinha uma ideia estranha do que é diversão: subir nas costas de um touro bravo e ficar lá o máximo de tempo possível. Chamada de "A Belle de Billings" (Montana), ela provou várias vezes ser a melhor montadora de touros do mundo. Essa atitude vencedora de Adalynn é evidenciada aqui: "Sempre que você tem liberdade para fazer o que quer e exerce essa liberdade, você é um campeão."

Enquanto Jonnie Jonckowski se agarra às costas dos furiosos touros Brahma, **Julie Krone** tem as suas próprias viagens selvagens. Baixinha e determinada, Julie Krone foi a primeira jóquei feminina a ganhar a Triple Crown, uma corrida na Belmont Stakes. Ela provou que as mulheres podem participar de corridas profissionais e tem um patrimônio de 54 milhões de dólares para provar. (Jóqueis ganham dez por cento das apostas, uma bela motivação!) Mesmo que Julie afirme que "os tempos mudaram" para as mulheres, ela ainda era confrontada com gritos de "Vá para casa, tenha bebês e lave a louça", quando *perdia*. O comentário final dessa rica campeã? "Na mente de muita gente, uma jóquei é doce e delicada. Comigo, o que você tem é coragem e agressividade."

Shirley Muldowney, nascida Shirley Ann Roque, enfrentou um dos últimos bastiões do machismo — o automobilismo — e saiu vitoriosa. Ela se apaixonou por carros aos catorze anos em Schenectady, Nova York, correndo ilegalmente "quando a polícia não estava por perto". Aos quinze anos, ela se casou com o mecânico Jack Muldowney, e os dois se tornaram um casal da pesada. Shirley suportou a enorme hostilidade dos fãs de corrida e o ódio explícito dos outros pilotos.

Em 1965, tornou-se a primeira mulher a operar um *top-gas dragster* e ganhou dezessete títulos da National Hot Rod Association, ficando atrás apenas de Don Garliz. Rainha do cockpit, Shirley Muldowney tornou-se uma superestrela internacionalmente famosa e ganhou um filme, aclamado pela crítica, sobre a sua vida e realizações, *Dragster*.

O hóquei certamente não é um esporte para pesos leves. Para muitas pessoas, juntar-se a um bando de homens gigantes com tacos nas mãos parece um negócio arriscado, mas para a franco-canadense **Manon Rheume**, aquele era o esporte que ela amava. Ela é goleira dos Atlanta Knights e, como tal, foi a primeira mulher a jogar hóquei profissional nas ligas masculinas. Com 1,67m e 60kg, Manon é franzina em comparação a muitos dos membros da sua equipe e dos adversários, mas já provou sua habilidade de parar um disco. O mundo está finalmente percebendo a capacidade das mulheres para praticar este tipo de esporte; no ano de 1998, o hóquei de gelo feminino tornou-se um esporte oficial nos Jogos Olímpicos de Inverno, muito disso graças a Manon e outras como ela.

Depois há **Angela Hernandez**, certamente alguém admirável por lutar pelo seu direito de participar das touradas em sua machista terra natal — a Espanha! Em 1973, mesmo ano em que o poliéster ganhou fama, ela exigiu participar da exclusivamente masculina arena de touradas. Essa postura causou uma grande comoção; como ela ousava questionar a lei de 1908, que proibia as mulheres de participar do esporte de toureio a cavalo? Angela, à época com vinte anos, levou o seu caso ao tribunal do trabalho de Madrid, que decidiu a seu favor, permitindo sua participação, mas apenas na modalidade a pé. Mas um bando de homens ofendidos encontrou outra forma de frustrá-la — o Ministério do Interior não lhe daria uma licença. A futura toureira Angela se recusou a desistir facilmente, contestando em voz alta: "Esses malditos homens. O que é que eles pensam que estão fazendo? As mulheres pilotam aviões, participam de guerras e vão a safáris; o que há de diferente em combater touros?"

JUDI SHEPPARD MISSET: ELA FEZ A CONEXÃO

Nem todos as heroínas se interessam por condicionamento físico ou pela glória olímpica no mundo dos esportes. Para a maioria de nós, cuidar de nossos corpos e de nós mesmas, num cotidiano que envolve as responsabilidades de trabalho, já é desafio o suficiente. Uma heroína desconhecida que oferece soluções para esta questão é Judi Sheppard Misset, a fundadora e CEO da Jazzercise, Inc., que juntou sua paixão por música e por dançar jazz para conceber uma forma criativa e saudável para que aqueles que não necessariamente são atletas tenham saúde, um momento fitness e diversão. Pioneira neste ramo, Judi dedicou os últimos trinta anos ao desenvolvimento de um programa que inclui nutrição abrangente e conscientização da condição física das crianças, bem como opções para idosos e famílias da periferia que não têm acesso a parques infantis, ginásios e esportes fora das ruas. Judi oferece a possibilidade de um exercício acessível, fácil e divertido que ao mesmo tempo constrói comunidades. Obviamente, além de "inventar" o Jazzercise, Judi também construiu um império muito lucrativo ao longo do caminho. Heroína até os ossos, Judi doa milhões de dólares a uma miríade de causas filantrópicas. Aparentemente, o clã Misset é um matriarcado, como evidenciado pelo papel de sua filha, Shanna Misset, como vice-presidente e porta-voz do Jazzercise. Brilhante e bonita, Shanna está pronta para liderar a companhia de sua mãe no novo milênio!

4
-ELA OS CEGOU COM A CIÊNCIA: QUEBRANDO PARADIGMAS-

A revista *Parade*, uma das publicações mais lidas no mundo, tem uma colunista popular, Marilyn Vos Savant. Além de sua sagacidade, das toneladas de bom-senso e da aparente onisciência, outra distinção de Marilyn é que ela tem o maior Q.I. do mundo. Assim, podemos afirmar, sem sombra de dúvidas, que a pessoa mais inteligente do mundo é uma mulher.

Já faz algum tempo que as mulheres destruíram a ideia de que os homens são mais inteligentes, graças aos incansáveis esforços de estudiosos, pensadores e cientistas que lidavam com o assunto de frente. Por mais estranho que pareça, não faz muito tempo que mulheres e outras minorias foram afastadas, impedidas de aproveitar oportunidades, ocupar cargos políticos e empregos, tudo por culpa da velha campanha de difamação que começou com Eva (a Marilyn Vos Savant de seu tempo, que obviamente tinha mais curiosidade e audácia que Adão), acusando o suposto emocionalismo das mulheres de diminuir sua inteligência e capacidade de decisão.

As mulheres pioneiras perfiladas nesta seção mudaram as coisas ao levar muito a sério o comentário da ex-congressista Pat Schroeder: "Eu tenho um cérebro e um útero, e uso ambos." Nos campos da ciência, medicina, astronomia, genética, física, antropologia e psicologia, as mulheres deixaram a sua marca. Da pioneira da computação e matemática "Amazing Grace", Murray Hopper, que ajudou a engendrar o primeiro computador comercial e a linguagem de programação COBOL em 1955, até a atual diva da tecnologia Ester Dyson, as mulheres estão avançando com sagacidade, competência e um pensamento inventivo e original. Estes brilhantes cérebros descobriram galáxias, criaram teorias, ganharam prêmios Nobel em ciência e, em geral, estavam em casa (quando não apenas), no laboratório, no campo, na sala de aula ou na cozinha. Elas são uma inspiração para todos nós.

CAROLINE HERSCHEL: SUPERSTAR

A infância de Caroline Herschel em Hannover, Alemanha, não a preparou para se tornar uma das duas melhores astrônomas de sua época! Nascida em 1750, sua educação não foi muito além das aulas de violino, tocando e aprendendo a fazer as tarefas domésticas. Na verdade, embora ela desejasse estudar e seu pai desejasse que ela aprendesse francês, matemática e música, como seus irmãos, sua mãe tinha outros planos para ela, insistindo que Caroline se tornasse sua escrava doméstica. Aos dez anos, ela contraiu tifo, o que atrasou o seu crescimento — ela nunca cresceu mais que um metro e meio, o que levou seu pai a afirmar que ela devia se preparar para uma vida como solteirona. Quando estava na casa dos vinte e poucos anos, seu irmão mais velho, William, mudou-se para Bath, na Inglaterra, e levou Caroline com ele. Um músico talentoso, William teve pena de Caroline e deu-lhe aulas de canto. Não demorou para que ela se tornasse a soprano mais famosa da região.

William também tinha um hobby, que ele mantinha com o salário como músico — era um astrônomo amador, e Caroline acabou ajudando-o no observatório. Juntos, eles vasculharam os céus e mais tarde construíram telescópios que revenderam para que pudessem construir o equivalente ao Hubble da sua época. Caroline tornou-se especialista em lixar e polir o refletor que usavam para realizar buscas no céu. William viajava frequentemente a negócios, e Caroline o substituía quando ele estava fora. Logo os visitantes reconheceram suas contribuições, e o rei George III decretou que ela deveria ter uma pensão de cinquenta libras. Foi a primeira vez que uma mulher foi reconhecida por sua contribuição científica.

Então William descobriu o planeta Urano, originalmente chamado Georgium Sidus, e conseguiu um trabalho excelente como Astrônomo Real. Enquanto isso, Caroline estava pesquisando por conta própria e descobriu catorze nebulosas e oito cometas. Ela também publicou um catálogo de 2.500 grupos de estrelas e nebulosas, bem como várias outras referências astronômicas fundamentais com as quais recebeu medalhas da Inglaterra, Dinamarca e Prússia. Para descobrir as nebulosas, ela teve que aprender matemática; por ter aprendido tão tarde na vida, nunca foi capaz de memorizar as tabelas de multiplicação, então andava com a lista no bolso.

Sendo uma das mulheres mais famosas da sua época, em 1828, aos 77 anos, a Sociedade Astronômica atribuiu-lhe a medalha de ouro por suas contribuições para a ciência celestial. Aos 85 anos, ela foi eleita, ao lado de Mary Somerville, como membro honorário da Royal Astronomical Society. Elas foram as primeiras mulheres a receber tal distinção.

(Eu estou) atenta aos céus.
Caroline Herschel

ADA LOVELACE: UMA MENTE SINGULAR

Lord Byron continua sendo o famoso líder do movimento romântico, com sua brilhante poesia rapsódica, sua prosa e sua personalidade excessiva e flamejantemente vívida; o que poucos sabem é que sua filha foi um dos grandes gênios de todos os tempos e é considerada a primeira programadora de computadores do mundo. Augusta Ada Byron nasceu em 1815; seu pai abandonou a família quando ela tinha um mês de idade, ela jamais o conheceu. Foi educada por tutores particulares, e sua mãe a pressionou a se concentrar na lógica, em matemática e em ciências, tanto por serem interesses pessoais quanto por acreditar que isso poderia impedir Ada de manifestar o mesmo tipo de insanidade que ela acreditava correr no sangue na família de Lord Byron. Ada também foi forçada a ficar imóvel por longos períodos porque sua mãe acreditava que isso a ajudaria a desenvolver autocontrole.

Em 1833, aos dezessete anos, Ada conheceu Charles Babbage, um matemático, engenheiro mecânico, filósofo e inventor, a quem se credita a invenção do primeiro computador mecânico; foi o início de uma longa amizade e relação de trabalho. Quando ela viu o seu protótipo do "mecanismo da mudança", como ele o chamou, ficou cativada, e fez um estudo das suas plantas, bem como das máquinas a vapor industriais, para entender sua função. Dois anos depois, ela se casou com o Conde de Lovelace e ficou conhecida como Ada King-Noel, Condessa de Lovelace. Em 1841, ela retomou seus estudos de matemática e recebeu do Professor Augustus de Morgan, da Universidade de Londres, tarefas de pesquisa de alto nível. Ela também avançou seus estudos contando com a orientação de Mary Somerville, mesmo a distância.

Nos anos de 1842 e 1843, ela traduziu um artigo em francês do engenheiro italiano Luigi Menabrea sobre a nova "máquina analítica" de Babbage; Babbage leu sua tradução e perguntou por que ela não havia escrito tal artigo, pois ele a considerava capaz de fazê-lo, e a incitou a articular suas próprias ideias sobre o assunto. Ela respondeu, acrescentando uma extensa seção de "Notas" ao artigo traduzido, que era três vezes maior do que o artigo original. Essas "Notas" incluíam o primeiro algoritmo criado — um programa computacional matemático; também, dentro deste texto, Lovelace abriu um leque de novas possibilidades com sua percepção de que uma "máquina analítica" poderia fazer mais do que meros cálculos matemáticos e servir a outros propósitos. Tudo foi publicado numa revista científica inglesa; a autoria de Ada foi identificada apenas pelas suas iniciais, "AAL" — muito provavelmente porque as mulheres não eram vistas como cientistas críveis na época. Infelizmente, depois deste brilhante trabalho conceitual, ela ficou cada vez mais indisposta e morreu de câncer aos 36 anos de idade, em 1852. As contribuições de Ada para a informática só foram reconhecidas nos anos 1950; desde então, ela tem recebido muitas honras póstumas por seu trabalho. Em 1980, o Departamento de Defesa dos Estados Unidos deu o nome "Ada" a uma nova linguagem de programação desenvolvida recentemente. Ada morreu de câncer uterino em Londres em 1852.

O intelectual, o moral e o religioso parecem-me todos naturalmente unidos e interligados num grande e harmonioso todo.
Ada Lovelace

SOFYA KOVALEVSKY: VALE A PENA SER CALCULISTA

A criança-prodígio russa Sofya Kovalevsky não tinha permissão para estudar seu assunto favorito, matemática, por conta de seu gênero. Seus pais até ameaçaram não permitir que ela estudasse outros assuntos se fosse pega estudando matemática. Com astúcia e vontade, Sofia encontrou uma estratégia: fazer equações atrás do velho papel de parede num quarto não usado de sua casa, mantendo em segredo a sua paixão pelos números. Ela enfrentou obstáculos semelhantes quando era mais velha e lhe foi negada a admissão em uma universidade. Por volta de 1870, Sofia casou-se para fugir de sua mãe superprotetora e uma Rússia igualmente repressiva, fugindo para a Alemanha, onde frequentou a Universidade de Heidelberg. Logo estava superando os outros estudantes e conquistou sua reputação como uma matemática de primeira na elite das equações diferenciais parciais. Por volta dos 33 anos, ela recebeu o cargo de professora na seleta universidade de Estocolmo e foi premiada com o Prix Bordin da Academia Francesa de Ciências. Uma verdadeira mulher renascentista, Sofia também escreveu alguns romances e peças de teatro antes de sua criatividade ser interrompida por uma morte precoce aos 41 anos de idade.

ELIZABETH BLACKWELL: A CURANDEIRA

Depois que ela nasceu na Inglaterra, a família de Elizabeth Blackwell mudou-se para os Estados Unidos em 1831, estabelecendo-se em Cincinatti quando sua refinaria de açúcar em Nova York foi destruída em um incêndio no ano de 1835. Eles eram progressistas, e o pai de Elizabeth, Samuel, tinha escolhido refinar o açúcar da beterraba porque era um processo que podia ser feito sem trabalho escravo. No entanto, o vale do rio Ohio, assolado pela malária, logo tirou a vida de Samuel Blackwell, e as crianças tiveram que trabalhar para sustentar a família. Com seu talento musical, Elizabeth deu aulas de música e ajudou seus irmãos a administrar uma pensão na casa da família. Ela recebeu a oportunidade de ensinar em Kentucky, mas não tolerava a ideia de viver em um estado escravagista.

Amiga de Harriet Beecher Stowe, Elizabeth tornou-se muito ativa no movimento antiescravista e replicou suas inclinações literárias, juntando-se ao SemiColon Club a pedido de Stowe. Elizabeth, porém, precisava de mais estímulos intelectuais do que o clube de escrita oferecia, e desviou a atenção daqueles jovens de Cincinnati com o propósito de manter a mente aberta para assuntos mais elevados. Quando seu pai era vivo, ela havia se acostumado com a excelente escolaridade e os professores particulares que Samuel fornecia para a sua ninhada. As crianças eram "criaturas pensantes", proclamavam os mais velhos da família Blackwell. Além disso, eles se certificaram de que às meninas fossem ensinadas as mesmas matérias que os meninos, uma noção bastante rara para a época.

Quando sua amiga Mary Donaldson morreu do que provavelmente era um câncer de útero, Elizabeth Blackwell sabia que queria se tornar médica. Mary tinha dito a Elizabeth que acreditava que sua doença não seria fatal se tivesse sido diagnosticada por uma mulher; uma mulher a teria levado a sério em vez de dispensá-la com o argumento de que estava sofrendo com "problemas de mulher" e emocionalismo. Elizabeth sabia em seu coração que Mary estava certa. O longo caminho que seguiu para se tornar médica foi mais difícil do que ela jamais poderia imaginar, mas sua dedicação inabalável àquele objetivo é uma prova do caráter de Elizabeth Blackwell.

Ela foi recusada por nada menos que 28 faculdades em sua tentativa de estudar medicina! Mesmo o seu derradeiro triunfo, aos 26 anos de idade, quando finalmente se matriculou na Geneva College, em Nova York, foi tratada com insultos. Pressionada por Joseph Warrington, um notável médico da Filadélfia que admirava a feroz combinação de inteligência e pura coragem de Elizabeth, a diretoria do Genebra College decidiu dar uma chance a Blackwell. Numa atitude covarde, eles deixaram a votação para o corpo estudantil masculino — que, como uma piada, foi unânime em deixá-la entrar. Foi Blackwell quem riu por último, no entanto, quando superou toda a safra de chacotas e se graduou como a primeira da turma. Longe de lhe tirar o sucesso, toda essa zombaria só serviu para tornar sua vitória mais doce. Mas surgiram outros problemas quando ela se formou.

Elizabeth trabalhou primeiro numa ala de sífilis para mulheres, onde foi recebida com rancor e ressentimento por todos os médicos do sexo masculino. O único emprego que ela conseguiu foi em Paris, no hospital La Maternite, para estagiar em obstetrícia. Suas esperanças em se tornar cirurgiã foram frustradas quando ela adoeceu e perdeu o olho esquerdo. Ela também estagiou durante um ano em Londres, conhecendo Florence Nightingale, de quem foi amiga por toda a vida. Blackwell não se saiu melhor nos Estados Unidos quando tentou encontrar um emprego; finalmente conseguiu entrar em um consultório particular em Nova York, onde foi inundada de cartas obscenas e acossada na rua sob acusações de ser prostituta e de realizar abortos. Seu interesse inicial na saúde da mulher voltou à tona com a abertura do Ambulatório para Mulheres e Crianças Pobres de Nova York, onde a população carente recebia atendimento médico. Lá, Elizabeth deu as boas-vindas a mais duas médicas — Emily Blackwell, sua irmã, e Marie Zakrewska, ambas graduadas em medicina graças à sua ajuda.

Os trabalhos pioneiros de Blackwell são consideráveis: ela é autora de um livro intitulado *The Laws of Life*, deu palestras sobre a importância da mulher na medicina, organizou um grupo de enfermagem durante a Guerra Civil Americana e fundou um programa de inspeção de saúde dirigido pela primeira médica afro-americana, dra. Rebecca Cole. Quando ela voltou para a Inglaterra em 1869, acrescentou educação sexual e controle de natalidade às suas palestras, lutou contra o uso de testes em animais, cofundou a British National Health Society, foi professora de ginecologia na novíssima School of Medicine for Women e escreveu vários outros livros e folhetos, incluindo sua autobiografia, *Pioneer Work in Opening the Medical Profession to Women*. Elizabeth morreu de um derrame aos 89 anos — 73 anos depois de derrubar os muros que separavam as mulheres da medicina.

Pelo que estou vendo, as minhas dúvidas não serão esclarecidas. (Eu) cometerei heresia com inteligência... se as minhas convicções me obrigarem a fazê-lo.
Elizabeth Blackwell

MULHERES VENCEDORAS DO PRÊMIO NOBEL DA CIÊNCIA

Física, 1903: Marie Curie, com outros, "em reconhecimento aos extraordinários serviços prestados por suas pesquisas conjuntas sobre os fenômenos de radiação descobertos pelo Professor Henri Becquerel".

Química, 1911: Marie Curie, "em reconhecimento aos seus serviços que permitiram o avanço da Química pela descoberta dos elementos rádio e polônio, pelo isolamento do rádio e pelo estudo da natureza e dos compostos deste notável elemento".

Química, 1935: Irene Joliot-Curie, com seu marido, "em reconhecimento à sua síntese de novos elementos radioativos".

Fisiologia ou Medicina, 1947: Gerty Theresa Cori, com seu marido, "pela descoberta do sistema de conversão catalítica do glicogênio".

Química, 1964: Dorothy Crowfoot Hodgkin, "por suas descobertas, por meio de técnicas de raios X, de importantes estruturas de substâncias bioquímicas".

Fisiologia ou Medicina, 977: Rosalyn Yalow, com outros, "pelo desenvolvimento de radioimunoensaios de hormônios peptídeos".

Fisiologia ou Medicina, 1983: Barbara McClintock, "pela sua descoberta de elementos genéticos móveis".

Fisiologia ou Medicina, 1986: Rita Levi-Montalcini, com um colega homem, "por suas descobertas sobre fatores de crescimento".

Fisiologia ou Medicina, 1988: Gertrude B. Elion, com outros, "pelas descobertas de importantes princípios para o tratamento medicamentoso".

Fisiologia ou Medicina, 1995: Christiane Nusslein-Volhard, com outros, "pelas suas descobertas quanto ao controle genético do desenvolvimento embrionário precoce".

Fisiologia ou Medicina, 2004: Linda B. Buck. Buck e Axel foram capazes de clonar receptores olfativos e analisar o DNA de ratos para "determinar como o olfato funciona em todos os mamíferos". Por esta descoberta, a dupla partilhou o Nobel.

Fisiologia ou Medicina, 2008: Françoise Barré-Sinoussi. Barré-Sinoussi compartilhou o Nobel de Fisiologia ou Medicina com Luc Mantagnier, seu mentor, e Harold zur Hausen, que descobriu o HPV e desenvolveu a vacina contra o câncer cervical. Barré-Sinoussi continua a trabalhar com países em desenvolvimento para lidar com a propagação e melhorar o tratamento do HIV/AIDS.

Química, 2009: Ada E. Yonath. Por seu trabalho na biossíntese de proteínas e formação de ligações peptídicas, Yonath ganhou o Prêmio Nobel de Química em 2009. Hoje é diretora do Helen and Milton A. Kimmelman Center for Biomolecular Structure and Assembly of the Weizmann Institute of Science.

Fisiologia ou Medicina, 2000: Elizabeth Blackburn e Carol W. Ambas pesquisam telômeros, as extremidades dos cromossomos, criados pela repetição de material genético "extra", os nucleotídeos. Quando o DNA se reproduz, esses telômeros são encurtados e os cromossomos se deterioram — causa do envelhecimento e da fusão dos cromossomos, o que leva ao câncer. Blackburn e Greider se propuseram a encontrar a enzima que protege o telômero, e conseguiram.

Fisiologia ou Medicina, 2014: May-Britt Moser. Moser foi homenageada pela "descoberta de células que constituem o sistema de posicionamento no cérebro".

FLORENCE NIGHTINGALE: A SENHORA ILUMINADA

Antes de Flo entrar no jogo, as enfermeiras tinham pouco ou nenhum treinamento médico e ostentavam uma reputação de prostitutas e bêbadas. A Senhora Iluminada mudou tudo isso. Nascida em 1820 na Grã-Bretanha, Florence era uma garota da alta sociedade mais acostumada com salões e talheres de prata do que com trincheiras e bisturis. Bem viajada e com uma educação clássica, Florence ouviu o chamado de Deus para um propósito superior logo após o seu baile aos dezessete anos de idade. A família ficou chocada com a sua decisão de continuar cuidando de crianças — foi completamente vergonhoso. Apesar da objeção dos pais, ela visitava hospitais sempre que podia. Em uma viagem de família à Alemanha, seus pais finalmente cederam aos apelos de Florence e permitiram que ela se inscrevesse na formação para enfermeiras no Institute of Protestant Deaconesses, em 1851. Ao se graduar, Florence iniciou a reforma da profissão de enfermagem com muitas inovações importantes e melhorias práticas no hospital londrino para "Senhoras Doentes", onde trabalhou.

Florence foi chamada para servir seu país durante a Guerra da Crimeia, quando muitos soldados britânicos feridos morreram em condições miseráveis na Turquia. Em vez de serem recebidas com gratidão, porém, Florence e sua brigada de enfermeiras foram tratadas com desprezo e consideradas uma ameaça pelos médicos do exército.

Sem perder tempo, Florence partiu para a ação, organizando um hospital de campo que tratou 12 mil soldados e salvou inúmeras vidas. Florence ganhou sua reputação como um anjo misericordioso a duras penas, trabalhando vinte horas por turno e adoecendo com muitos dos flagelos que existiam no acampamento, incluindo uma febre terrível que enfraqueceu suas articulações, deixando-a careca e extremamente magra. Florence Nightingale despontou como o "herói nacional" da guerra na Grã-Bretanha e voltou para casa com pompa e circunstância, tornando-se a primeira mulher a receber a Ordem de Mérito Britânica, em 1907. Florence não teve tempo para honras e glória, no entanto, preferindo continuar sua campanha pela reforma na medicina e na saúde pública até sua morte.

Nunca mais a imagem de uma enfermeira seria a de uma bruxa bêbada e promíscua... No meio da confusão e da sujeira, da agonia e da doença, ela tinha provocado uma revolução.
Cecil Woodham-Smith, historiadora

MARIE CURIE: UMA MENTE BRILHANTE

O cientista mais admirado por Albert Einstein foi Marie Curie; uma vez ele comentou com entusiasmo, "(ela) é, de todos a quem celebramos, a única que não foi corrompida pela fama". Durante a sua vida, Marie Curie (nascida Marya Sklodowska) foi a cientista mais famosa do mundo, mãe da era atômica. Nascida em Varsóvia, em 1867, ela veio de uma origem humilde na Polônia, à época governada pela Rússia, para se tornar a primeira pessoa a ganhar dois prêmios Nobel — em medicina e em Física.

Desde a infância, Marya Sklodowska era conhecida por sua memória prodigiosa. Quando tinha dezesseis anos, seu pai, professor de Física e Matemática, perdeu as economias, e ela teve que começar a trabalhar, primeiro como professora e depois como governanta. Além disso, participou secretamente do movimento "universidade livre", onde leu em polonês para trabalhadoras, algo estritamente proibido pelas potências russas. Ela ajudou a financiar a educação de sua irmã Bronia na França, com a certeza de que Bronia a ajudaria depois.

A sorte de Marie aumentou quando ela se mudou para Paris em 1891 e começou a estudar na Sorbonne, uma das poucas escolas a admitir mulheres como estudantes. Três anos depois, ela se graduou em Física e Matemática, e conheceu o homem com quem se casaria, Pierre Curie, diretor dos laboratórios da Escola Municipal de Física e Química, onde também dava aulas. Pierre incentivou sua noiva a prosseguir nos estudos e pesquisas de forma independente em seu laboratório. A lista de pioneirismos de Marie Curie é extensa. Ela foi a primeira a determinar que a *radioatividade*, um termo que cunhou, origina-se dentro do próprio átomo, foi a primeira mulher a ganhar um Prêmio Nobel de Física, foi a primeira conferencista e professora nos seiscentos anos de história da venerável Sorbonne, e foi a primeira ganhadora do Nobel cuja filha também ganharia a premiação.

As descobertas de Marie e Pierre Curie revolucionaram a ciência e foram os fundamentos da Física moderna. Infelizmente, ambos os Curie sofreram do que hoje sabemos se tratar de sintomas resultantes da exposição à radiação. Mas, naquela época, Marie estava empolgada. Ela identificou dois novos elementos radioativos em 1898, o rádio e o polônio — este último uma homenagem à sua terra natal. Em 1900, Marie desenvolveu a hipótese de que certas partículas em movimento correspondiam aos raios alfa emitidos pelo urânio.

A dissertação de Marie, com base em sua pesquisa, foi considerada a maior contribuição à ciência já feita por um estudante de doutorado. Infelizmente, de súbito, Marie perdeu o marido e parceiro de laboratório, que foi atropelado por uma carruagem e não recebeu ajuda. Ela seguiu em frente, criando seus dois filhos, dando aulas e publicando seu tratado definitivo sobre radioatividade. Apesar de suas conquistas, Marie sofreu grandes críticas após manter um caso com o cientista Paul Longevin, que era casado na época. A imprensa a insultou alegando que seu comportamento indecente se explicava por ser mulher, cientista e polonesa. Marie não deixou por menos, ao afirmar: "Nada nos meus atos... me obriga a me sentir diminuída".

Em 1911, ela foi nomeada para a Academia de Ciências e perdeu por dois votos; afirmava-se que ela não foi reconhecida por ser mulher. No entanto, de acordo com a Academia, o verdadeiro motivo era sua idade: ela tinha apenas 43 anos e muito tempo para esperar por outra vaga; o homem que eles selecionaram era idoso e não teria outra chance para receber tal honra. Durante a Primeira Guerra Mundial, Marie se dedicou ao desenvolvimento da tecnologia de raios X, com a ajuda de sua filha Irene. À medida que a sua fama crescia, ela dava palestras ao redor do mundo, recebendo mais de 125 prêmios. Mais tarde, abriu a Fundação Curie em Paris e, em 1932, ajudou a fundar o Instituto Radium em Varsóvia, do qual Bronia era diretora. Marie morreu em 1934 de leucemia, causada pela mesma pesquisa que a tornou tão conhecida.

Nada na vida deve ser temido. Apenas compreendido.
Marie Curie

IRENE JOLIOT-CURIE: TUDO EM FAMÍLIA

Para Irene Joliot-Curie, as coisas eram do tipo "tal mãe, tal filha". Durante a

Primeira Guerra Mundial, iniciou, ao lado da mãe Marie Curie, um serviço utilizando equipamentos de raios X móveis que trataram mais de um milhão de pacientes. Em 1918, Irene entrou para o Instituto Radium em Paris e, ao lado de seu marido, Frederic Joliot-Curie, identificou a radioatividade artificial; ambos compartilharam um Prêmio Nobel em 1935.

MARGARET SANGER: UMA MULHER REBELDE

Por mais bizarro que soe, havia leis proibindo o uso de contraceptivos até o ano de 1965. Margaret Sanger, porém, trabalhou a maior parte da sua vida — de 1879 a 1966 — pelo direito de as mulheres terem autonomia sobre seus corpos, uma batalha ainda em curso na esteira do caso Roe versus Wade. A paixão de Margaret pelo tema nasceu de sua experiência pessoal: ela acreditava que a morte de sua mãe, aos 49 anos, devia-se aos problemas físicos decorrentes de suas dezoito gestações (das quais onze crianças sobreviveram).

Após a morte da mãe, Margaret rebelou-se contra o desejo do pai — que a queria em casa, cuidando das tarefas domésticas — e foi para a escola de enfermagem. Nessa época, ela se apaixonou por um jovem arquiteto, William Sanger, e eles se casaram em 1902. No primeiro ano de casamento, Margaret teve seu primeiro filho, passando por dificuldades na gravidez. Após o nascimento da criança, ela foi informada de que ficaria doente pelo resto da vida, sendo admitida em um sanatório. Margaret, com a força de vontade de uma mente independente, logo recebeu alta do sanatório e cuidou de si mesma. Essa foi a decisão certa: sua saúde voltou a florescer e ela teve mais duas crianças.

No entanto, ser mãe e dona de casa em tempo integral deixavam-na aborrecida, e ela aceitou um emprego como enfermeira e parteira no Lower East Side de Nova York. O ativismo de Margaret nasceu ao ver as condições lamentáveis enfrentadas por mães jovens e pobres "destinadas ao lixo antes dos 35 anos", lidando com gravidezes indesejadas; então ela resolveu fazer algo a respeito.

Ela percebeu claramente a ligação entre direitos reprodutivos e a igualdade econômica e social das mulheres, convencendo-se de que o controle da natalidade era a chave não só para a liberdade das mulheres, mas para um mundo melhor. Apesar das leis de censura, ela começou a escrever artigos esclarecedores sobre controle de natalidade e sexualidade feminina. Uma viagem à Europa para verificar a cena do controle de natalidade no continente encheu Margaret de fervor para mudar o estado das coisas nos Estados Unidos, apesar da enorme oposição. Ao fundar a Liga Americana de Controle de Natalidade, Margaret também começou a publicar a *Woman Rebel,* que quase a colocou na prisão: um tribunal ordenou que ela fechasse a revista depois que os Correios dos EUA se recusaram a entregá-la por usar a frase "controle de natalidade". Incansável, ela contornou a situação distribuindo uma circular, *Limitação Familiar,* contando às mulheres tudo o que elas precisavam saber sobre controle de natalidade; em 1917, ela havia doado 160 mil exemplares.

Em 1916, ela inaugurou a primeira clínica de controle de natalidade do país, no Brooklyn, com a ajuda de sua irmã e de uma amiga que falava iídiche. A clínica foi um sucesso imediato com as mulheres da região, e quinhentas mulheres visitaram-na em menos de duas semanas antes de um tumulto com a polícia colocar Margaret na prisão. No entanto, nem tudo estava perdido; uma decisão judicial declarou que médicos podiam discutir o controle da natalidade no contexto da prevenção de doenças venéreas. Isto deu a Sanger a abertura de que ela precisava e os seus esforços começaram a dar frutos. Durante a Primeira Guerra Mundial, os militares dos EUA distribuíram preservativos aos soldados, juntamente com o panfleto de Sanger, "O que todas as moças devem saber". Ela continuou a dar palestras e fundou várias clínicas de controle de natalidade. Em 1953, ela fundou a International Planned Parenthood Federation; atualmente existem mais de trezentas clínicas de Planejamento Familiar com equipes médicas nos EUA. Ela também foi fundamental para obter apoio financeiro para a pesquisa inicial sobre a pílula anticoncepcional.

Margaret Sanger é a mãe dos direitos reprodutivos. Ela lutou em nome da causa por mais de cinquenta anos e foi presa nove vezes. Sua batalha pela maternidade voluntária foi um passo incrivelmente importante na libertação das mulheres; como observou a historiadora Ellen Chesler: "Toda mulher no mundo de hoje que vê sua autonomia sexual e reprodutiva como um direito deve venerar Margaret Sanger."

Nada de deuses! Sem mestres!
slogan da revista *Woman Rebel,* de **Margaret Sanger**

FAYE WATTLETON: PASSOS PARA SEGUIR

Faye Wattleton era estudante de enfermagem no Hospital do Harlem quando um caso chamou sua atenção para a importância do aborto seguro e legal. Era "uma moça muito bonita de dezessete anos", recorda-se ela. "Ela e sua mãe tinham decidido induzir um aborto inserindo uma esponja encharcada com produtos de limpeza em seu útero. Isso a matou." Esse foi o gatilho para que Faye se tornasse ativista dos direitos reprodutivos, ocupando vários cargos na administração da saúde pública e na Planned Parenthood Federation of America (PPFA), antes de ser eleita em 1978 para a presidência da PPFA. Ironicamente, Faye estava dando à luz ao ser escolhida!

Ela carrega a tripla honra de ser a primeira mulher, a primeira afro-americana e a pessoa mais jovem a dirigir a PPFA. Ao longo dos anos, tem trabalhado corajosamente para combater as barreiras que surgem constantemente — a "squeal rule" do presidente Reagan, que obriga a notificar os pais sobre a distribuição de controle de natalidade ou de informações sobre o assunto, a "gag rule" que impede o aconselhamento sobre aborto, e o desafio que o caso Roe versus Wade representou para a Suprema Corte. Ela renunciou à presidência da PPFA em 1992. Apontando as contribuições de Faye, Arthur J. Kopp, do People for the American Way, observou que "sua notável habilidade em comunicar questões difíceis a tornou uma gigante na batalha para preservar as liberdades fundamentais dos americanos".

MARGARET MEAD: AMADURECENDO NA AMÉRICA

Margaret Mead ainda suscita controvérsia em alguns círculos por seu trabalho pioneiro em antropologia social. Como Rachel Carson, ela escreveu um estudo científico que se popularizou e se tornou um best-seller. Isso foi motivo para que virasse piada na comunidade acadêmica, o que não incomodou seu espírito livre, sendo uma das primeiras mulheres a obter um doutorado em Antropologia.

Margaret teve a sorte de nascer em uma família de acadêmicos que desconsideraram as convenções e colocaram a aprendizagem e o envolvimento no mundo à frente das regras da sociedade, apesar de ser 1901. Primogênita de cinco crianças, seus pais foram Edward Mead, professor da Wharton School, que lecionava Finanças e Economia, e Emily Fogg Mead, professora, socióloga, feminista e sufragista fervorosa. Margaret foi educada em casa pela sua muito competente avó, ex-professora e diretora de escola.

Margaret provou não ter caído muito longe da árvore quando começou a The Minority, uma antifraternidade na Universidade DePauw, a qual estava frequentando. Aborrecida, ela se transferiu para Barnard College, onde os padrões acadêmicos estavam mais de acordo com as suas necessidades. Originalmente uma especialista na língua inglesa, Margaret frequentou uma aula, no seu último ano de curso, do antropólogo Franz Boas, um furioso opositor da escola do determinismo racial. Também conheceu Ruth Benedict, à época assistente de Boas, que encorajou Margaret a juntar-se à Columbia sob a instrução de Boas. Margaret concordou e foi para a escola depois do casamento com um aluno de teologia, Luther Cressman. Logo depois, fiel à sua herança como uma Mead de cabeça aberta, Margaret foi contra a vontade de seu mentor Boas, cujo projeto de estimação consistia em um trabalho de campo com os povos nativos dos Estados Unidos; em vez disso, ela seguiu seu ritmo próprio e, por que não dizer, tribal, partindo para a Polinésia a fim de explorar a cultura da ilha. Seu argumento é que aqueles povos eram um objeto de estudo mais adequado, pois haviam sido menos expostos a culturas estrangeiras, ao contrário dos nativos americanos, que já haviam assimilado muito dos costumes alheios. Ela estava absolutamente certa, escrevendo seus estudos de campo depois de viver e trabalhar com os samoanos por três anos. A data era 1926. Após se divorciar de Luther, ela se casou com Reo Fortune e, apenas três anos depois, publicou *Coming of Age in Samoa*, um trabalho pioneiro que chocou alguns círculos por seu relato franco e completamente objetivo de, entre outras coisas, rituais e práticas sexuais entre os samoanos. Quase da noite para o dia, Margaret era uma superestrela, algo bem raro para antropólogos em geral e ainda mais raro para antropólogas de 26 anos! Depois de uma temporada no American Museum of Natural History, Margaret sentiu a inquietação por fazer um novo estudo de campo, então ela e Reo se dirigiram para Nova Guiné. Seu livro resultante, *Growing Up in New Guinea*, foi outro grande sucesso, tanto no meio acadêmico quanto entre o público geral. Enquanto estava na Nova Guiné, Margaret conheceu e se apaixonou pelo antropólogo Gregory Bateson; depois de seu segundo divórcio, ela e Gregory casaram e ela deu à luz a sua filha, Mary Catherine Bateson. Eles trabalharam juntos na Nova Guiné, mas se divorciaram em 1943 sob as alegações de Gregory de que ela estava sufocando sua criatividade.

Margaret Mead passou o resto da vida dando tudo de si no campo da antropologia, publicando 44 livros e mais de mil artigos e monografias, e trabalhando como curadora no American Museum of Natural History, entre um e outro estudo de campo. Ela também se esforçou para apoiar e financiar o trabalho de jovens antropólogos. O centro de todo o seu trabalho foi uma análise do desenvolvimento infantil (ela foi a primeira antropóloga a estudar práticas de educação infantil) e dos papéis de gênero, derrubando muitos pressupostos arcaicos sobre a personalidade e o lugar na sociedade para ambos os sexos. Os seus estudos demonstraram em muitas ocasiões que não há nada de natural ou universal nos papéis particulares "masculinos" ou "femininos"; pelo contrário, eles são determinados culturalmente. Os detratores condenam seu trabalho de campo como sendo "desarrazoado", mas o sucesso de Margaret Mead em um campo científico dominado por homens foi uma maravilhosa contradição ao papel típico de uma mulher americana de sua época. Com 44 livros, ela se tornou um nome familiar, popularizou a antropologia e abriu um caminho para outras heroínas estudiosas das gerações futuras.

Passei a maior parte da minha vida estudando a vida de outros povos, povos distantes, para que os americanos pudessem se entender melhor.
Margaret Mead

OLGA SKOROKHODOVA: UMA VERDADEIRA VISIONÁRIA

Olga Ivanovna Skorokhodova foi uma cientista, escritora, professora e terapeuta soviética. Nascida em uma família camponesa pobre por volta de 1911, ela foi uma criança frágil que provou ter força de vontade e uma mente poderosa. Olga perdeu a visão e a audição aos cinco anos, após contrair meningite. Quando sua mãe morreu, em 1922, Olga foi enviada a uma escola para cegos em Odessa. Três anos mais tarde, chegou à School-Clinic for Deafblind Children em Kharkiv. Embora à essa altura estivesse quase completamente muda, sob os cuidados do Professor Ivan Sokolyansky conseguiu recuperar a capacidade de falar. Olga começou a tomar notas de auto-observação. Em 1947, ela publicou um livro intitulado *How I Perceive the World*; a obra despertou o interesse do público para a maneira como ela foi capaz de recuperar a capacidade de falar e ganhou o prêmio literário K. D. Ushynsky. O livro ganhou uma versão ampliada com *How I Perceive and Represent the World* em 1954 e *How I Perceive, Imagine and Understand the World* em 1972. Olga tornou-se pesquisadora no USSR Institute for the Handicapped for the Academy of Educational Sciences em 1948, mais tarde ascendendo para ser pesquisadora sênior, e trabalhou lá pelo resto de sua vida. É autora de vários trabalhos científicos sobre o desenvolvimento educacional de crianças surdas e/ou cegas.

> *Devo dizer que devo todo o meu conhecimento e discurso literário à leitura, acima de tudo à ficção.*
> **Olga Skorokhodova**

KAREN HORNEY: DESAFIANDO O CAMINHO DO PAI

Freud gastou muito tempo com suas teorias sobre histeria e outras ditas neuroses femininas. A primeira crítica a contrapor essas teorias foi Karen Horney, que desafiou o preconceito de Freud contra as mulheres, dando ênfase aos fatores sociais e não aos biológicos na psicologia feminina. Ela também argumentou que a neurose não é inevitável, mas que surge de situações, durante a infância, que são evitáveis. Ela encontrou muita oposição por sua sensibilidade em relação ao sofrimento dos pacientes, e seus pares ficaram horrorizados com sua ousadia ao criticar o "pai" da psicanálise.

Para ela, fazer seu próprio caminho não era nenhuma novidade. Nascida na Alemanha, em 1885, Karen Danielson surpreendeu seu pai, um nórdico e abusivo comandante naval, insistindo não só em fazer o ensino superior, mas em estudar medicina, gostasse ele ou não. Na universidade, Karen conheceu um estudante de direito, Oscar Horney, e eles se casaram em 1909. Enquanto conquistava seu diploma de medicina na rigorosa Universidade de Berlim — sua tese foi sobre psicoses traumáticas — teve três filhas em quatro anos.

Durante o treinamento psicanalítico, entre 1914 e 1918, ela abriu um consultório particular enquanto docente no Instituto Berlinense, onde demonstrou afinidade especial com pacientes traumatizados enquanto trabalhava com transtornados veteranos da Primeira Guerra Mundial. Foi nessa época que tentou derrubar a teoria de Freud de que as mulheres invejam o pênis — um conceito que, na melhor das hipóteses, já estava ultrapassado —, argumentando que não é o pênis que as mulheres invejam, mas os privilégios que a sociedade concede aos homens em contraponto à repressão feminina. Horney, então, postulou uma teoria alternativa: o complexo de castração em jovens mulheres é provocado pela sua incapacidade de seguir o *caminho do pai*, quando as portas abertas para os homens são fechadas para as mulheres. Sua teoria foi bem recebida e a estabeleceu como uma autoridade a ser considerada.

A linha independente de Karen não terminou com sua teorização neofreudiana; ela se divorciou de seu marido em 1926 e emigrou para Chicago, cofundando o Chicago Institute for Psychoanalysis. O New York Psychoanalytic Institute foi sua próxima responsabilidade, onde ela lecionou, fez pesquisas clínicas e começou uma nova carreira como autora, publicando *The Neurotic Personality of Our Time*, muitíssimo respeitado, e *Our Inner Conflict*, um livro sobre a negação da dor que provavelmente seria um título de autoajuda muito popular hoje em dia.

Karen Horney recusou-se a concordar com a evangelização psicanalítica e continuou batendo na tecla dos efeitos do ambiente em vez de focar unicamente na psique. "Não existe uma psicologia que se aplique a todas as pessoas", proclamou ela.

Talvez o otimismo de Horney seja a principal causa da divergência entre ela e o restante da comunidade psicanalítica. Ela acreditava que as pessoas podiam ajudar a si mesmas. Seus caminhos e os de seus pares tomaram rumos diferentes quando ela sugeriu que os pacientes não precisam viver uma vida de dor, uma noção freudiana, e que as pessoas podiam trabalhar suas neuroses. Ela foi expulsa da New York Psychoanalysis Society and Institute em 1941, após a publicação de seu livro *New Ways in Psychoanalysis,* que apresentava uma série de refutações e refinamentos à doutrina de Freud. Destemida, ela fundou seu próprio instituto, levando com ela vários outros livres-pensadores.

Karen Horney estava muito à frente do seu tempo. Se tivesse vivido mais cinquenta anos, estaria em segurança numa cadeira confortável em frente à Oprah Winfrey, onde a sua autoajuda positiva seria plenamente aceita. Pioneira psicanalítica e humanista, Karen Horney mostra-nos que até os padres precisam aprender a rezar, especialmente se estiverem fazendo errado! Um brinde à heroína que destruiu a inveja ao pênis!

A vida por si só costuma ser uma terapeuta muito eficaz.
Karen Horney

ANNA FREUD: UMA MENTE ÚNICA

A cultura pop pode relegar Anna Freud a um status inferior por sua associação a dois grandes nomes, seu pai Sigmund Freud e sua paciente Marilyn Monroe. Mas ela deve ser lembrada por seu próprio trabalho pioneiro em análise infantil e psicologia do desenvolvimento, coletado nos oito volumes de *Writings*. Apesar de não ter derrubado as teorias de seu pai, cultivou as suas próprias, concluindo que a psicologia de um indivíduo se desenvolve exclusivamente a partir de uma série de influências que ela chamou de "linhas de desenvolvimento". Esta abordagem multicausal da terapia foi muito diferente do que era realizado usualmente, atraindo muitos pacientes para sua clínica, incluindo a estrela, a divina Monroe.

HANNAH ARENDT: UMA MENTE VÍVIDA

Hannah Arendt, nascida na Alemanha, foi uma teórica e filósofa política que saiu do mundo das ideias para tomar medidas diretas contra a propagação do fascismo. Estudante de teologia e da língua grega, além de protegida e amante do filósofo existencialista alemão Karl Heidegger, essa brilhante estudiosa recebeu um Ph.D. da Universidade de Heidelberg aos 22 anos. Após uma breve detenção pela Gestapo (ela era judia), fugiu para Paris, onde trabalhou para uma organização de resistência sionista que enviou órfãos judeus para a Palestina, na esperança de criar uma nova nação árabe-judaica unida.

Em 1940, ela fugiu para Nova York, onde viveu com outros imigrantes e trabalhou para o Conselho de Relações Judaicas, como editora da Shocken Books. Também serviu à frente da Reconstrução Cultural Judaica, que, no pós-guerra, coletou documentos judeus que haviam sido varridos pelos nazistas. Com seu primeiro livro, *As Origens do totalitarismo*, ela apontou os elementos comuns nas filosofias nazista e stalinista, além de discutir as raízes do antissemitismo e do racismo em toda a Europa. Seus livros subsequentes incluem *Sobre a revolução*, *A condição humana* e *Thinking and Writing*, bem como a discussão sobre o julgamento de um criminoso de guerra nazista, *Eichmann em Jerusalém: Um relato sobre a banalidade do mal*, e inúmeros artigos e comentários sobre temas tão abrangentes como Watergate, Vietnã, e seu famoso ataque a Bertolt Brecht por seu "Hino a Stálin". Primeira mulher a se tornar professora titular em Princeton, ela também lecionou em várias outras instituições e traduziu e editou as obras de Franz Kafka.

Uma pensadora séria, Hannah Arendt tornou-se uma figura pública muito controversa com suas crenças de que a revolução e a guerra foram as forças centrais do século XX; que havia pouca resistência organizada por parte dos judeus na Europa; e que os nazistas não eram monstros, mas pessoas pragmáticas e racionais aceitando comandos malignos de uma forma banal.

As contribuições de Arendt para a comunidade intelectual são incalculáveis. Ela fez com que os provincianos Estados Unidos dos anos 1940 e um mundo pós-guerra olhassem profundamente para todas as causas possíveis do Holocausto. Segundo seu artigo no *Makers of Nineteenth Century Culture*, Bernard Crick credita à Hannah Arendt o poder de "resgatar intelectuais americanos de uma puerilidade excessiva".

> *Os seres humanos... [são] colocados em campos de concentração pelos seus*
> *inimigos e em campos de internamento por seus amigos.*
> **Hannah Arendt**

BARBARA MCCLINTOCK: UM GÊNIO DOS GENES

Quando a geneticista Barbara McClintock apresentou suas descobertas sobre genes mutantes em 1951, após um estudo científico de dez anos, o resultado foi uma verdadeira "terra de cego". Seus pares nada perceberam; só McClintock tinha olhos para reinar naquele assunto. Seus colegas, um bando de darwinistas raivosos, preferiram o lugar-comum, agarrando-se à crença de que a mudança genética era aleatória na evolução de uma espécie. Sem se preocupar, Barbara voltou à mesa de trabalho e às sessenta horas semanais de pesquisa que estabeleceu para si mesma. Ela preferiu a relativa paz do seu laboratório às pessoas, preferiu estudar o milho às moscas da fruta (o tema de pesquisa da época) e preferiu não publicar o seu trabalho, achando que seria demais para os furiosos colegas. Acontece que Barbara McClintock estava muitíssimo certa.

Mesmo na infância, ela estava satisfeita com a própria companhia, perseguindo seus interesses pessoais. Uma leitora voraz, também era vista como um moleque, preferindo máquinas e jogos de cartas a bonecas e panelas, não tendo nenhuma afinidade com outras garotinhas e sua rotina de doçura e laçarotes. Logo encontrou a sua paixão — a ciência — perseguindo-a com uma implacabilidade única que foi bastante útil ao longo dos anos. Apesar do descontentamento dos pais, Bárbara escolheu a ciência agrícola como campo de estudo em Cornell. Seu desempenho foi brilhante e ela foi convidada a permanecer para o programa de pós-graduação em genética, onde obteve seu doutorado.

Ela começou a ensinar e a fazer pesquisas, e era tão à frente de seu tempo que se tornou uma das poucas cientistas do mundo a perceber que os cromossomos baseavam-se no princípio da hereditariedade, trabalhando a partir desse ponto de vista. Na verdade, ela foi a cientista a *descobrir* a região organizadora dos nucléolos dentro da estrutura do cromossomo, um indicador de ordem durante a divisão celular. Passariam trinta anos desde a sua descoberta até que a ciência pudesse explicá-la em termos de biologia molecular. Apesar deste notável início de carreira e de seus inúmeros recordes como pesquisadora genética, Barbara nunca foi promovida enquanto esteve na Cornell. Ela partiu para o Cold Harbor Laboratory, onde seu trabalho causou tamanha impressão que ela foi eleita para a Academia Nacional de Ciências em 1944 e passou a ser presidente da Genetics Society of America. E foi a primeira mulher a fazer isso!

Sem descansar sobre os louros da glória, Barbara McClintock continuou com seu trabalho pioneiro, acumulando todos os tipos de homenagens, prêmios e pioneirismo. Ela se tornou a primeira mulher a receber um Prêmio Nobel não compartilhado em fisiologia e medicina, e foi considerada a geneticista mais importante do final do século xx. Ela trabalhou em Cold Harbor e faleceu em 1983 no laboratório onde descobriu o que nem todos tinham olhos para ver.

Pode parecer injusto recompensar uma pessoa por se divertir tanto ao longo dos anos.
Barbara McClintock

MARY JACKSON: UMA PIONEIRA TANTO NA PESQUISA COMO NO FIM DA DISCRIMINAÇÃO DENTRO DA NASA

Mary Jackson, nascida em 1921, foi uma matemática afro-americana que ascendeu à posição de primeira engenheira negra da NASA. Em 1942, ela obteve o bacharelado em Matemática e Física, mas trabalhou como professora, contabilista e escriturária durante quase toda a década seguinte, antes de ser recrutada em 1951 para o departamento de "computadores humanos" — à época segregado por gênero e cor — da NACA, predecessora da NASA como agência aeroespacial. Alguns anos depois, assumiu outro cargo na NASA, ao lado de um engenheiro, no Túnel de Pressão Supersônica; ela foi encorajada a fazer cursos de nível superior em Física e Matemática para que pudesse ser promovida ao cargo de engenheira. Os cursos noturnos da Universidade da Virgínia eram ministrados em uma escola de ensino médio segregada apenas para brancos; Mary precisou pedir uma permissão especial à cidade de Hampton, Virgínia, para frequentar aulas com alunos brancos. Ela não desistiu e, em 1958, tornou-se engenheira aeroespacial na atual NASA, pesquisando o fluxo de ar em torno das aeronaves.

Embora suas contribuições para os estudos aerodinâmicos tenham sido significativas, após muitos anos Jackson percebeu as desigualdades incorporadas na agência e viu que faria um trabalho de maior impacto em um cargo formal nos recursos humanos. Em 1979, ela assumiu um papel como gerente de programa de ações afirmativas gerenciais e federais para mulheres na NASA, mesmo que seu salário tenha reduzido ao aceitar a função. Nessa posição, ela foi capaz de fazer mudanças que capacitaram mulheres e pessoas não brancas, e ajudaram os gestores a ver as capacidades de funcionários negros e do sexo feminino. Mesmo quando os administradores da NASA foram finalmente obrigados a reconhecer o trabalho das mulheres negras na agência, o público ainda não tinha ideia de suas contribuições. Mary Jackson, ao lado de duas outras veteranas dos tempos de segregação, inspirou o livro de Margot Lee Shetterly, *Estrelas além do tempo*, que foi recentemente adaptado para uma aclamada produção cinematográfica.

Dorothy Vaughan

Katherine Johnson

KATHRYN PEDDREW: UM "COMPUTADOR HUMANO"

Kathryn Peddrew foi uma mulher afro-americana que fez contribuições matemáticas e de pesquisa para o desenvolvimento precoce do voo espacial dos EUA, apesar da discriminação racial e de gênero. Nascida em 1922, graduou-se em Química e esperava juntar-se a uma equipe de investigação liderada por um de seus professores universitários, que estudava surdez causada por quinino na Nova Guiné, mas lhe foi negada a oportunidade porque a equipe não fez quaisquer arranjos para alojar homens e mulheres em locais separados (naquele tempo, dormitórios compartilhados seriam considerados um escândalo). Em vez disso, Kathryn decidiu candidatar-se a uma vaga na divisão de investigação química da agência aeronáutica. Ela foi contratada pela NACA, que mais tarde se tornaria a NASA, em 1943. Mas quando os administradores souberam que ela era negra, mudaram de ideia e a transferiram para o departamento de "computadores humanos" — à época segregado por gênero e cor — mesmo que ela fosse graduada em Química. Ao longo de sua carreira na NACA/ NASA, Kathryn trabalhou tanto no departamento aeronáutico quanto no aeroespacial, e estudou Equilíbrio na Instrument Research Division. Ela passou toda a sua carreira lá, aposentando-se em 1986.

CHRISTINE DARDEN: QUANDO OUVIR UM *BOOM* SÔNICO, PENSE NELA

A discriminação racial e de gênero nas práticas de contratação na NASA não tinha melhorado muito quando Christine Darden se candidatou a uma posição, no final dos anos 1960. Darden, apesar do seu mestrado em matemática aplicada, que a qualificava para um cargo como engenheira, foi enviada para o segregado departamento de "computadores humanos". Ela se aproximou de seu supervisor e questionou por que homens com a formação igual à dela tinham melhores oportunidades, sendo transferida para um cargo de engenharia em 1973, o que faz dela uma das poucas mulheres a se tornarem engenheiras aeroespaciais da NASA. Nesta função, ela trabalhou com a minimização do *boom* sônico, criando programas de computador para realizar testes, bem como mais de cinquenta artigos de pesquisa sobre design de asas de sustentação. Em 1983, Darden obteve o doutorado, e em 1989 foi nomeada para o primeiro de vários cargos de gestão e liderança na NASA, incluindo o de líder técnico da Sonic Boom Team dentro do High Speed Research Program, assim como diretora do Program Management Office of the Aerospace Performing Center, em 1999. Ela trabalhou na NASA até se aposentar, em 2007.

Consegui ficar de pé sobre os ombros das mulheres que vieram antes de mim, e as mulheres que vieram depois de mim conseguiram ficar de pé sobre os meus.
Christine Darden

ANNIE EASLEY: MENINAS TAMBÉM PODEM PROGRAMAR

Annie Easley era uma cientista afro-americana de computação e matemática, bem como especialista em foguetes. Depois de entrar para a NASA, em 1955, ela se tornou líder da equipe que escreveu o código de computador usado para o lançamento do foguete Centaur. O Easley foi a base para futuros programas utilizados em satélites militares, meteorológicos e de comunicações. Depois de fazer não um, mas três cursos universitários, ela precisou tirar três meses de licença não remunerada em 1977 para concluir sua graduação; a NASA normalmente pagava os estudos relacionados ao trabalho, mas toda vez que Annie solicitava essa ajuda, recebia uma recusa. Após terminar o bacharelado, decidiram que ela precisava de mais treinamento especializado para ser considerada uma "profissional", sem se importarem com o quanto isso soava discriminador. Easley continuou como pesquisadora da NASA até 1989, contribuindo em muitas áreas, incluindo riscos à camada de ozônio, energia solar, energia eólica e veículos elétricos. Ela também trabalhou concomitantemente como diretora da NASA's Equal Employment Opportunity, em um cargo em que poderia abordar os problemas de discriminação da agência e trabalhar para um recrutamento de funcionários mais justo e diversificado.

SHIRLEY JACKSON: BRAINIAC NEGRA

Shirley Jackson é uma física altamente conceituada e a primeira mulher negra a obter um doutorado do MIT. O seu projeto de pesquisa de doutoramento foi em partículas teóricas. Shirley não só recebeu inúmeros prêmios e os maiores elogios por seu trabalho com partículas elementares, mas também pela sua defesa das mulheres e das minorias no campo da ciência. Em 1995, o vice-presidente Al Gore comemorou suas contribuições e seu comprometimento em ser a melhor durante sua prestação de juramento como presidente da America's Nuclear Regulatory Commission. Gore contou à audiência que uma Shirley Ann Jackson de quatro anos disse à mãe que um dia ela seria chamada de "Shirley, a Grande". Shirley cumpriu a promessa ao derrubar barreiras de segregação e fanatismo para se tornar uma das maiores cientistas dos EUA.

*Tive de trabalhar sozinha... em determinado ponto, você precisa decidir
se vai continuar o que está fazendo e que não vai permitir
que as pessoas te derrotem.*
Shirley Jackson

SALLY RIDE: DESBRAVANDO AS FRONTEIRAS ESTELARES

Sally Ride foi uma física e a primeira astronauta norte-americana. Nascida em 1951, ela cresceu em Los Angeles, filha de um professor de ciências políticas. Além do seu interesse por Física, também foi uma tenista de nível nacional. Ela foi para a Swarthmore College por alguns anos, depois foi transferida para a Universidade de Stanford como caloura. Em Stanford, primeiro obteve duplo bacharelado em física e inglês e depois um doutorado em Física, em 1978, com foco em astrofísica e lasers de elétrons livres. Nesse mesmo ano, Sally foi aceita no programa de treinamento de astronautas da NASA — uma tremenda sorte, já que milhares de pessoas haviam se candidatado. Depois de completar seu rigoroso programa, Sally tornou-se a primeira astronauta norte-americana a participar da tripulação de um ônibus espacial — o Challenger, em 1983; apenas duas mulheres chegaram ao espaço antes dela, ambas do programa espacial russo. Como parte da tripulação de cinco pessoas do Challenger, ela posicionou satélites e fez experiências farmacêuticas.

No ano seguinte, Sally pilotou outra missão espacial, registrando um total de 343 horas no espaço; ela fez oito meses de treino especial para uma terceira missão do tipo, mas, quando o Challenger explodiu tragicamente num desastroso mau funcionamento durante seu lançamento em janeiro de 1986, a missão foi cancelada. Sally chefiou uma subcomissão presidencial que investigou a explosão do foguete; muitos anos depois, após a sua morte, foi revelado pelo General Donald Kutyna que ela lhe tinha dado, discretamente, informações-chave de engenharia que permitiram identificar a causa da explosão. Ela continuou com a NASA em sua sede em Washington, D.C., liderando a seguir a primeira iniciativa de planejamento estratégico da NASA e fundando seu novo Diretório de Exploração. Sally deixou a NASA em 1987 para trabalhar no Stanford's Center for International Security and Arms Control. Em 1989, tornou-se professora de Física na Universidade de San Diego, bem como diretora do University's California Space Institute.

Em 2001, iniciou a Sally Ride Science, uma empresa que criou programas e produtos educacionais cujo objetivo era inspirar meninas a manter seu interesse em Ciências e Matemática, servindo como presidente e CEO da empresa. Recebeu a Medalha de Voo Espacial da NASA, bem como o Prêmio Theodore Roosevelt da NCAA, e, mais tarde, foi admitida no Salão Nacional da Fama Feminina e no Salão da Fama dos Astronautas. Antes de morrer de câncer pancreático, Sally Ride deixou sua marca tanto na Terra quanto no espaço. Após a sua morte, soube-se que ela tinha sido parceira de outra mulher, uma professora de psicologia escolar, durante 27 anos; Tam O'Shaughnessy continua agora o legado de Sally como CEO e presidente do conselho da Sally Ride Science.

Quando você se prepara para ir ao espaço, está sentado sobre uma
explosão prestes a acontecer. Você precisa alcançar
um nível de conforto com esse risco.
Sally Ride

MAE JEMISON: PRIMEIRA MULHER AFRO-AMERICANA NO ESPAÇO (MAS NÃO A ÚLTIMA)

Quantos americanos são multilíngues e, mais do que isso, fluentes em suaíli, japonês e russo? Mae Jemison é engenheira e médica, bem como astronauta norte-americana — uma vencedora sob qualquer medida. Ela nasceu em 1956 em Decatur, Alabama; sua família logo se mudou para Chicago para conseguir melhores escolas e empregos. Quando criança, ela se lembra de acreditar que um dia escaparia dos confins terrestres: "Pensei que por esta altura já estaríamos indo para o espaço tão fácil como vamos trabalhar." Embora seus professores dessem nenhum apoio especial ao seu interesse por ciência, seus pais a encorajaram; ela também se sentiu atraída pela dança e estudou balé, jazz, dança moderna e africana. Formou-se cedo e começou na Universidade de Stanford aos dezesseis anos com uma Bolsa de Estudos Nacional, graduando-se em Engenharia Química no ano de 1977; também preencheu os requisitos para um bacharelado em estudos africanos e afro-americanos. Ser uma estudante negra de Engenharia não foi nada fácil; como ela se lembra, "alguns professores apenas fingiam que eu não estava lá. Eu fazia uma pergunta e o professor agia como se fosse muito idiota, como se fosse a pergunta mais idiota que ele já tinha ouvido. Depois, quando um branco fazia a mesma pergunta, o professor dizia: 'É uma observação muito astuta'".

Em 1981, Jemison ganhou o título de professora em Medicina da Cornell Medical College. Durante seus anos na Cornell, ela passou algum tempo oferecendo cuidados médicos primários em Cuba, Quênia e em um campo de refugiados cambojanos na Tailândia; ela também continuou seus estudos de dança na escola Alvin Ailey. Ela estagiou no Los Angeles County-usc Medical Center e depois trabalhou como clínica geral. Entrou para o Corpo da Paz em 1983 e passou os dois anos seguintes como médica responsável pela saúde dos voluntários do Corpo em Serra Leoa e na Libéria, além de ajudar na pesquisa de vacinas do CDC.

Depois de ter completado o seu período no Corpo da Paz, em 1985, Jemison percebeu que, com o sucesso da colega de Stanford, Sally Ride, em sua busca pelo espaço, os tempos eram os certos para seguir o seu sonho de longa data, e ela candidatou-se para se juntar ao programa de treinamento de astronautas da NASA. O desastre do Challenger no início de 1986 atrasou o processo de seleção, mas, quando ela se candidatou novamente, um ano depois, alcançou a pontuação de corte, tornando-se a primeira mulher afro-americana a fazê-lo. Jemison foi uma das quinze escolhidas entre as 2 mil que tentaram. Quando se juntou à tripulação de sete astronautas do ônibus espacial Endeavour para uma missão de oito dias no outono de 1992, tornou-se a primeira mulher afro-americana no espaço, registrando um total de mais de 190 horas. Ela conduziu experiências médicas e de outros tipos enquanto estava lá.

Após deixar o corpo de astronautas na primavera de 1993, foi nomeada para uma bolsa de ensino em Dartmouth, onde deu aulas de 1995 a

2002; ela é professora geral em Cornell e continua a defender a educação científica e o interesse de estudantes minoritários pela ciência. Ela também fundou duas empresas, o Grupo Jemison e a BioSentient Corp, para pesquisar, desenvolver e comercializar várias tecnologias avançadas, assim como a Dorothy Jemison Foundation for Excellence, nomeada em homenagem à sua mãe, que foi professora. Os acampamentos científicos The Earth We Share estão entre as iniciativas da fundação, assim como o projeto 100 Year Starship. Jemison recebeu muitos prêmios, bem como doutoramentos honorários de instituições como Princeton, RPI e Universidade DePaul. Várias escolas públicas e um museu da ciência e do espaço, em Chicago, também foram nomeados em homenagem a ela. A cientista já apareceu em vários programas de TV, incluindo um episódio de *Star Trek: The Next Generation*, a convite de LeVar Burton.

Quando me perguntam sobre a relevância do que faço para os negros, tomo isso como uma afronta. Porque pressupõe que os negros nunca estiveram interessados em explorar os céus, e não é assim. Antigos impérios africanos — Mali, Songhai, Egito — tinham cientistas e astrônomos. O fato é que o espaço e os seus recursos pertencem a todos nós, não a um grupo qualquer.
Mae Jemison

ELLEN OCHOA: PRIMEIRA MULHER HISPÂNICA NO ESPAÇO

Ellen Ochoa é uma mulher cuja inteligência e trabalho duro literalmente a enviaram para a estratosfera — e para além dela. Nascida em 1958, cresceu no sul da Califórnia e formou-se em Física pela Phi Beta Kappa, no estado de San Diego, em 1980. Ela obteve um mestrado em Ciências em Stanford apenas um ano mais tarde e, em 1985, obteve um Ph.D. em Engenharia Elétrica. Continuou sua carreira de pesquisa nos Laboratórios Nacionais Sandia e no Centro de Pesquisa Ames da NASA, onde foi a cientista líder de um grupo de pesquisa que trabalhava com sistemas óticos para processar informações de forma a permitir a exploração espacial automatizada. Ochoa detém uma patente sobre um sistema ótico que detecta defeitos em um padrão repetitivo. Ela também é coinventora de três outras patentes: um método de reconhecimento de objetos óticos, um sistema de inspeção ótica e um terceiro sistema focado em remover ruído em imagens. Ela supervisionou 35 cientistas e engenheiros focados em Pesquisa e Desenvolvimento para sistemas computacionais de missões aeroespaciais no papel de Chefe da Divisão de Tecnologia de Sistemas Inteligentes da Ames.

Em 1990, a NASA selecionou Ochoa para se tornar astronauta, e, em meados de 1991, ela completou seu treinamento. Ochoa se tornou a primeira mulher hispânica a ir ao espaço, em 1993, como parte da tripulação de uma missão de nove dias que estudou a camada de ozônio no ônibus espacial Discovery. Desde então, ela já serviu em mais três voos espaciais e registrou quase mil horas no espaço. Ochoa tornou-se diretora adjunta do Johnson Space Center em 2007 e está envolvida na gestão e direção do Gabinete de Astronautas e Operações Aéreas. Atualmente, está aposentada das operações de naves espaciais, mas segue abrindo caminhos: em 2013, ela se tornou a segunda mulher e primeira diretora hispânica do Johnson Space Center da NASA. Recebeu prêmios incluindo o prêmio de Serviço Excepcional da NASA em 1997, a medalha de Liderança Excepcional em 1995 e várias medalhas de voo espacial. Existem três escolas primárias e de ensino médio nomeadas em sua homenagem. Não dá para manter uma boa mulher com os pés no chão!

KALPANA CHAWLA: A PRIMEIRA E ÚNICA MULHER INDIANA NO ESPAÇO

Kalpana Chawla nasceu em 1962 em Kamal, Punjab, na Índia. Talvez tenha sido a previdência que fez com que os pais lhe chamassem "Kalpana", que significa "ideia" ou "imaginação", porque enquanto outras meninas da sua idade gostavam de brincar com bonecas, Kalpana preferia desenhar aviões e tinha uma mente curiosa. Depois de obter o bacharelado em Engenharia Aeronáutica pela Faculdade de Engenharia de Punjab, mudou-se para os Estados Unidos em 1982, onde obteve um mestrado em Engenharia Aeroespacial na Universidade do Texas, em Arlington, em dois anos. Sem se intimidar com o desastre do ônibus espacial Challenger em 1986, Kalpana concluiu um segundo mestrado e depois um doutorado em Engenharia Aeroespacial pela Universidade do Colorado, em Boulder, no ano de 1988. Mais tarde, nesse mesmo ano, ela começou a trabalhar como cientista da NASA, pesquisando fluidodinâmica computacional. Ela entrou na Overset Methods, Inc. em 1993 como pesquisadora e vice-presidente. Ela também foi classificada como instrutora de voo e possuía licenças de piloto comercial para aviões, planadores e hidroaviões.

Quando foi naturalizada cidadã americana em 1991, Kalpana havia se candidatado ao Corpo de Astronautas da NASA; foi aceita e começou a treinar em 1995, sua primeira missão em um ônibus espacial foi agendada logo depois; ela se juntou à tripulação de seis astronautas do ônibus espacial Columbia. A missão de duas semanas, que aconteceu no final de 1997, circulou a Terra 252 vezes, e ela estava encarregada de posicionar um satélite espartano usando um braço robótico. Kalpana tornou-se a primeira mulher nascida na Índia e a segunda pessoa indiana a voar no espaço. Após a missão, fez um trabalho técnico para a NASA relacionado com a estação espacial. Ela foi escolhida para uma segunda missão em 2000, mas problemas técnicos com o motor do foguete impediram-na de avançar. Finalmente, retornou ao espaço em 2003 a bordo do Columbia, mas após uma missão de dezesseis dias — envolvendo mais de oitenta experiências da tripulação de sete astronautas —, o foguete, que tinha sofrido danos no escudo térmico de uma asa durante o lançamento, não sobreviveu à reentrada na atmosfera da Terra: toda a tripulação foi perdida. Kalpana recebeu postumamente a medalha de Honra do Espaço do Congresso Nacional; bolsas de estudo foram criadas em seu nome, e um asteroide foi nomeado Kalpana.

Quando você olha para as estrelas e para a galáxia, sente que não é apenas de um pedaço de terra qualquer, mas de todo o sistema solar.
Kalpana Chawla, no seu primeiro lançamento

MARISSA MAYER: DÊ UM GOOGLE NELA

Marissa Mayer é uma orgulhosa nativa do estado de Wisconsin. Ao crescer, ela gostava de Matemática e Ciências, bem como de confeitaria e de desenhar. Embora tenha planejado se tornar médica, enquanto frequentava a Universidade de Stanford, Marissa desenvolveu seu amor por computadores. Ela obteve um bacharelado e um mestrado em Sistemas Simbólicos e Ciência da Computação com foco em inteligência artificial. Estagiou no SRI International e no laboratório de pesquisa do UBS, que a ajudou oferecendo catorze ofertas de trabalho. Finalmente, ela se decidiu por uma delas, a Google, uma empresa que à época ainda não era nenhuma gigante da pesquisa na internet. Marissa tornou-se sua vigésima funcionária e sua primeira engenheira. Trabalhando na Google, Marissa ajudou a desenvolver os aplicativos Google Maps, Google Earth, Street View, Google News e Gmail. Depois de ajudar a construir a empresa, ela saiu em 2012 para se tornar presidente e CEO do Yahoo, que enfrentava algumas dificuldades no período. Marissa tornou-se uma das vinte mulheres a dirigirem uma empresa da *Fortune 500*.

Acho que é muito reconfortante para as pessoas me colocarem numa caixa. Ah, ela é uma moça fofinha que gosta de roupas e cupcakes. Ah, mas espera, ela passa os fins de semana trabalhando com hardware.
Marissa Mayer

5
·AINDA ASSIM, ELA SE LEVANTA: MULHERES NEGRAS ADMIRÁVEIS·

A história do movimento de direitos civis está estampada com os nomes de muitos heróis masculinos, incluindo W.E.B. Du Bois, Martin Luther King Jr., Medgar Evers e Malcolm X. Mas a cada passo, estes e muitos outros homens eram acompanhados por irmãs, igualmente destemidas, como: Sojourner Truth, Harriet Tubman, Rosa Parks, Fannie Lou Hamer e Coretta Scott King, só para citar algumas.

Essas mulheres poderosas e corajosas — e muitas outras anônimas e sem reconhecimento — colocaram-se na linha de frente dos movimentos por direitos civis nos Estados Unidos. Elas libertaram escravizados, marcharam, cantaram e protestaram até que suas vozes fossem ouvidas e as leis fossem mudadas. Cada uma delas combateu os demônios gêmeos do racismo e do sexismo e saíram vitoriosas. Muitas vezes, enfrentaram não só violência emocional, como também física, mas não se deixaram intimidar, apesar disso. Elas eram uma verdadeira inspiração para todos os que lutam contra limitações de todo tipo — legais, sociais e psicológicas.

A linguagem é uma das ferramentas de opressão. É, portanto, maravilhosamente apropriado que a palavra *sheroes* tenha surgido de dentro do idioma das mulheres afro-americanas, que suportaram o peso da mais severa subjugação. Johnetta B. Cole e a dra. Maya Angelou foram as visionárias que, até onde sei, começaram a usar a palavra *sheroes* nos seus discursos. Lenta e seguramente, a palavra — ou a capa, se preferir — da *shero* está começando a surgir aqui e ali na linguagem comum. Recentemente, a heroína suprema da televisão, Oprah, adotou a palavra em seu vocabulário pessoal. Só posso imaginar que isso vá se espalhar como fogo selvagem em breve, no sentido mais poderoso que uma palavra pode ter.

Esta irmandade é um grupo especialmente incrível — superaram obstáculos que muitos de nós sequer podemos imaginar. Os discursos de Sojourner Truth me dão arrepios enquanto os releio, mais de cem anos depois de ela ter abraçado o seu glorioso espírito independente. Marian Anderson, considerada a maior soprano de todos os tempos, teve o palco negado durante um concerto em Washington, D.C., com base na sua raça, até que Eleanor Roosevelt tomou as rédeas da situação, ajudando a libertar o talento de Anderson para o resto do país. As heroínas negras obviamente têm que lutar tanto contra o racismo quanto o sexismo. Imagine a jovem Melba Beals lutando contra o ódio branco naquele dia de dessegregação em Little Rock. Pense em Fannie Lou Hamer, espancada até ficar com a vida por um fio, pela ousadia de comer em uma cafeteria com brancos no Mississippi. Lembrem-se de Harriet Tubman, transformando canções religiosas em um código para "carregar seu povo" para a liberdade pela Underground Railroad.

Mulheres negras, começando com as amazonas do Norte de África e continuando hoje no início do século XXI, tiveram que lutar mais, por mais tempo e melhor. Quando você olhar para o próprio coração do heroísmo, peço-lhe que leia além destas páginas e pesquise as vidas destas grandes mulheres que, incansáveis e imparáveis, mostraram o verdadeiro significado de coragem.

A VERDADE DE SOJOURNER: "NÃO SOU UMA MULHER?"

Só o nome de Sojourner Truth já sugere heroísmo. É perfeito para ela — uma oradora entusiasmada, sufragista e abolicionista diligente. Desconhecida e nascida para a escravidão, ela não permitiu que essas desvantagens a impedissem de se tornar uma das oradoras mais carismáticas e poderosas do século XIX. Na verdade, como muitos afro-americanos da época, as dificuldades a tornaram mais forte, como uma lâmina forjada pelo fogo.

Ela foi da Holanda para o norte de Nova York, e cresceu falando holandês. Batizada Isabella, foi vendida e enviada para longe de seus pais quando criança e trocada muitas vezes, até finalmente parar nas mãos de John Dumont, para quem trabalhou por dezesseis anos. Aos catorze, ela foi dada a um escravizado mais velho para ser sua esposa e teve cinco filhos. Em 1826, um ano antes de ser legalmente libertada, Isabella fugiu de Dumont e escondeu-se com a pacifista família quaker.

Ao saber que um de seus filhos havia sido vendido, no Alabama, como escravizado para toda a vida, Isabella iniciou um processo contra a venda ilegal de seu filho e, supreendentemente, ganhou o caso. Ela mudou-se para Nova York nos anos 1830 e trabalhou como criada de uma comunidade religiosa, as Madalenas, cuja missão era a conversão de prostitutas ao cristianismo.

Em 1843, a extremamente religiosa Isabella ouviu um chamado para se tornar uma pastora itinerante. Mudou seu nome para Sojourner Truth e se colocou na estrada, onde o seu talento para falar surpreendeu todos que a ouviram em pregações, reuniões de acampamento, igrejas e à beira da estrada, se a ocasião surgisse. Ela manteve os seus sermões em torno de temas simples como amor fraterno e tolerância. Em Massachusetts, Truth encontrou liberais que a iluminaram sobre os temas do feminismo e da abolição. Sua autobiografia, como dito pelo precursor da luta abolicionista, William Lloyd Garrison, forneceu uma arma poderosa para a causa da abolição depois de publicada. Sua história, *The Narrative of Sojourner Truth*, foi uma das primeiras histórias de uma mulher escravizada a ser amplamente conhecida e foi recontada muitas vezes, incluindo a encantadora versão intitulada *"Sojourner Truth, the Libyan Sibyl"*, de Harriet Beecher Stowe, que foi publicada pela *Atlantic Monthly*.

Sojourner então colocou seu fervor religioso na mensagem de abolição, uma missão santa na qual ela jogou toda sua formidável vontade e energia. O seu apelo para acabar com a escravidão dos seres humanos nos Estados Unidos foi poderoso. Há uma encantadora história sobre como sua língua era rápida, e sua mente e espírito ainda mais: de quando o grande Frederick Douglass duvidou abertamente que a escravidão poderia chegar ao fim sem derramamento de sangue. Rapidamente, Sojourner respondeu: "Frederick, Deus está morto?"

Em meados do século XIX, Sojourner estava pregando sobre a abolição e o sufrágio feminino. Ela foi inabalável em suas convicções e pontuou que "se os homens negros conseguirem seus direitos e as mulheres negras não, eles serão mestres sobre as mulheres, e será tão ruim quanto antes". Ela se jogou nos esforços da Guerra Civil Americana, ajudando escravizados fugitivos e soldados negros. O presidente Lincoln ficou tão impressionado com a lendária Sojourner Truth que a convidou para falar na Casa Branca.

Sojourner Truth trabalhou, pregou e lutou até o dia de sua morte, em 1883. Ela viveu tempo suficiente para ver um de seus maiores sonhos — a abolição da escravatura — ser realizado e, juntamente com a estimada Harriet Tubman, é uma das duas mulheres afro-americanas mais respeitadas do século XIX. Ela era uma mulher? Sim, de fato. E uma heroína para todos os tempos!

Eu arei, e plantei, e fiz reuniões em celeiros, e nenhum homem podia mandar em mim! E eu não sou uma mulher?
Sojourner Truth

KATY FERGUSON: UM ANJO DA TERRA

Escravizada desde seu nascimento, em 1779, Catherine Ferguson acompanhava sua patroa à igreja aos domingos, até ser libertada aos dezesseis anos por uma benfeitora branca que pagou duzentos dólares por sua emancipação. Dois anos depois, Katy casou-se; aos vinte, seu marido e seus dois filhos pequenos já estavam mortos. Katy, uma padeira fantástica, fez bolos de casamento e outras iguarias para se sustentar. A caminho do mercado para vender seus produtos, ela via dezenas de crianças pobres e órfãos, uma visão que deixava seu coração apertado. A indomável Katy começou a dar aulas para esses miseráveis em sua casa, onde hoje fica a Warren Street, em Manhattan, até que o reverendo dr. Mason lhe emprestou o porão de sua igreja em 1814. Os encontros aconteciam aos domingos, acredita-se que seja esta a origem do que hoje chamamos "escola dominical". As aulas de Katy eram tão populares que muitas crianças pobres, brancas e negras, chegavam para assisti-las. Logo, muitas mães jovens e solteiras começaram a aparecer também. Katy levava-os para casa, cuidava deles e ensinava-lhes autoconfiança. Ela morreu de cólera em 1854, mas o seu trabalho prosseguiu no *Ferguson Home for Unwed Mothers*, onde a bondade, o bom trabalho e a aprendizagem são as mãos que fazem a uma vida melhor.

Onde Katy vivia, todo o aspecto do bairro mudou.
De um artigo sobre o seu trabalho

HARRIET TUBMAN: A PEQUENA ESPIÁ (É SÉRIO)

Em sua época, Harriet foi carinhosamente chamada de Moisés, por conduzir seu povo para a liberdade. Uma escravizada fugitiva, realizou uma façanha atrás de outra, libertando pessoas que, de outra forma, jamais conheceriam a liberdade. Harriet Tubman era uma condutora na Underground Railroad — sua função era levar escravizados fugitivos de um ponto a outro. Ela ficou conhecida por essa atividade, mas também foi feminista, enfermeira e, por um tempo, espiá. O seu maior interesse era a reforma social, tanto para o seu gênero como para o seu povo.

Nascida por volta de 1821, em uma plantação em Maryland, Harriet teve diversas convulsões após receber um golpe na cabeça quando criança, mas os danos de um crânio gravemente fraturado não a impediram de realizar o trabalho mais perigoso que poderia ter empreendido: levar grupos de escravizados à liberdade no norte do país. Durante sua lenta recuperação, depois que um supervisor golpeou sua cabeça com um peso de dois quilos, ela começou a rezar e a contemplar a escravidão dos negros, resolvendo fazer o que pudesse, com fé em um propósito superior. Ela se casou com John Tubman, um homem livre, em 1844, e passou a vida com um medo de ser vendida para o Extremo Sul. Quando ouviu rumores de que estava prestes a ser vendida, planejou sua fuga, implorando a John para ir com ela. Ele não só recusou, como ameaçou entregá-la.

Harriet escapou para a liberdade sozinha, mas imediatamente conspirou para voltar para seus familiares, usando a *Underground Railroad*. Ela acabou resgatando todos os membros de sua família, exceto John; ele estava com uma nova esposa e ficou para trás. Conduziu mais de duzentos escravizados à segurança e liberdade, encorajando seus "passageiros" com canções evangélicas cantadas numa voz profunda e forte. Ela também desenvolveu um código para sinalizar o perigo usando citações bíblicas e certas canções. Harriet Tubman sempre ludibriou os brancos que a interrogavam sobre os grupos de negros que viajavam ao seu lado. Ela vivia constantemente ameaçada de enforcamento, com um preço de 40 mil dólares por sua cabeça, sempre escapando pela tangente. Um dos incidentes mais dramáticos, que mostra a engenhosidade e determinação de Harriet, aconteceu quando ela comprou passagens para o sul no intuito de enganar qualquer branco que exigisse saber o que um grupo de negros estava fazendo viajando juntos. Ela sempre carregou uma arma consigo para impedir que fugitivos amedrontados colocassem o rabo entre as pernas. "Você vai ser livre ou vai morrer", ela lhes dizia... e nunca perdeu um passageiro.

Harriet também começou a se conectar com abolicionistas no Norte, desenvolvendo uma forte admiração por John Brown (os dois conspiraram juntos no ataque a *Harper's Ferry*) e Susan B. Anthony. Durante a Guerra Civil Americana, ela cuidou de soldados negros, trabalhou como espiã para a União e até liderou uma incursão que libertou 750 escravizados. Depois da guerra, viveu em Auburn, Nova York, em uma casa que tinha sido um ponto de passagem da *Underground Railroad*, ensinando os negros a lidar com a liberdade recém-descoberta; juntando comida, roupas e dinheiro para os negros pobres; e fundando um lar para negros idosos e indigentes. Os últimos anos de Harriet foram passados em uma pobreza abjeta apesar de tudo o que fez pelos outros, mas ela morreu com 93 anos, tendo cumprido a tarefa que se propôs quando menina. Ela foi uma grande emancipadora, oferecendo ao seu povo esperança, liberdade e novos começos. O reformador e escritor Thomas Wentworth Higginson nomeou-a "a maior heroína da época".

Quando descobri que tinha atravessado aquela linha, olhei para as minhas mãos para ver se eu era a mesma pessoa. Havia tanta glória nisso tudo.
Harriet Tubman

IDA B. WELLS: JORNALISTA PELA JUSTIÇA

Ida Bell Wells-Barnett foi uma jornalista afro-americana e defensora dos direitos da mulher, incluindo o direito de voto. Nasceu como escrava no ano de 1862, em Holly Springs, Mississippi, seis meses antes de a Proclamação de Emancipação libertar todos os escravizados. Apesar de serem cidadãos legalmente livres, sua família enfrentou preconceito racial e discriminação enquanto vivia no Mississippi. Seu pai ajudou a fundar a Universidade Shaw, e Ida estudou lá, mas quando tinha dezesseis anos, seus pais e um de seus irmãos morreram de febre amarela. Isso significava que, no papel de mais velha, Ida precisou abandonar a escola e cuidar de seus oito irmãos e irmãs. Como a família precisava muito de dinheiro, Ida convenceu a funcionária de uma escola do condado de que tinha dezoito anos e conseguiu um emprego como professora. Em 1882, ela e alguns de seus irmãos mudaram-se para casa de sua tia em Nashville, onde finalmente Ida continuou a estudar na Universidade Fisk.

Uma experiência direta de preconceito em 1884 foi o catalisador do senso de Wells sobre a necessidade de advogar pela justiça. Enquanto viajava de Memphis para Nashville, ela comprou um bilhete de trem de primeira classe, mas ficou indignada quando a tripulação lhe disse para se mudar para o carro dos afro-americanos. Recusando-se, Wells foi expulsa do trem; em vez de ceder e desistir, ela processou a ferrovia no tribunal do circuito e ganhou, forçando-os a devolver seus quinhentos dólares. Infelizmente, a Suprema Corte estadual anulou a decisão posteriormente; mas essa experiência a motivou a escrever sobre política racial e preconceito sulista. Vários periódicos negros publicaram os seus artigos, escritos sob o pseudônimo "Iola". Wells tornou-se mais tarde proprietária do jornal *Memphis Free Speech and Headlight and Free Speech*.

Além de seu trabalho jornalístico e editorial, também foi professora em uma das escolas públicas de Memphis só para negros. Ela tornou-se uma crítica contundente da condição dessas escolas segregadas. Esta defesa fez com que fosse demitida do seu emprego em 1891. No ano seguinte, três proprietários de lojas afro-americanas entraram em conflito com o proprietário branco de uma loja próxima, que achava que eles estavam fazendo muito sucesso entre os negócios locais; ele chamou alguns comparsas para atacar as lojas concorrentes, e muitos acabaram levando tiros quando os três comerciantes negros resolveram proteger suas lojas dos ataques. Os três negros foram levados para a prisão, mas nunca puderam ser julgados — uma multidão decidiu linchá-los, arrastando e assassinando os três homens. Movida por esta horrível tragédia, Ida começou a escrever sobre esses linchamentos, tanto o de um amigo quanto de outras pessoas, e passou a fazer reportagens investigativas profundas sobre linchamentos nos Estados Unidos, uma atividade que colocou sua vida em risco.

Enquanto estava em Nova York, Wells foi informada de que seu escritório tinha sido destruído por uma multidão, e que se ela voltasse a Memphis, seria morta. Permaneceu no Norte e publicou um artigo aprofundado sobre linchamentos para a *New York Age*, um jornal cujo dono era um ex-escravizado; em seguida, fez uma turnê pelo exterior, dando palestras sobre o assunto na esperança de conseguir o apoio dos brancos pró-reforma. Quando descobriu que expositores negros foram proibidos de participar da Feira Mundial de Chicago de 1893, publicou um panfleto com o apoio do famoso ex-escravizado liberto e abolicionista Frederick Douglass, bem como o "Red Record", um relatório pessoal sobre linchamentos na América.

Em 1896, Wells fundou a National Association of Colored Women; e em 1898, levou sua campanha contra linchamentos para a Casa Branca, liderando um protesto em Washington, D.C. para exortar o presidente McKinley a agir. Ela foi membro-fundador da National Association for the Advancement of Colored People (NAACP), porém cortou laços com a organização algum tempo depois, sentindo que ela não estava suficientemente focada em tomar medidas concretas. Wells também trabalhou em nome de todas as mulheres e fez parte da National Equal Rights League; ela lutou continuamente pelo sufrágio feminino. E inclusive concorreu ao senado estadual em 1930, mas no ano seguinte teve problemas de saúde e morreu com uma doença renal aos 68 anos de idade. A vida de Wells é uma prova de coragem perante o perigo.

Senti que era melhor morrer lutando contra a injustiça do que morrer como um cão ou um rato numa armadilha. Já havia decidido que entregaria minha vida docilmente se fosse atacada. Se eu pudesse levar um linchador comigo, as coisas seriam um pouco melhores.
Ida B. Wells

MARY MCLEOD BETHUNE: UM DÓLAR E UM SONHO

Em 1904, Mary McLeod Bethune fundava uma escola com 1,50 dólares e sonhava com o terreno de um antigo lixão. "Eu assombrava o lixão da cidade em busca de objetos descartados e acessórios de cozinha, pratos rachados, cadeiras quebradas, pedaços de madeira velha", ela recordou mais tarde. Esse humilde começo transformou-se na Bethune Cookman College em Daytona, Flórida.

A ideia de todo trabalho necessário para realizar seus sonhos não a assustava; ela estava acostumada a colher 250 quilos de algodão por dia e puxar o arado depois que a mula da família morreu. A 15ª de dezessete crianças nascidas de ex-escravizados, Mary foi educada, como uma Metodista rigorosa, para acreditar no suor e na fé em Deus. Aos doze anos de idade, ela recebeu uma bolsa de estudos dos quakers para ser educada em uma escola integrada na Carolina do Norte, indo mais tarde para o Moody Bible College. A partir destas experiências, ela reuniu profundo respeito pela educação, particularmente pelo seu valor em ajudar o seu povo a sair da pobreza.

A escola de Mary foi bem-sucedida graças à combinação da sua mão de ferro com as finanças e a habilidade para angariar fundos (ela até conseguiu a contribuição de J. D. Rockefeller). Ela ensinou seus alunos a colher bagas de sabugueiro para fazer tinta, usou lenha queimada como giz e trocou aulas gratuitas por comida para seus alunos. Mary acrescentou uma enfermaria no local assim que percebeu que os negros não poderiam receber tratamento médico a menos de 320 quilômetros daquela parte da costa atlântica; eventualmente o lugar se tornou um hospital-escola para médicos e enfermeiros. Em 1922, a escola tinha trezentos alunos, e Mary permaneceu como presidente do colégio até 1942.

Seu compromisso com os afro-americanos era poderoso, particularmente com as mulheres. Enquanto dirigia a escola, ela liderou a campanha para registrar as eleitoras negras, apesar das ameaças da KKK. O seu ativismo pelos direitos civis e o seu humanitarismo colocaram-na em contato com muitas pessoas, incluindo Eleanor Roosevelt, de quem se tornou amiga. Bethune acabou ajudando pessoas em muitas funções de liderança, inclusive como fundadora e presidente do National Council of Negro Women, como líder do "Black Cabinet", prestando aconselhamento ao presidente Franklin D. Roosevelt sobre necessidades e interesses afro-americanos, e a diretora do Office of Minority Affairs of the National Youth Administration. Aos 77 anos, preocupada com a incapacidade dos negros em conseguir um seguro de vida, ela iniciou a Central Life Insurance Company, tornando-se a única mulher presidente de uma companhia nacional de seguros de vida nos Estados Unidos.

Por estas e outras realizações, Mary McLeod Bethune foi considerada a mulher negra mais influente da América até a sua morte, em 1955. A ascensão de Mary da pobreza à liderança nacional é puro heroísmo.

Eu para você. Deixo a esperança... deixo a dignidade racial.
Mary McLeod Bethune

NANNIE HELEN BURROUGHS: UMA PROFETA PRÁTICA

O pioneiro da Associação Nacional para o Progresso de não brancos (NAA-CP), William Picken, descreveu Nannie Burroughs desta forma: "Nenhuma outra pessoa nos Estados Unidos tem tanta lealdade e estima pelas pessoas negras como Nannie H. Burroughs. Ela é vista por todo o mundo como uma combinação de cérebro, coragem e incorruptibilidade." Nascida na Idade do Ouro, em 1879, Nannie Burroughs teve a sorte de nascer em uma família de ex-escravizados que conseguiram ter uma vida confortável na Virgínia, proporcionando à jovem Nannie uma boa educação. Candidatou-se a um emprego como professora de Ciências Domésticas, mas não foi contratada porque era "muito escura". Mais tarde, foi recusada para um trabalho como escriturária do governo por ser negra.

Nannie começou a sonhar com uma forma de preparar mulheres negras para carreiras que as libertassem das armadilhas de gênero e preconceito. Durante cinquenta anos, trabalhou para a Aliança Batista Nacional, começando como guarda-livros e secretária. Em seu tempo livre, organizou o *Women's Industrial Club*, oferecendo cursos práticos para formar mulheres como escriturárias. Com a escola que fundou em 1909, a National Training School for Women and Girls, ela educou milhares de mulheres negras norte-americanas, bem como haitianas, porto-riquenhas e sul-africanas, preparando-as para enfrentar o mundo e ter sucesso em suas carreiras. Seu programa enfatizou o que chamou de os três Bs: a Bíblia, o Banho e a Bucha, representando "vidas limpas, corpos limpos e casas limpas".

Defensora da autoajuda racial, Nannie trabalhou por toda a sua vida para fornecer uma base sólida às mulheres negras pobres, garantindo-lhes oportunidades de trabalho, independência e igualdade. Ela praticava o que pregava. A certa altura, escreveu para John D. Rockefeller solicitando uma doação para sua causa. Ele enviou-lhe um dólar e um recado perguntando o que uma mulher de negócios como ela faria com o dinheiro. Nannie comprou um punhado de *peanuts*, ou seja, amendoins, que é como são chamados os conselhos ou pagamentos ruins na língua inglesa, e os enviou para ele, com um recado pedindo que Rockefeller os autografasse e enviasse de volta. Ela os venderia por um dólar cada.

Nannie fundou a sociedade literária Harriet Beecher como veículo de expressão literária e foi ativa nas campanhas contra linchamentos. Ela superou Sojourner Truth com seus discursos dramáticos e palestras comoventes, como o seu discurso de abertura em 1932: "Mate a sua servidão com clorofórmio! O que o negro deve fazer para ser salvo? Deve se livrar das sanguessugas e dos líderes parasitas que estão comendo a vida de um povo lutador e assustado."

Uma de suas alunas disse, certa vez, que Nannie considerava todas as pessoas como "um pedacinho de Deus". A abordagem pragmática de Nannie Burroughs de "tomar as rédeas" da igualdade racial ofereceu a todos uma oportunidade para agir.

> *A formação das mulheres negras é absolutamente necessária, não só para a sua própria salvação, e de sua raça, mas pelas exigências do contexto em que vivemos hoje. Se perdermos de vista essas exigências, arruinaremos a nossa esperança de progresso. O tema da Ciência Doméstica toma vulto sobre nós, e a menos que o recebamos, o dominemos e sejamos sábias, os próximos dez anos trarão revoluções tais que nossas mulheres não conseguirão se sustentar.*
> **Nannie Helen Burroughs**

ESLANDA GOODE ROBESON: "AFRICANOS SÃO PESSOAS"

Eslanda Goode Robeson era a esposa do famoso cantor e ativista dos direitos civis Paul Robeson. No entanto, ela foi uma importante heroína por mérito próprio, distinguindo-se tanto no ativismo político quanto como antropóloga.

Filha de uma escravizada liberta, Essie nasceu em 1896 e estava bastante interessada pela África e pelas condições que tornavam seu continente natal tão vulnerável. Sua mãe, Eslanda Cardoza Goode, era mestiça, nascida entre os negros livres da Carolina do Sul — sua mãe descendia de negros e seu pai era um rico judeu espanhol, Isaac Nunez Cardoza. O tio de Essie, Francis Louis Cardoza, foi nomeado "o negro mais educado da América" por Henry Ward Beecher. Quando tinha seis anos, perdeu seu pai por conta do alcoolismo e a família se mudou para Nova York a tempo de acompanhar o Renascimento do Harlem. Essie foi bem-educada, frequentando a Teachers College da Universidade de Columbia, além de um ano de faculdade de medicina, graduando-se em Química. Seus outros interesses incluíam uma forte propensão para a política e o desejo de lutar pela igualdade racial. Essie estava a caminho de se tornar modelo no movimento pela igualdade quando se tornou a primeira pessoa negra a trabalhar nos departamentos de patologia e cirurgia da Columbia Presbyterian, dirigindo o laboratório. Nos anos 1920, ela conheceu e se casou com Paul Robeson; depois de ouvi-lo cantar em uma festa, teve certeza de que ele tinha um futuro no mundo do show business. Ela o convenceu a atuar e não demorou para a carreira de Robeson deslanchar. Em meados de 1920, Paul era o queridinho da Europa e da América; Essie deixou o emprego para viajar com Paul e gerir sua carreira. No entanto, várias e várias vezes a dupla sofreu com a hipocrisia de uma sociedade branca que louvava o trabalho de Paul no palco e nas telas, mas não permitia que Essie e ele comessem nos mesmos restaurantes que os patronos da música branca. Para evitar a dor, Essie começou a ficar em casa e concentrar-se em seu sonho de uma família negra moderna — emancipada, educada e culta.

Nos anos 1930, uma sempre intelectualmente inquieta Essie interessou-se bastante por Antropologia e pela África. Após estudar na Universidade de Londres e na London School of Economics, ela se tornou ainda mais radical: "Logo fiquei farta de alunos brancos e professores 'interpretando' a mente e o caráter negro para mim", ela escreveu mais tarde. "Especialmente quando senti, e muitas vezes senti, que a interpretação deles estava errada."

Ela decidiu tirar as suas próprias conclusões. Viajou várias vezes para a

África, explorando amplamente diversas regiões do Congo por todos os meios disponíveis. Sua exploração a levou a enfatizar a importância do orgulho racial na superação do racismo, e ela se uniu a outros povos negros para fundar o Conselho de Assuntos Africanos. Sempre foi extremamente franca sobre os efeitos da escravidão e do colonialismo sobre a situação do seu povo e nunca desistiu de um debate. Ela incendiou as discussões quando sugeriu que a União Soviética tinha criado uma base melhor para a igualdade do que os Estados Unidos. Nos anos 1940, durante a Segunda Guerra Mundial, ela foi especialmente atuante, percebendo que a guerra contra o fascismo era uma oportunidade para tornar os Estados Unidos mais unido racialmente e com igualdade de oportunidades. Seu livro, *African Journey*, foi publicado em 1945; nesse mesmo ano, como representante do Conselho para Assuntos Africanos, Essie participou da conferência que fundou as Nações Unidas.

Nos anos 1950, a atividade e as opiniões dos Robeson foram levadas ao conhecimento do senador Joseph McCarthy, que a chamou perante o *House Un-American Activities Committee*. McCarthy não foi páreo para o brilhantismo e destreza verbal de Essie, que virou a mesa sobre ele, enchendo-o com perguntas sobre a questão dos direitos civis negros. Mas McCarthy teve sua vingança, revogando os passaportes de ambos, reduzindo a renda de Paul das turnês internacionais de concertos para quase zero.

Isso só estimulou Essie a se engajar mais no ativismo — finalmente seu passaporte foi reintegrado e ela viajou para a Alemanha para receber a Medalha da Paz e a Medalha Clara Zetkin, um prêmio governamental para mulheres que lutaram pela paz mundial. Ela continuou a escrever artigos e a fazer discursos em nome da igualdade e da justiça até a sua morte, em 1965. Não importava o custo pessoal, Essie lutou para libertar o seu povo dos laços invisíveis que ainda os amarrava. O seu trabalho foi inestimável no movimento dos direitos civis; o seu apelo à igualdade racial absoluta era claro e verdadeiro: "Nenhum homem pode ser livre até que todos os homens sejam livres."

Acredito que nunca haverá paz no mundo até que as pessoas tenham alcançado aquilo pelo que lutaram e morreram.
Eslanda Goode Robeson

ROSA PARKS: A PRIMEIRA-DAMA DOS DIREITOS CIVIS

Rosa Parks deu um rosto humano ao movimento dos direitos civis. Ela mostrou como as questões abordadas em todos os discursos afetavam a vida de uma mulher no decorrer de um dia comum. A mulher era Rosa Louise McCauley Parks; e o dia tornou-se um dia extraordinário que abalou a nação e mudou a história.

Nascida em 1913, Rosa cresceu em Pine Level, Alabama, filha de uma professora, Leona. Ela ajudou a mãe a cuidar dos avós doentes e a gerir a casa, porque seu pai fora trabalhar no norte do país e desaparecera de suas vidas. Mais tarde, mudou-se com sua tia Fanny, matriculando-se na Montgomery Industrial School for Girls, uma escola particular, onde foi exposta aos ideais liberais dos professores criados no Norte. Rosa levou a sério aquelas lições, bem como as histórias que os seus avós contavam sobre os males da escravatura, despertando nela um sentido de justiça que só iria crescer.

Rosa ficou dividida entre seguir os passos de sua mãe e tornar-se professora ou perseguir seu próprio sonho de tornar-se enfermeira. Então, em 1932, conheceu e se casou com Raymond Parks, que viera de um berço pobre, onde não podia ir à escola por causa de sua cor. Para aumentar a renda de seu marido, que era barbeiro, Rosa trabalhou, entre outras coisas, como empregada doméstica, costureira e secretária.

O seu envolvimento com os direitos civis cresceu. Ela foi a primeira mulher a frequentar a divisão de Montgomery da NAACP e trabalhou no mutirão para registrar negros para votar. Rosa frequentemente voltava a pé do trabalho para casa, para evitar o "fundo do ônibus", pelo menos até 1º de dezembro de 1955, quando regressava de um longo dia trabalhando como costureira em uma loja de departamentos de Montgomery. Os ônibus do centro da cidade estavam sempre bastante lotados e tinham uma seção designada para negros atrás das dez filas de assentos na frente para os brancos. Rosa estava sentada na primeira fila da seção "só para negros" quando a seção branca se encheu, deixando um homem branco sem lugar. O entendimento tácito era que, em tal cenário, a pessoa negra deveria ficar de pé e deixar a pessoa branca ficar com o assento. O motorista do ônibus exigiu que os quatro negros da seção segregada se levantassem para deixar o homem branco sentar. Rosa se recusou e o motorista chamou a polícia.

Sua ação solitária iniciou uma revolução, incluindo um boicote aos ônibus e uma marcha de protesto liderada por Martin Luther King, Jr. e Coretta Scott King. Uma nota de rodapé fascinante para o ocorrido é que Rosa tinha sido expulsa pelo mesmo motorista de ônibus doze anos antes. Embora incidentes parecidos já tivessem acontecido em ônibus de Montgomery, Rosa manteve-se fiel à sua posição, tornando-se o principal caso jurídico sobre o crescente ataque do movimento de direitos civis aos assentos segregados. Ao ser julgada e considerada culpada, ela se recusou a pagar a multa e recorreu da decisão. Suas ações custaram caro a Rosa e seu marido; ambos perderam seus empregos e receberam ameaças às suas vidas. Destemida, Rosa se esforçou para que os negros da cidade compartilhassem carros, o que permitiu que continuassem o boicote aos ônibus por 381 dias.

Os sacrifícios da comunidade negra não foram em vão, porque o Tribunal Distrital Americano considerou inconstitucional o assento segregado. No entanto, devido à controvérsia, Rosa, a heroína que iniciou a batalha mantendo o seu lugar, não conseguiu arranjar emprego em nenhum lugar em Montgomery. Então ela, sua mãe e Raymond mudaram-se para Detroit e lá começaram uma nova vida, com Rosa trabalhando como costureira para a Southern Christian Leadership Conference. Ela acabou fazendo carreira no u.s. Representative John Coyner's Office.

A coragem de Rosa Parks no instante em que decidiu não ceder seu lugar está no cerne da luta vitoriosa pelos afro-americanos. Rosa trabalhou diligentemente para o bem de sua comunidade, viajando e falando em nome da NAACP. Ela adorava falar com os jovens sobre o movimento, afinal o trabalho só tinha começado. Rosa Parks tornou-se um símbolo de destemor e coragem. Em 1980, foi homenageada pela revista *Ebony* como "a mulher negra viva que mais fez para fazer avançar a causa dos direitos civis".

Você não precisa esperar por um linchamento. Morre um pouco cada
vez que dá de cara com este tipo de discriminação.
Rosa Parks

FANNIE LOU HAMER: BRAVURA SEM LIMITES

Fannie Lou Hamer cresceu como a filha de um mordomo em Montgomery, Mississippi, exposta à pior face da injustiça racial. Forçada a deixar a escola no sexto ano para trabalhar nos campos de algodão e ajudar a sustentar sua família, ela se envolveu na luta para registrar negros para votar em 1962. Na época, devia-se fazer um teste de alfabetização para garantir o direito de voto, e Fannie ajudou a ensinar as pessoas para capacitá-las ao teste. Certa vez, ela estava em um ônibus com um grupo de jovens afro-americanos, desafiando a política de "somente brancos" do restaurante do terminal de ônibus. Um grupo de soldados, chamados para lidar com a "insurreição", os atacou, e Fannie foi gravemente ferida e presa com todos os outros. Seu sofrimento tinha apenas começado. Hamer foi encarcerada em uma cela com dois homens negros que receberam ordens para espancá-la usando um cacetete com pontas de metal. Isso a deixou permanentemente cega de um olho, além de sofrer danos renais, mas ela emergiu com ainda mais determinação para pôr fim à injustiça racial. Trabalhou sem interrupção para muitas causas relacionadas: por incentivos para escolas negras, por empregos para negros pobres e contra a Guerra do Vietnã, porque sentiu que soldados negros estavam sendo enviados para proteger direitos que eles mesmos não tinham em casa. Até sua morte, em 1977, Fannie Hamer arriscou sua vida várias vezes para melhorar a vida de seu povo, nunca recebendo a atenção que lhe era devida. Uma verdadeira heroína anônima, sua crença essencial era: "Servimos a Deus servindo ao nosso semelhante (seres humanos)."

CORETTA SCOTT KING: FÉ INABALÁVEL

Como os Robeson, os King tinham um casamento baseado no amor um pelo outro e pela igualdade racial. Após o assassinato de Martin Luther

King Jr. Coretta ganhou reconhecimento por seus esforços como um pilar do movimento de direitos civis. Musicista talentosa, Coretta nasceu no Alabama em 1927 e foi educada em Antioch, onde se formou em Música e Educação Básica e foi exposta à convivência com brancos em um ambiente muito diferente do Sul, aprendendo bastante sobre técnicas para fomentar a comunicação inter-racial. Em 1953, ela se casou com Martin Luther King Jr., quando ambos eram estudantes universitários, e seguiram uma vida juntos, com a música dela — que obteve um diploma superior no New England Conservatory of Music — e o diploma teológico dele. De uma longa linhagem de sacerdotes, Martin sentiu o chamado para se tornar pastor, uma decisão que fez o jovem casal se mudar para Montgomery, Alabama, após terminarem a faculdade. Eles tiveram o primeiro de quatro filhos em seu primeiro ano na Igreja Batista da Avenida Dexter, envolvendo-se profundamente nas ações do movimento de direitos civis. Martin Luther King Jr. liderou o boicote aos ônibus depois da histórica viagem de Rosa Parks. Como mostram as filmagens, Coretta estava ao lado dele em cada protesto, lutando pelos direitos de todos os afro-americanos. Ela também ajudou a angariar fundos para o movimento apresentando mais de trinta concertos na Europa e nos Estados Unidos, reunindo doações para a organização de Martin, a Southern Christian Leadership Conference (SCLC).

Os King viajaram muito em seu trabalho — à Gana, à Índia, à Nigéria e, em 1964, à Noruega, para receber o Prêmio Nobel da Paz recebido por Martin. Quatro anos mais tarde, o mundo assistiu horrorizado ao assassinato dele em Memphis, Tennessee, durante uma greve dos trabalhadores de lixo. Coretta não desistiu do desafio que tinha em mãos e liderou um protesto em Memphis, quatro dias depois, com seus filhos ao lado. Sua dignidade tranquila conquistou a nação; naquele ano ela foi eleita a Mulher do Ano e a Mulher Mais Admirada por estudantes universitários.

A partir desse dia fatídico, Coretta deu um passo à frente e assumiu o manto da liderança no movimento de direitos civis, que compartilhou com o jovem Jesse Jackson. Coretta surpreendeu a todos com a sua resistência e coração, discurso após discurso, marcha após marcha. Ela recebeu inúmeros prêmios por seus incansáveis esforços enquanto viveu. Fundou o Martin Luther King, Jr. Center for Nonviolent Change e fez a nação olhar para novas direções, organizando protestos contra a guerra, *lobbies* antinucleares e antiapartheid, e lutando por empregos para afro-americanos. Mais de cem faculdades já lhe deram o doutoramento *honoris causa*. Coretta Scott King nunca hesitou em se entregar à luta pela liberdade e justiça, vendo-a como "um privilégio" e "uma bênção".

YOLANDA KING E ATTALLAH SHABAZZ: REPASSANDO A TOCHA

As filhas de dois guerreiros dos direitos civis muito diferentes, Martin Luther King, Jr. e Malcolm X, juntaram-se recentemente para representar a próxima geração do ativismo. Embora Yolanda King e Attallah (árabe para "Dom de Deus") Shabazz tenham sido criadas com crenças e pontos de vista filosóficos conflitantes, as semelhanças se sobrepõem às diferenças. Ambas tiveram seus pais assassinados, quando crianças, diante de todos, e ambas desejavam escapar da atenção e viver suas próprias vidas. Yolanda e Attallah cresceram como dois espíritos criativos para os quais as artes proporcionam libertação, consolo e força. Elas se encararam com desconfiança ao se encontrarem em Nova York, onde ambas tentavam começar a carreira como atrizes. Não demorou muito, porém, até que um vínculo fosse forjado e elas começassem a trabalhar juntas em uma peça de teatro, *Stepping into Tomorrow*, uma dramédia musical com uma poderosa mensagem de empoderamento para a juventude. A peça iniciou uma carreira de colaboração e ativismo na qual tanto Yolanda como Attallah viajam muito, palestrando sobre os direitos civis, a importância das artes e o legado de seus pais. Nas palavras de Yolanda King, "Eu vejo estas responsabilidades não como um fardo, mas como uma extensão de quem eu sou".

DAISY BATES: COMBATENDO O SISTEMA E GANHANDO!

A imagem de uma garota negra de oito anos de idade com sua blusa e saia perfeitamente engomadas, caminhando pelo corredor polonês de ódio para ir à escola, estava gravada na mente de todos os americanos nos anos 1960. Todos foram tocados pela graça e dignidade mostradas pela jovem que foi cuspida e interrogada, enquanto câmeras eram empurradas em seu rosto para toda a posteridade. Ativistas pela integração conquistaram uma enorme vitória naquele dia e, com uma força e determinação ainda maiores, foram derrubando cada muro de segregação existente.

Daisy Bates foi uma das primeiras guerreiras de direitos civis a ser chamada em ação na luta pela dessegregação. Nascida em 1920, Daisy foi adotada por uma família amorosa em Little Rock, Arkansas, e nunca soube o que aconteceu com sua mãe biológica até que as provocações das crianças da escola fizeram com que uma Daisy de oito anos questionasse sua mãe adotiva. Nesse dia, ela descobriu que sua mãe havia sido estuprada e assassinada por três homens brancos que depois jogaram seu corpo em um lago. O pai dela saiu da cidade para não ser vinculado ao crime.

Quando Daisy tinha 21 anos, casou-se com L.C. Bates, um homem negro e jornalista. Juntos, eles assumiram um jornal em Little Rock, o Arkansas State Press, e o transformaram em uma plataforma para "o povo", relatando crimes cometidos contra negros que os jornais brancos ignoravam. Daisy trabalhou como repórter, cobrindo com total honestidade, por exemplo, o assassinato a sangue frio de um soldado negro pela polícia militar. A comunidade empresarial branca ficou indignada com a cobertura do State Press: eles temiam que o exército deixasse a cidade, levando embora toda a publicidade. No entanto, a coragem indômita dos Bates face à brutalidade com os negros cerceou estes crimes, e Little Rock tornou-se uma cidade mais livre, apesar de tudo.

Então o movimento para a dessegregação se intensificou, com Daisy Bates bem no meio dele. A Suprema Corte havia declarado inconstitucional a segregação de escolas em maio de 1954, dando às escolas do Sul a chance de definir como e quando fariam as mudanças necessárias. O conselho escolar local respondeu dizendo que eles iriam assumir a integração "gradualmente". A comunidade negra de Little Rock estava de mãos amarradas com essa operação tartaruga e, depois de quebrarem a cabeça em inúmeras reuniões infrutíferas, optaram por fazer as coisas do seu jeito. O estado e a NAACP local decidiram tentar matricular os alunos nas escolas segregadas e elencar casos de recusa de admissão, a fim de criar um verdadeiro desafio à política de gradualismo. Daisy Bates, como presidente da NAACP em Little Rock, trabalhou com o State Press e outros jornais para divulgar esse desrespeito à decisão da Suprema Corte. Finalmente, em 1957, decidiram integrar o ensino médio definitivamente. As crianças colocadas nessa linha de frente ficariam conhecidas da noite para o dia como os "filhos de Daisy" e sofreriam uma agonia pessoal pela causa da injustiça racial.

Nove crianças foram selecionadas para frequentar a segregada Central High School, e Daisy os acompanharia como sua escolta e protetora. Em resposta a uma pesquisa realizada por funcionários da escola, esse grupo de jovens heróis e heroínas era formado por: Carlotta Walls, Thelma Mothershed, Melba Patillo, Ernest Green, Terrence Roberts, Gloria Ray, Minnijean Brown, Jefferson Thomas e Elizabeth Eckford. Quando o superintendente da escola Little Rock, Virgil Blossom, decretou que nenhum adulto poderia acompanhar os estudantes negros, Daisy ligou para suas casas e disse-lhes que haveria uma mudança de planos.

A família de Elizabeth Eckford não tinha telefone, então apareceu no primeiro dia de aula apenas para enfrentar uma multidão branca e furiosa, que também atacou os repórteres e fotógrafos. O cerco dessa multidão raivosa durou dezessete dias até que mil paraquedistas apareceram em resposta a ordens da Casa Branca para levar a cabo a ordem de integração da escola.

No entanto, uma vez dentro da escola, os estudantes estavam por conta própria, vítimas de provocações, empurrões e ameaças de violência. Daisy Bates continuou a proteger e aconselhar as crianças durante toda a provação, acompanhando-as em todas as reuniões com um funcionário da escola quando aconteciam casos de racismo. A luta em Little Rock foi apenas a primeira de uma série de ações que acabaram por levar a uma completa dessegregação legal. Embora difícil, a vitória foi toda de Daisy e de seus "filhos", que mostraram à nação ser possível enfrentar o ódio e a ignorância com honestidade e dignidade. Você pode travar uma batalha perdida e ganhar.

OPRAH WINFREY: A RAINHA DO *TALK SHOW*

A maioria das pessoas se lembra do *The Oprah Winfrey Show* quando pensa na Oprah, mas além de governar o mundo da mídia como apresentadora de televisão e de *talk shows*, seu currículo também inclui ser atriz, produtora, editora de revistas, empresária, diretora executiva e filantropa. Nada disto lhe foi dado de bandeja — ela é filha de uma mãe adolescente e nasceu em uma quinta-feira de 1954, no Mississippi; seus pais logo se separaram e deixaram-na ao cuidado da avó. Ela era excepcionalmente brilhante; sua avó a ensinou a ler com a tenra idade de dois anos e meio, e na escola ela pulou o jardim de infância e a segunda série. Aos seis anos, Oprah foi enviada para viver com sua mãe e três meias-irmãs em um complicado gueto de Milwaukee. Lá, foi molestada quando criança, a partir dos nove anos de idade e no início da adolescência, por homens em quem sua família confiava.

Aos doze anos, foi desarraigada novamente ao ser enviada para viver com seu pai, um barbeiro, em Nashville. Este foi, porém, um momento relativamente positivo para a jovem Oprah, que começou a ser chamada para fazer discursos nas igrejas e em encontros sociais. Em certa ocasião, depois de receber quinhentos dólares por um discurso, ela percebeu que queria ser "paga para falar". Continuou pulando entre as casas de seus pais, agravando o trauma do abuso que sofreu. Sua mãe trabalhava sem horário fixo, e por muitas horas, e não estava por perto a maior parte do tempo. Aos catorze anos, Oprah ficou grávida; o filho não sobreviveu à primeira infância. Depois de alguns anos de birra, incluindo uma fuga certa vez, ela foi enviada para morar em definitivo com seu pai; Oprah diz que ele a salvou com seu rigor e devoção, suas regras, sua orientação, sua estrutura e seus livros. Era obrigatório que ela escrevesse a resenha de um livro todas as semanas, e ficava sem jantar a menos que aprendesse cinco novas palavras todos os dias.

As coisas mudaram completamente para Oprah. Ela se saiu bem na escola e depois conseguiu arranjar emprego em uma rádio enquanto ainda estava no ensino médio. Depois de ganhar um concurso de oratória, ela pôde estudar comunicação com uma bolsa de estudos na Tennessee State University, uma faculdade historicamente negra. Aos dezenove anos, ela era coapresentadora do noticiário noturno local e, em pouco tempo, sua criatividade para improvisar a levou para o mundo dos *talk shows* diurnos de Baltimore. Depois de sete anos no *Baltimore Is Talking*, ela conquistou avaliações locais melhores do que as do famoso apresentador do *talk show* nacional Phil Donahue. Em seguida, ela levou um *talk show* de Chicago do terceiro lugar de audiência para o primeiro e, logo depois, fazia o lançamento de sua própria produtora. Em 1985, um ano depois de assumir o *A.M. Chicago*, o produtor Quincy Jones viu Oprah no ar e decidiu lançá-la em um filme que planejava baseado no romance de Alice Walker, *A cor púrpura*. Sua atuação neste filme, que foi extremamente bem recebido, teve um efeito meteórico na popularidade de seu *talk show*, o *The Oprah Winfrey Show*, ganhando ampla distribuição. Ela transformou um programa local, com seu foco nas preocupações tradicionais das mulheres e nas fofoquinhas de tabloide, para questões que incluíam câncer, trabalho de caridade, abuso de substâncias, autoaperfeiçoamento, geopolítica, literatura e espiritualidade.

Oprah lançou *O, The Oprah Magazine* em 2000; ela continua a ser popular. Também tem liderado outras publicações, desde a revista *O At Home, já com quatro* anos, até a coautoria de cinco livros. Ela está prestes a lançar um livro de memórias, *The Life You Want*. Em 2008, Oprah criou o canal OWN: Oprah Winfrey Network e aposentou seu antigo *talk show*. Ela ganhou a alcunha de "rainha da Mídia" e é considerada a afro-americana mais rica e a mais proeminente filantropa negra da história norte-americana. Atualmente, é a primeira e única multibilionária negra da América do Norte, reconhecida como uma das mulheres mais influentes do mundo, apesar dos muitos contratempos e dificuldades que sofreu no início da vida. Ela recebeu o doutorado honorário das universidades de Duke e Harvard e, em 2013, recebeu a Medalha Presidencial de Liberdade do presidente Barack Obama.

MICHELLE OBAMA: UMA DESTEMIDA PRIMEIRA-DAMA

Michelle Obama não apenas foi a 44ª primeira-dama dos Estados Unidos da América, como também é advogada, escritora e fundadora da Let's Move!, uma iniciativa que trabalha pela prevenção da obesidade infantil, bem como pela defesa dos direitos civis das mulheres e das pessoas LGBT.

Michelle Robinson nasceu em Chicago, em 1964. Em 1985, formou-se em Princeton, e em 1988 completou o curso de Direito na prestigiada Harvard Law School, trabalhando em seguida na Sidley Austin, uma reconhecida empresa de advocacia empresarial de Chicago. Embora a Sidley não costumasse aceitar estudantes do primeiro ano de Direito como associados, em 1989 pediram à Michelle para ser mentora de um associado temporário chamado Barack Obama. Ao fim do mandato de Obama como associado, ele retornou para Harvard, mas a relação dos dois continuou a distância, e se casaram em 1992. Ao mesmo tempo, Michelle usou aqueles anos para avaliar se uma carreira em direito corporativo era realmente o que queria. Embora fosse uma área lucrativa, não era o que pretendia fazer quando começou a faculdade. Ela perdeu seu pai por complicações nos rins em 1991, o que aprofundou esse processo de reflexão. Ela foi citada mais tarde pelo New York Times, afirmando: "Eu queria ter uma carreira motivada pela paixão, não apenas pelo dinheiro." Ela deixou a Sidley Austin e foi trabalhar em Chicago, primeiro para a prefeitura e, em seguida, prestando consultoria para Valerie Jarrett, chefe do departamento de planejamento e desenvolvimento. Nessa posição, ela cuidava da criação de empregos e para trazer nova vida aos bairros de Chicago e, depois disso, nunca mais olhou para trás.

Depois de passar alguns anos trabalhando na administração hospitalar do University of Chicago Hospitals, Michelle tornou-se primeira-dama dos Estados Unidos quando seu marido ganhou as eleições presidenciais de 2008. Nesse papel, defendeu as famílias de militares, as mulheres que equilibram família e carreira, além de arte e educação artística. Michelle também apoiou os direitos civis LGBT, trabalhando com seu marido para a aprovação da Lei de Não Discriminação no Trabalho e a revogação da política de *Don't Ask Don't Tell* — em que só era autorizado aos homossexuais permanecer no Exército se não revelassem sua orientação sexual. Em 2010, começou a tomar medidas para criar um estilo de vida mais saudável para os jovens dos Estados Unidos com a campanha Let's Move! para prevenção da obesidade infantil. Estas são apenas algumas das muitas das suas realizações no papel de primeira-dama da Casa Branca — e a primeira afro-americana nessa posição. Agora que ela deixou essa função, está se preparando para continuar seu trabalho na advocacia e escrever suas memórias, enquanto ela e a família Obama se instalam em sua nova residência em Washington, D.C., onde permanecerão até que a filha Sasha Obama termine o ensino médio.

Ainda há muitas causas pelas quais vale a pena se sacrificar, tanta história ainda por fazer.
Michelle Obama

Para saber mais:
O *National Archives for Black Women's History* é o maior repositório exclusivamente dedicado à coleta e preservação de material relativo às mulheres afro-americanas. A coleção inclui correspondências, fotografias e discursos. Você pode consultar o site da Biblioteca do Congresso: <https:// www.loc.gov/folklife/civilrights/survey/view_repository.php?rep_id=1667>.

6
·ELAS RESISTIRAM. ELAS PERSISTIRAM. ELAS SÃO INCRÍVEIS·

O movimento feminino é, em essência, um movimento social e político. Muito político. Embora as mulheres pioneiras tenham desbravado caminhos em todos os campos, boa parte do trabalho feito para chegar a mudanças mais significativas acontece na arena política para os direitos das mulheres, os direitos civis e os direitos dos trabalhadores. Muitas vezes, as primeiras mulheres que nos vêm à cabeça são Susan B. Anthony e Elizabeth Cady Stanton, que organizaram a primeira convenção de mulheres há 150 anos. Mas mulheres em todo o mundo se sacrificaram e lutaram nas trincheiras da burocracia e da política para abrir as portas do mundo para o resto de nós.

Embora "quebrar as correntes" que oprimem e limitam a vida das mulheres pareça uma noção um pouco antiquada em pleno novo milênio, certas leis obrigam a isso. Por lei, as mulheres não podiam votar! Por lei, as mulheres recebiam menos da metade do salário dos homens! Por lei, as mulheres não podiam herdar nenhuma propriedade! Nos Estados Unidos, uma mulher não tinha direitos sobre seu próprio corpo, controle de natalidade ou da gravidez até 22 de janeiro de 1973, após o caso *Roe vs Wade* ("Reconhecemos o direito do indivíduo, casado ou solteiro, de estar livre de intromissões governamentais injustificadas em assuntos que tão fundamentalmente afetam uma pessoa, como a decisão de ter ou gerar um filho. Esse direito inclui necessariamente o direito de uma mulher decidir se deve ou não interromper a sua gravidez."), uma batalha que é intensa nos tribunais, mesmo agora. Até os anos 1970, uma mulher podia ser confinada a um asilo apenas com a assinatura do marido. Imagine! Há muitos casos de mulheres enviadas ao manicômio para que seus maridos pudessem trocá-las por uma esposa mais jovem. O trabalho realizado para mudar estas leis nunca pode ser esquecido. Agora somos livres para perseguir qualquer sonho, qualquer carreira, até mesmo o poder político, graças às mães heroicas que desmontaram os muros, tijolo por tijolo.

Com raras exceções, as mulheres só começaram a governar o mundo nos primeiros anos do novo milênio. Mas, como estes exemplos provam, estamos compensando o tempo perdido! E, quando não conseguimos tomar o poder, causamos um belo rebuliço ao redor.

E NÃO SE ESQUEÇA DAS MULHERES QUE GOVERNARAM

Elizabeth I, filha de Henrique VIII, que jurou nunca perder a cabeça para o amor e reinou sozinha durante 45 anos;

Margaret, que uniu três países escandinavos em 1387 e governou durante 25 anos;

Sonduk, que presidiu a uma Coreia devastada pela guerra no século VII e enviou os seus compatriotas para a China para que recebessem educação;

Eleanor da Aquitânia, que realmente soube fazer seu caminho — foi rainha da França durante quinze anos e rainha da Inglaterra durante cinquenta (e também teve dez filhos!);

Catarina, a grande, que governou a Rússia com um punho de ferro e um brilho inigualável. A história escarneceu de seu imenso prazer pela vida; agora deve, finalmente, reconhecê-la como uma extraordinária política e estrategista.

ANNE MARBURY HUTCHINSON: REJEITADA POR TER UM CÉREBRO

Uma das primeiras heroínas norte-americanas é Anne Hutchinson, banida da Colônia de Massachusetts em 1637 por ousar interpretar por conta própria os ensinamentos religiosos de sua época. Nascida na Inglaterra, filha de um pastor anglicano, ela cresceu em uma casa onde era encorajada a discutir religião. Quando adultos, Anne e seu marido, William, ouviram nos sermões de Cotton Mather na Inglaterra (que refinou o *Puritans' Covenant of Works*) que viver "direito" era a chave para a salvação — (algo que ele chamou de Pacto de Graça) — e que a redenção ou salvação da alma só viria pela graça de Deus.

A "heresia" de Mather fez com que fosse expulso de Inglaterra. Declarando que Deus lhe tinha dito para segui-lo, Anne, seu marido e seus filhos (os dois tiveram quinze, dos quais doze sobreviveram) mudaram-se para Massachusetts, onde logo foram abraçados pela elite, passando a frequentar a igreja certa e a viver na parte certa da colônia. O problema surgiu quando Anne cometeu o erro de mostrar sua profunda compreensão de várias doutrinas, realizando salões teológicos para mulheres. As pregações de Anne eram muito populares, mas quando os homens começaram a frequentar a sala, o bairrista clero colonial se sentiu provocado. Anne estava "ministrando" e, portanto, violando a lei em Massachusetts contra as mulheres com tal autoridade. Hutchinson foi julgada pelo "pecado da troca", marcada como herege e banida da colônia com grande drama: "A Igreja consentiu e procederemos com a excomunhão. Você, sra. Hutchinson, transgrediu, ofendeu... e perturbou muito a Igreja com os seus erros... eu a expulso... e a entrego a Satanás... ordeno-lhe, em nome de Jesus Cristo e desta Igreja, que como um leproso se retire da Congregação."

A maioria das pessoas teria se entregado à vergonha, mas Anne defendeu suas filosofias: "Abençoado seja o Senhor, Ele me deixou ver qual era o ministério correto e qual o errado", e completou, amaldiçoando seus perseguidores, dizendo que todos eles "iriam para o inferno!" Ela assustou tanto os padres da igreja que eles ordenaram a seus apoiadores que entregassem suas armas. Fora da colônia, ela se envolveu com o livre-pensador Samuel e iniciou uma rebelião religiosa. Depois, Groton foi banido. Anne Hutchinson estabeleceu um assentamento religioso em Rhode Island, enfatizando um relacionamento pessoal com Deus e a não-obediência à doutrina da igreja. Após a morte de seu marido, ela e seus filhos mudaram-se para uma colônia remota em New Netherlands (atual Pelham Bay Park, no Bronx). Sem dúvida, essa reformadora religiosa itinerante teria agitado mais uma congregação entre os colonos da cidade, mas Anne Hutchinson e cinco de seus filhos foram mortos em um ataque indígena.

Embora credite-se a ela um importante papel no desenvolvimento da tolerância religiosa, os poucos livros de história da época que incluíam informações sobre Anne marcaram-na como uma perversa "Jezebel da Nova Inglaterra". Uma placa na antiga Livraria Old Corner em Boston, hoje sede do Boston Globe, diz: "Aqui ficava a casa de Anne Hutchinson, uma líder religiosa brilhante, destemida, desafortunada. Banida para Rhode Island em 1637. Morta por indígenas em 1643."

BELVA ANN BENNETT MCNALL LOCKWOOD: VEJA COMO ELA PROGREDIU

Belva Lockwood foi a primeira mulher a advogar perante a Suprema Corte dos EUA e a primeira mulher a concorrer à presidência dos Estados Unidos. Depois de ser impedida de participar do departamento jurídico do Columbian College (agora George Washington University) por medo de que sua presença distraísse os estudantes do sexo masculino, esta viúva e ex-professora se candidatou à novíssima National Law School. Após sua formatura em 1869, com 43 anos de idade, Belva teve sua graduação recusada e levou esta afronta diretamente à atenção do presidente Ulysses S. Grant, que providenciou a devida entrega do diploma de Belva.

Esse foi apenas o início de sua batalha para ser autorizada a exercer a advocacia. Admitida no tribunal do distrito de Columbia, Belva foi impedida de falar aos tribunais federais por ser mulher. Ela não aceitou ficar de braços cruzados enquanto era excluída, então apresentou ao Congresso um projeto de lei que permitia a presença de advogadas nos tribunais federais, tornando-se, em 1879, a primeira mulher a ser admitida na Ordem dos Advogados da Suprema Corte. Provando que não estava nessa por si só, ela aceitou vários casos de pessoas oprimidas — defendendo, por exemplo, o primeiro advogado negro a falar diante da Suprema Corte. No seu caso mais espetacular, ganhou um famoso julgamento de 5 milhões de dólares (uma quantia inédita no século XIX) para os índios Cherokee, forçando o governo dos EUA a pagar-lhes por suas terras. Esta vitória espetacular levou o advogado da oposição, o Procurador-Geral Adjunto Louis A. Pratt, a designá-la como "decididamente a advogada mais notável deste país, se não do mundo".

Com a sua brilhante mente jurídica, Belva pensou que "se as mulheres nos Estados não têm permissão para votar, não há lei que as impeça de se candidatar e, se eleitas, preencher o mais alto cargo aos olhos do povo" e decidiu candidatar-se à presidência pelo Partido da Igualdade de Direitos em 1884 e 1888, com uma plataforma pesada que defendia os direitos de todas as minorias (incluindo o direito de voto para as mulheres) juntamente com a causa da Temperança, a paz e a educação universal. Curiosamente, ela se opôs a Susan B. Anthony e Elizabeth Cady Stanton, que a exortaram a apoiar o candidato republicano, James Blaine (ele era a favor dos direitos das mulheres). Tanto Blaine como Lockwood perderam para Grover Cleveland — mas Lockwood surpreendeu a todos ao conseguir milhares de votos! Durante sua vida, ela continuou trabalhando e falando em nome das causas em que acreditava — mulheres, paz e direitos das minorias —, criando uma reputação nacional como uma oradora brilhante e poderosa. Em seus últimos anos, ela direcionou suas energias para a União Universal de Paz, precursora das Nações Unidas, que defendia a arbitragem como solução para os conflitos internos. Em 1912, ela refletiu sobre sua longa carreira e comentou: "Eu nunca parei de lutar. A minha causa foi a causa de milhares de mulheres."

> *Se eu fosse uma voz — uma voz ainda pequena —, uma voz eloquente, eu sussurraria ao ouvido de cada jovem, melhoraria e exercitaria cada talento que lhe foi dado; refine cada oportunidade, obedeça à sua inspiração, não dê atenção às garras dessas mentes estreitas — que se apossam de velhos costumes escondidos, estagnados e mofados pela religião e a lei, com a qual não têm filiação — e que lhe dizem com notável facilidade que estas profissões nunca foram destinadas às mulheres.*
> **Belva Ann Bennett McNall Lockwood**

FORA DA LEI

As mulheres percorreram uma longa jornada para conseguirem entrar nos tribunais. Aqui estão passos importantes ao longo do caminho:

- A primeira mulher advogada de que se ouviu falar foi uma babilônica que entrou com uma ação contra o irmão do marido, defendeu seu próprio caso e venceu em 550 a.C.!
- As queixosas bíblicas Mahlah, Noah, Hoglah, Milcah e Tizra foram cinco irmãs que tentaram combater o tratamento injusto que estavam recebendo após a morte de seu pai. Em Números 27:1-8, elas argumentam com eloquência: "Por que o nome de nosso pai deveria ser afastado do meio de sua família, porquanto não teve filhos? Dá-nos, pois, uma possessão entre os irmãos do nosso pai." O juiz, neste caso Deus, governou a favor delas segundo o seu porta-voz Moisés: "A herança de seu pai farás passar para elas... Se um homem morrer, e não tiver filho, então fareis passar a sua herança para a sua filha."
- Em 1239, Bettista Gozzadini sentou-se na cadeira jurídica da Universidade de Bolonha, algo bastante incomum para a Idade das Trevas.
- A primeira advogada americana foi Margaret Brent, uma das maio-

res proprietárias de terras na Maryland colonial e a advogada mais ativa de sua época; seu nome está nos registros do tribunal 124 vezes durante os anos de 1642 a 1650!

- Entre as contemporâneas de Belva, Arabella Mansfield, em junho de 1869, tornou-se a primeira mulher nos Estados Unidos a ser admitida no tribunal, mas por razões que não sabemos (mas podemos facilmente adivinhar) nunca praticou a profissão. Ada H. Kepley foi a primeira mulher norte-americana a receber um diploma de Direito do Union College em 1870.
- Na década de 1860, Myra Colby Bradwell tentou entrar no ramo jurídico, mas foi barrada pela Suprema Corte de Illinois, que declarou "esta decisão... significaria... que está de acordo com a Constituição e com as leis que as mulheres podem ser feitas governadoras, juízas e xerifes". Myra tentou apelar da decisão, mas foi em vão. O caso de Myra tomou tamanha dimensão que o estado de Illinois aprovou uma lei em 1872 proibindo a discriminação sexual no emprego. Bradwell recebeu admissão para advogar em 1890, mas nessa altura já estava mais interessada na sua nova profissão — trabalhar em tempo integral pelos direitos civis das mulheres!
- Charlotte Ray foi a primeira mulher negra nos Estados Unidos a receber autorização para exercer a advocacia, em 1872, mas não pôde por causa de ameaças de fanáticos.

ANGELINA EMILY GRIMKÉ E SARAH MOORE GRIMKÉ: IRMÁS GUERREIRAS

As irmãs Grimké foram criadas como Scarlett e suas irmãs em *E o vento levou*, mas, ao contrário das personagens fictícias, cresceram odiando a escravidão. A privilegiada dupla, de um total de doze irmãos, contou com todos os mimos sulistas de tutores particulares e educação em artes na grandiosa Charleston, na Carolina do Sul, e foram educadas para serem boas episcopalistas da igreja anglicana. Contudo, não demorou para que mostrassem sua coragem abolicionista, quando Sarah tinha doze anos; ela foi pega ensinando um escravizado a ler e escrever, uma ofensa criminal. Como Angelina a apoiou, ambas foram castigadas. Assim que puderam, saíram dali. Sarah foi afiançada em 1821, mudando-se para a Filadélfia, A Cidade do Amor Fraterno, e convertendo-se ao quakerismo por suas crenças antiescravagistas. Angelina a seguiu oito anos depois e repetiu a troca religiosa e as inclinações "esquerdistas" de sua irmã, chegando ao ponto de ingressar na *Philadelphia Anti-Slavery Society*.

Angelina tinha faro para a publicidade e conseguiu que sua crítica apaixonada à escravidão fosse publicada na revista *The Liberator*, de William Lloyd Garrison. Estimulada por essa oportunidade, Angelina deu seguimento a um panfleto intitulado "Um apelo às mulheres cristãs do Sul", com o qual tentou tocar a consciência das mulheres na oposição à escravatura: "Mas, talvez você esteja pronto para perguntar, por que apelar para as mulheres sobre este assunto? Nós não fazemos a lei que perpetua a escravidão. Nenhum poder legislativo nos é dado; não podemos fazer nada para derrubar o sistema, mesmo que o desejássemos fazer. A isto respondo: sei que não fazeis as leis, mas também sei que *sois as esposas e as mães, as irmãs e as filhas dos que as fazem;* e se realmente supões que nada podeis fazer para derrubar a escravidão, estais muito enganadas... 1º. Você pode ler sobre este assunto. 2º. Você pode rezar por este assunto. 3º. Você pode falar sobre este assunto. 4º. Você pode *agir* sobre este assunto."

O seu apelo criou uma imensa controvérsia. Em sua cidade natal, Charleston, o carteiro queimou todas as cópias do panfleto e lançou um aviso de que era melhor Angelina nunca mais mostrar o rosto no Sul. Nesse ponto, Sarah pegou a briga para si e atacou os escravagistas com um tiro certeiro em seus santificados cinturões, refutando a desculpa esfarrapada de que, de acordo com a Bíblia, estava "ok" ter escravizados, com sua *"Epistle to the Clergy of the Southern States"* — que argumenta contra a escravidão nos EUA a partir de exemplos bíblicos.

As destemidas irmãs levaram adiante sua posição abolicionista, falando para multidões de homens e mulheres. Isso deixou a "respeitável" sociedade de cabelo em pé — não era apropriado que damas aparecessem em público ao lado de homens que não eram seus maridos, e mulheres não deveriam dar palestras ou pregar —, e elas foram atacadas com impressos do clero de Massachusetts pregados em todas as congregações existentes em 1837. O clero condenava mulheres reformadoras e pastoras, lançando um alerta em relação a qualquer mulher que "assumisse o lugar e o tom do homem como reformador público... seu caráter se torna antinatural". Seguiram-se outras publicações religiosas que atacavam as irmãs Grimké por terem ultrapassado os limites.

Como resultado do ataque das igrejas, as irmãs tornaram-se participantes do movimento dos direitos das mulheres e frequentemente levam os créditos por serem as primeiras a fazer uma vincular a causa abolicionista aos direitos das mulheres. A dupla indomável voltou em grande estilo com cartas no *Spectator* e com o livro de Sarah, publicado em 1838, *Letters on the Equality of the Sexes and the Condition of Women,* onde pegou os pastores de calças curtas com seu brilhante manifesto declarando as mulheres como absoluta e naturalmente dotadas de direitos iguais, e que os únicos comportamentos "antinaturais" que estavam sendo realizados na sociedade norte-americana eram os de homens reprimindo mulheres!

Mais tarde, Angelina tornou-se a primeira mulher nos Estados Unidos a falar com legisladores, apresentando sua petição de antiescravatura assinada por 20.000 mulheres ao corpo legislativo do estado de Massachusetts. As Grimké também estiveram à frente do seu tempo de muitas outras maneiras, abraçando novos hábitos de saúde e movimentos intelectuais e unindo-se a uma multidão bastante aristocrática, incluindo Henry David Thoreau, que estava intrigado com seu sentido de moda aguçado, descrevendo-as como "duas senhoras idosas de cabelos grisalhos, as primeiras a usar *bloomers* exageradas, o que era o que se poderia chamar de notável". Força, Grimkés!

Eu não peço favores para o meu sexo. Eu não renuncio a nenhuma reivindicação de igualdade. Tudo o que peço aos nossos irmãos é que tirem os pés do nosso pescoço e nos permitam ficar em pé no chão que Deus nos designou para ocupar.
Sarah Moore Grimké

AMELIA BLOOMER: LIBERTE SUA *** E A SUA MENTE ACOMPANHARÁ

"Drag" tinha um significado completamente diferente para fashionistas do século xix! As mulheres usavam três quilos de saias e saiotes até que, na década de 1850, Amelia Bloomer começou a defender uma nova e radical roupa de baixo na sua circular, *The Lily*, a primeira revista de e para mulheres. Amelia experimentou esse novo e libertador figurino ao ser visitada por Elizabeth Cady Stanton e sua prima, Elizabeth Miller. Enquanto esteve no exterior, Miller decidiu se livrar dos vários quilos de saias, criando uma saia curta, de inspiração turca, e uma combinação de pantalonas que oferecia muito conforto e liberdade nos movimentos. Stanton e Bloomer mergulharam de cabeça nas gavetas, e Bloomer cantou os louvores da sua nova opção de alta-costura em sua revista, "Vista-se com superioridade e pare de rastejar na sujeira. Que terra alguma manche a tua alma ou o teu vestuário." As pantalonas provaram ser uma sensação como traje noturno, com dezenas de mulheres solicitando modelos. A imprensa apresentou as pantalonas como um "Bloomerismo", e assim nasceram as *bloomers*.

SUSAN B. ANTHONY E ELIZABETH CADY STANTON: ANCESTRAIS FEMINISTAS

A aguerrida pioneira pelo direito de voto feminino nasceu precocemente. Criada nos anos 1820 por um pai quaker que acreditava no pensamento independente e na educação das mulheres, Susan aprendeu a ler e escrever quando tinha três anos. Sua primeira profissão foi como professora, mas logo encontrou seu espaço como reformadora política, unindo-se ao Movimento da Temperança, e depois à causa da abolição. Em 1869, ela e Elizabeth Cady Stanton organizaram a Associação Nacional de Mulheres Sufragistas e lançaram um jornal pró-feminista, o *The Revolution*.

Quando a Décima Quarta Emenda à Constituição foi aprovada em 1872, garantindo a igualdade de direitos para os afro-americanos, incluindo o direito, como cidadãos, de votar, Anthony e Cady Stanton entraram em ação exigindo o direito de voto também para as mulheres. Susan e uma dúzia de outras sufragistas foram presas por tentarem votar nas eleições presidenciais daquele ano. Sem se intimidar, começaram a trabalhar em uma nova emenda, dando este direito às mulheres. No entanto, o Congresso evidentemente ignorou essas emendas, apresentadas anualmente, pelos cinquenta anos seguintes.

Susan B. Anthony

Tanto Stanton quanto Anthony eram verdadeiras "encrenqueiras". Stanton, juntamente com Lucretia Mott, organizou a primeira convenção dos direitos das mulheres em 1848 com uma plataforma sobre os direitos das mulheres à propriedade, equidade salarial e direito ao voto. Stanton foi apresentada à Susan B. Anthony três anos mais tarde. Elas eram uma "equipe de sonho", combinando as teorias políticas de Elizabeth e sua capacidade de atingir as emoções das pessoas com as inigualáveis habilidades de lógica e organização de Susan. Elas fundaram a primeira sociedade de temperança para as mulheres e surpreenderam a todos com seu apelo drástico para que a embriaguez fosse reconhecida como uma base legal para o divórcio. Ultrajada durante toda a sua vida, Susan aprendeu a conviver com os insultos e as provocações; os críticos afirmaram, entre outras coisas, que ela tinha "as proporções de um arquivo e a voz de uma viela de roda". No entanto, o "Napoleão" do movimento pelos direitos das mulheres, como William Henry Channing a chamava, deu incansáveis palestras sobre o assunto pelo país até o dia de sua morte, em 1906.

Elizabeth Cady

Embora Susan não tenha realizado o seu sonho de votar, as sucessoras que ela e Stanton treinaram finalmente conquistaram esta marcante vitória para as mulheres dos Estados Unidos. Das 260 mulheres que participaram da primeira convenção histórica dos direitos das mulheres, em 1848, apenas uma viveu tempo suficiente para ver a aprovação da emenda vitoriosa de 1920, que deu às mulheres o direito de voto — Charlotte Woodward. Ela declarou à época: "Nós sonhávamos pequeno quando começamos este movimento que, meio século depois, seríamos obrigadas a entregar para que outra geração de mulheres vencesse a batalha. Mas os nossos corações estão cheios de alegria por saber que elas assumem essa tarefa equipadas com educação universitária, com experiência empresarial, com o direito livremente admitido de falar em público — tudo isso foi negado às mulheres cinquenta anos atrás".

Falhar é impossível.
Susan B. Anthony

QUEBRANDO O TETO DE VIDRO

Lucretia Mott trabalhou com Elizabeth Cady Stanton no planejamento da Convenção de Seneca Falls. Mott era uma oradora eletrizante, oriunda da Europa, onde era uma pastora quaker muito conhecida. Ela não mediu palavras e falou poderosa e diretamente sobre os direitos das mulheres, acrescentando o tom radical necessário para acender o fogo da igualdade de direitos e da abolição: "O mundo nunca viu uma nação verdadeiramente grande porque, com a degradação das mulheres, as próprias fundações da vida estão envenenadas na fonte."

As mulheres legisladoras trabalharam durante anos para conseguir uma estátua de Susan B. Anthony, Lucretia Mott e Elizabeth Cady Stanton na rotunda do Capitólio. Na primavera de 1977, finalmente conseguiram. Durante a cerimônia de homenagem, a representante Louise Slaughter disse às estátuas: "Bem, irmãs, agora vai ser muito difícil voltar a colocá-las no baú."

AJUSTE POLÍTICO

Na Convenção de Seneca Falls, em 19 de julho de 1848, a Declaração de Independência foi reescrita para incluir as mulheres, e uma série de resoluções foi aprovada para promover a igualdade de gênero. Entre elas estão:

"Está resolvido que todas as leis que impedem a mulher de ocupar um posto na sociedade, da forma que sua consciência ditar, ou que a colocam em uma posição inferior à do homem, são contrárias ao grande preceito da natureza e, portanto, sem força ou autoridade.

"Está resolvido que a mulher é igual ao homem — assim foi pretendido pelo Criador, e o bem mais elevado da raça humana exige que seja reconhecida como tal.

"Está resolvido que as mulheres deste país devem ser esclarecidas a respeito das leis sob as quais vivem, que não podem mais proclamar sua degradação declarando-se satisfeitas com sua posição atual, nem sua ignorância, afirmando que têm todos os direitos que desejam.

"Está resolvido que é dever das mulheres deste país assegurar a si mesmas o seu direito sagrado à franquia eletiva".

"Está resolvido que a igualdade dos direitos humanos resulta necessariamente do fato da identidade de raças em capacidades e responsabilidades.

"Está resolvido que...[estas] sendo... verdade[s] óbvia[s] nascidas dos princípios divinamente estabelecidos da natureza humana, qualquer costume ou autoridade adversa a elas, seja moderna ou vestindo a grisalha sanção da antiguidade, deve ser considerada como... falsidade[s] óbvia[s], e em guerra com a humanidade."

MAMÃE JONES: MOJO CRESCENTE

Nos anos 1960, os grandes negócios ficaram conhecidos como "O Homem". Cem anos antes da revolução hippie, Mamãe Jones dava um pontapé na carteira d'O Homem sempre que podia. Ela organizou a sua primeira greve laboral na metade de sua vida, aos 47 anos, e dedicou os quarenta anos restantes para estabelecer sindicatos para minas de carvão, cervejeiras, fábricas e moinhos de algodão. Armada com uma inteligência afiada, força, modos corretos e uma coragem sem fim, lutou para chegar à vanguarda do movimento trabalhista e abriu caminho para condições mais seguras e humanas aos trabalhadores, incluindo leis sobre trabalho infantil e a jornada de oito horas de trabalho.

Uma líder carismática, que ajudou os trabalhadores mal pagos e com cargas excessivas de trabalho nos Estados Unidos a lutar por seus direitos, Mary Harris Jones ficou conhecida como Mamãe Jones devido à sua preocupação com os trabalhadores que encontrou. Retratada em muitas fotos como a mais doce das avós, em seus próprios vestidos, chapéus e óculos vitorianos, ela era, no entanto, em suas próprias palavras, "uma selvagem". Sem dúvida, ela gostou do epíteto que uma vez lhe foi lançado por um promotor na Virgínia Ocidental — "a mulher mais perigosa da América".

Nasceu em uma família de revolucionários da classe trabalhadora. Seu pai e seu avô foram ambos soldados na batalha pela independência irlandesa. Seu avô foi enforcado por isso; seu pai escapou para a América do Norte para evitar ser preso. A jovem Mary frequentou a escola pública e formou-se como costureira e como professora. Ela deu aulas num convento em Monroe, Michigan, durante um ano, antes de decidir montar uma loja de costura em Chicago. No ano de 1860, ela estava em Memphis, onde conheceu e se casou com George Jones, um ferreiro, sindicalista e dirigente sindical, que morreu sete anos depois de febre amarela. Ela voltou para Chicago depois disso, onde utilizou sua habilidade como costureira, fazendo vestidos chiques para os ricos de *Lake Shore Drive*. Dentro dela nasceu a raiva contra essas pessoas, que ignoravam de bom grado os necessitados e se deliciavam com o seu suntuoso conforto.

Quatro anos após a morte de George, Mary perdeu a sua loja para o grande incêndio de Chicago e juntou-se às fileiras dos sem-teto. A sua raiva contra a classe rica e egoísta incitou-a a assistir às reuniões dos Cavaleiros do Trabalho, onde rapidamente se tornou admirada por sua oratória e argumentação. Mary Harris tinha encontrado seu verdadeiro chamado — como agitadora e ativista pelos direitos trabalhistas. Ela era nada menos que brilhante. Seus apaixonados apelos à ação foram ouvidos por milhares de americanos, inspirados por ela a lutar pelos direitos humanos básicos e pelo respeito aos trabalhadores. Ela tinha uma habilidade quase mágica de unir pessoas para lutar contra desigualdades imensas.

"As mulheres são a fundação da nação", declarou ela ao colocar seu coração e alma para ajudar mulheres trabalhadoras em áreas rurais e nas montanhosas cidades da Virgínia Ocidental, Pensilvânia, Illinois, Ohio, e tão a oeste quanto Colorado, Utah e Arizona. Ela forjou uma poderosa irmandade com estas mulheres e que por trás de suas expressões tímidas havia uma vontade férrea que ajudou a trazer à tona. "As mulheres têm grande poder, se ao menos soubessem como usá-lo", declarava com frequência, exortando as mulheres a concentrarem seus esforços em busca de melhores salários, condições de trabalho decentes e redução das extenuantes horas laborais. "Esta é a era da luta. Vistam suas roupas de combate. Vocês são muito sentimentais!"

Mamãe Jones trabalhou nas trincheiras ao lado dos trabalhadores, dormindo com eles no chão de barracos frios nas montanhas e compartilhando sua comida escassa. Enquanto os intelectuais teorizavam as lutas de classe e os ideais econômicos, Mamãe Jones trabalhava na realidade sombria do cotidiano destas pessoas. Ela se via como uma delas também, então cuidava das crianças, dos doentes, acolhia os moribundos e procurava comida, roupas, carvão e dinheiro durante as greves. Sua desconfiança quanto ao movimento sufragista veio de sua total fidelidade aos trabalhadores pobres sem instrução; muitas das sufragistas pertenciam à rica, educada e elitista classe de que tanto se ressentia. Deixou para elas a preocupação de obter o direito de votar das mulheres; ela estava se assegurando de que os trabalhadores sobreviveriam ao jogo da vida.

Vítima do sexismo, Mamãe Jones nunca foi autorizada a participar dos United Mine Workers of America, pelos quais tanto lutou. Os homens dirigiam completamente o sindicato; ela não tinha permissão para fazer parte dele. Nos bastidores, ela deu o seu melhor para aconselhar, em cartas apaixonadas, estes homens para os quais tinha construído uma poderosa sociedade. No final da vida, entristeceu-se com as disputas internas e a corrupção que era impotente para prevenir.

Mamãe Jones defendeu os mais desfavorecidos às suas próprias custas e com enorme sacrifício pessoal. Pioneira, ela surpreendeu os trabalhadores das minas de carvão da Virgínia Ocidental, que havia ajudado a organizar, quando implorou que fossem mais compreensivos com os fura-greves estrangeiros enviados para trabalhar nas minas durante as greves. Ela também fez *lobby* em nome dos trabalhadores afro-americanos que sofreram com o fanatismo dos sindicatos.

Nascida na Era Vitoriana e criada para ser subserviente, Mamãe Jones foi uma norte-americana de ascendência irlandesa de primeira geração que lutou a boa luta e fez do mundo um lugar melhor para a sua classe, para as mulheres e para os grupos étnicos que tentavam encontrar o seu lugar entre os trabalhadores dos Estados Unidos. Mary Harris Jones teve a sorte de viver tempo suficiente para ver muitas das grandes mudanças pelas quais lutou para melhorar a vida dos trabalhadores. Com vontade de ferro e coração de leão, Mamãe Jones viveu pelos seus princípios. Uma heroína em palavras e ações, ela nos lembra a todos, "é o militante, não o manso, que herdará a terra".

Esta Joana d'Arc dos mineiros era uma fanática benevolente, uma mistura gaélica de sentimento e fogo, de doçura e luta... (que) capturou a imaginação do trabalhador americano como nenhuma outra mulher — talvez nenhum outro líder — o fez.
Dale Fetherling em *Mamãe Jones*

EMMA GOLDMAN: RETÓRICA RADICAL

A imigrante adolescente Emma Goldman escapou da Rússia em 1885, depois de testemunhar o massacre em massa de anarquistas políticos rebeldes idealistas que se autodenominavam niilistas. Dois anos mais tarde, nos Estados Unidos, a jovem "nascida para andar nos redemoinhos", como dito certa vez, viu a história se repetir com o novo julgamento e as mortes dos anarquistas do Haymarket que se opuseram à poderosa elite de Chicago. Em vez de afastar-se para sempre da política do idealismo, a jovem Emma tornou-se ainda mais atraída pelo tipo de paixão política que arrisca a vida em nome dos princípios. "Eu devorei todas as linhas do anarquismo que pude obter", observa em sua autobiografia *Living My Life*, "e rumei para Nova York, o quartel-general nos anos 1890 para radicais de todo tipo."

Em Nova York, Emma conheceu um dos anarquistas cujos escritos ela vinha lendo, Johann Most, que a incentivou a desenvolver seu dom para falar em público. Emma trabalhou como enfermeira prática nos guetos de Nova York, onde viu o preço que as mulheres pagavam pela falta de qualquer controle de natalidade. Logo estava no palanque para expor sua opinião sobre a indisponibilidade de métodos contraceptivos e a consequente dependência de abortos clandestinos: "Graças a esta tirania puritana, a maioria das mulheres logo se encontra no limite dos seus recursos físicos. Doentes e desgastadas, elas são totalmente incapazes de dar aos seus filhos até mesmo cuidados elementares. Isso, somado à pressão econômica, força muitas mulheres a correrem riscos em vez de continuar uma gravidez." A sua campanha chegou aos ouvidos de Margaret Sanger e influenciou o desenvolvimento de uma campanha nacional de controle de natalidade.

Mas o controle de natalidade era apenas uma de suas especialidades; o que ela realmente defendia era o anarquismo: uma sociedade sem classes, sem governo, formada por pequenos grupos em cooperação livre e humanista uns com os outros. Possuía um dom tremendo para a retórica verbal. Apelidada de "Emma Vermelha", ela viajou pelos Estados Unidos dando palestras — muitas vezes seis meses do ano, cinco noites por semana — fazendo paradas frequentes no famoso salão de Mabel Dodge e publicando sua revista mensal, a *Mother Earth,* um veículo para ambas as suas preocupações com a libertação feminina e os direitos da classe trabalhadora. A repórter Nellie Bly ficou encantada ao notar que "Emma Vermelha" era muito bonita, "com o nariz atrevido e olhos azul-cinza muito expressivos... (cabelo castanho) a cair solto na testa, lábios cheios, dentes brancos fortes, uma voz suave e agradável, um sotaque cativante".

Em 1893, ela ficou presa por um ano por exortar uma multidão de homens desempregados que acreditavam "ser seu direito sagrado" levar pão se estivessem passando fome. Mais tarde, passou a acreditar que os fins nem sempre justificam os meios, e repudiou a violência como uma ferramenta para criar mudanças. Ela continuou a hipnotizar multidões com seus discursos apaixonados até 1917, quando sua oposição à Primeira Guerra Mundial a levou a um encarceramento de dois anos. Posteriormente, foi deportada, pois o Departamento de Justiça temia que ela pudesse continuar a sua campanha contra a guerra: "Ela é mulher, uma oradora notável, tremendamente sincera, e carrega convicção. Se lhe for permitido continuar aqui, ela não pode deixar de ter grande influência."

Emma continuou exercendo influência do exterior; em 1922 a revista

Nation proclamou que ela era uma das "doze maiores mulheres vivas". Ela foi autorizada a voltar ao país após sua morte quando o governo decidiu que seu silencioso cadáver não representava nenhum risco, e foi enterrada em Chicago com os mártires do Haymarket.

Quanto mais oposição eu encontrei, mais à vontade estava e mais cáustica me tornava com os meus oponentes.
Emma Goldman

O SALÃO DE MABEL DODGE

Qualquer pessoa que fosse alguém do mundo intelectual e artístico no início do século xx esteve no salão da Mabel, entre eles: D.H. Lawrence, Gertrude Stein, Alice B. Toklas, Andrew Dassburg, Georgia O'Keefe, Leon Gaspard, Ansel Adams e Robinson Jeffers. Começando em Greenwich Village, em Nova York, depois de uma temporada em uma vila dos Médicis na Florença, Mabel Dodge trabalhou em suas convicções, um "Novo Plano de Mundo" que visava reunir os maiores pensadores, escritores, artistas, músicos e reformadores sociais do mundo para aguçar as mentes uns dos outros e criar uma segunda renascença. Lois Palken Rudnick, historiadora especializada nesta época, diz o seguinte sobre Mabel: "Quando ela voltou aos Estados Unidos, desembarcou em Nova York em meio à primeira grande revolução social e política norte-americana. Ela tornou-se uma das rebeldes de Greenwich Village e esteve envolvida com a *Armory Show*, a primeira mostra de arte pós-impressionista a vir para os Estados Unidos. Ela apoiou anarquistas e socialistas em seus projetos, como Emma Goldman e Margaret Sanger... Ela era uma artista da vida."

DOLORES IBARRURI: LA PASIONARIA

A heroína da Guerra Civil espanhola, Dolores Ibarruri nasceu em 1895, filha de uma mineradora basca. Trabalhou como criada até se juntar ao

Partido Socialista e começou a escrever incendiárias diatribes políticas sob o pseudônimo de *La Pasionaria:* "A Flor da Paixão". Ela e seu marido Julian Ruiz ajudaram a fundar os primeiros partidos comunistas na Espanha, em 1920. Mãe de seis filhos com Ruiz, Ibarruri não deixou que a maternidade a atrasasse; não só continuou a escrever para o jornal dos trabalhadores *El Mundo Obrero*, em 1934, como organizou um grupo de mulheres chamado Agrupacion de Mujereres Antifascistas.

Notada por sua apurada mente política, destemor e carisma, Ibarruri foi eleita para o Parlamento em 1936 e libertada da prisão para que pudesse participar. Ela começou a fazer discursos em nome do Governo da Frente Popular, despertando o público com os seus apaixonados apelos para impedir a maré do fascismo. Quando a guerra civil eclodiu na Espanha, *La Pasionaria* incitou seus leais companheiros a permanecerem firmes com gritos de *"No Pasaran!"* (Não passarão!). Quando Franco chegou ao poder, ela deixou a Espanha pela qual lutara para viver na URSS. Durante o êxodo em massa de comunistas da Espanha, a grande matriarca espanhola conheceu a fotógrafa Tina Modotti. Modotti era tão confiável para os espanhóis exilados que era uma das duas pessoas que escoltava o quarto de Ibarruri no hospital quando ela adoeceu com um caso grave de hepatite.

Na Rússia soviética, Ibarruri serviu como secretária-geral do Partido Comunista Espanhol em 1942 até assumir a presidência do partido em 1960, cargo que ocupou até 1977. Quando Franco morreu mais tarde naquele ano, *La Pasionaria* voltou para a Espanha, e nas primeiras eleições espanholas em quarenta anos, foi reeleita para o Parlamento. Ela tinha 81 anos de idade, feroz como sempre, e como a heroína que era, deu as boas-vindas ao seu retorno ao país que a venerava. *La Pasionaria*, cuja carreira foi baseada na dedicação à sua cruzada pela liberdade, recebeu bastante reconhecimento por sua incrível coragem e abnegação; ganhou o Prêmio da Paz Lênin e foi nomeada vice-presidente honorária da International Democratic Federation of Women. Ela será sempre lembrada por seu valor diante de um grande perigo e por sua crença de que "é melhor morrer de pé do que viver de joelhos"!

ROSA LUXEMBURGO: ROSA VERMELHA

"Emancipa-te!" Esse foi o grito da revolucionária socialista Rosa Luxemburgo, que nasceu judia polaca e dedicou sua vida a melhorar a situação dos trabalhadores em todo o mundo através de suas teorias políticas. Ela ajudou a fundar a Spartacus League na Alemanha e trabalhou incessantemente em prol das mudanças, lançando mais de 700 livros, panfletos e tratados.

Deslumbrou a todos que encontrou com sua inteligência mordaz; o próprio Lênin tornou-se um de seus maiores fãs, embora ela discordasse publicamente dele. Em 1905, Rosa organizou uma revolta operária na Polônia e protestou com muita veemência contra a Primeira Guerra Mundial, levando as autoridades a prendê-la durante toda a guerra. Pouco antes do seu cinquentenário, Rosa Luxemburgo foi assassinada, no ano de 1919, por opositores políticos durante a revolução alemã que ela ajudou a criar.

Rosa Luxemburgo é uma das grandes intelectuais da virada do século e corre o risco de ser esquecida. Os nazistas começaram a obliterar os seus escritos e os estalinistas empreenderam uma campanha de difamação para distorcer as teorias de Luxemburgo. Mas ela foi uma grande teórica política, que procurava trazer igualdade à classe trabalhadora.

MULHERES GUERREIRAS INTERNACIONAIS ASSUMINDO O COMANDO

A última rainha do Havaí foi **Lili'uokalani**. Ela foi criada por missionários americanos no século XIX e casou-se com um inglês antes de assumir o seu papel de governante do belo arquipélago. Ela foi bem-sucedida como estadista e como uma cantora que valorizava a cultura de sua ilha, temendo sua perda com a invasão ocidental. É assustador saber que ela foi presa e mantida em isolamento após a morte do seu irmão, o rei Kalakaua, para que os colonizadores brancos pudessem tomar conta do Havaí e incorporá-lo aos Estados Unidos. Pense nisso na próxima vez que ouvir alguém reclamar da armadilha turística que esse paraíso outrora imaculado se tornou!

Maria de la Mercedes Barbudo era uma rebelde porto-riquenha que lutou pela emancipação e abolição por volta de 1800 e foi exilada e assassinada por seus esforços em prol da independência de seu país.

Nana Yaa Asantewa nasceu em 1863 e tornou-se a heroína nacional do Gana, conhecida como a rainha Mãe. Os colonos britânicos roubaram um tesouro sagrado do Gana; indo para a guerra contra eles, Nana (aos cinquenta anos de idade) organizou uma revolta para recuperar o Trono de Ouro. Nana e seu exército de mulheres foram derrotadas, mas seu valor e o de suas mulheres guerreiras é lendário. Ela morreu na prisão aos setenta anos, depois de ter sido exilada em cativeiro ao longo de vinte anos.

Sorjini Chattophyaya Naidu era uma brâmane, a casta mais alta na Índia, nascida no século XIX, e rebelou-se ao se casar com um homem de uma casta inferior. Este foi apenas o início de suas ações ativistas; ela foi contra as ordens de sua família, descartando os estudos de Matemática e Ciências que seu pai havia escolhido para ela, tornando-se poeta em vez disso. Ela se juntou ao movimento de Gandhi pela independência pacífica e foi presa muitas vezes ("Nasci rebelde e espero morrer rebelde, a menos que eu liberte a Índia!") por desobediência civil, e mais tarde dirigiu um salão em Bombaim aberto a todas as raças, castas e religiões. Após a independência da Índia em 1947, ela se tornou governadora de sua província e trabalhou pelos direitos da mulher.

Em março de 1928, **Chen Tiejun** foi presa, torturada e executada aos 24 anos de idade por seu feminismo radical. Membra fundadora do Partido Comunista Chinês, ela organizou um exército clandestino feminino formado por rebeldes e contrabandistas de armas. Forçada a se casar por seus pais provincianos, ela deixou seu marido imediatamente e frequentou a faculdade para se tornar professora. Traída por uma colega da Guarda Vermelha, a sua corajosa recusa em divulgar qualquer informação aos seus captores fez dela uma heroína do movimento comunista e das feministas chinesas.

Fundadora da União Feminista Egípcia, **Huda Sha'Rawi** fez parte da última geração de mulheres egípcias a chegar à idade adulta sob o sistema de harém, no final do século XVIII. Nascida de uma família rica, ela estava na vanguarda do feminismo egípcio e levou o movimento a libertar o Egito do domínio colonial britânico.

ELEANOR ROOSEVELT: A MAIOR DE TODAS?

Nenhum livro sobre mulheres incríveis estaria completo sem um perfil de Eleanor Roosevelt, nomeada pela historiadora Deborah G. Felder como a mulher mais influente da história.

Apesar de ter nascido em uma família privilegiada, Eleanor alcançou todas as mulheres, independentemente do seu status econômico, e elas responderam, sabendo que ela era uma alma afim. Eleanor nasceu Anne Eleanor Roosevelt e veio de uma colonialista família Roosevelt de ambos os lados. Eleanor lembra-se de ser "como uma mulher pequena e velha" e em toda a sua vida estava muito consciente do que ela chamava de "falta de beleza". Ela parece ter sobrevivido muito bem a todos os ataques à sua autoestima, apesar de sua mãe vaidosa e egoísta que apelidou Eleanor de "Avozinha" e nunca perdeu a oportunidade de lembrá-la de que não havia herdado sua beleza. Felizmente, seu impetuoso e humanitário pai, Elliott, a amava muito e incutia em sua "pequena Nell" um forte senso da importância de dar-se aos outros.

Aos dez anos de idade, Eleanor ficou órfã e foi obrigada a viver com a matriarcal e severa avó, e depois enviada para a escola exclusiva para garotas de Allenswood, em Londres. Allenswood era dirigida por uma decidida ativista liberal, Marie Souvestre, que colocou Eleanor debaixo de sua asa e lhe dedicou carinho e atenção. Eleanor lembrava-se destes dias como os melhores da sua vida.

Voltando para casa em 1902, ela teve o baile de debutante obrigatório, mas preferiu fazer bons trabalhos nas casas de assentamento entre a classe trabalhadora a festejar nos salões da esnobe classe alta. Ela também se esgueirou num noivado com seu primo em quinto grau, o aspirante político Franklin Delano Roosevelt; a tímida mão de Eleanor foi dada em casamento ao então presidente Roosevelt, também conhecido como "Tio Teddy". Eleanor e Franklin logo tiveram seis filhos, perdendo um bebê pouco depois do nascimento. Eleanor era dolorosamente tímida, uma questão terrível para lidar quando precisava constantemente entreter o público para fazer avançar a carreira política do marido, e ainda mais difícil de conseguir com uma sogra mandona pairando sobre as crianças e tentando tomar conta da casa.

O jovem clã Roosevelt, em ascensão, logo se viu no Distrito de Columbia, enquanto Franklin servia como Secretário-assistente da Marinha. Foi lá que Eleanor descobriu o caso do marido com Lucy Mercer, sua secretária social. Ela ficou devastada, mas encontrou uma determinação interior para suportar a dor e tornou-se ainda mais dedicada à mudança social positiva. Aderiu à League of Women's Voters e à Women's Trade Union League, trabalhando para a reforma da remuneração feminina e limitando as horas da jornada de trabalho. Em 1921, Franklin adoeceu com a pólio. Deixando os cuidados dele a cargo de outras pessoas, Eleanor serviu como os olhos e ouvidos do marido no mundo, viajando por todo o país para escutar as pessoas, entendendo o que os americanos de todos os estilos de vida queriam e precisavam. Pelo resto de sua vida, ela se esforçou incansavelmente para fazer avançar a causa de mais mulheres em cargos governamentais e estava profundamente preocupada com o desemprego, a pobreza, a educação, a moradia, a existência de creches, os cuidados com a saúde e os direitos civis. (Sobre ela, Franklin uma vez pediu: "Querido Deus, cansa um pouco a Eleanor.", mas ele nunca deixou de confiar nos sábios conselhos dela).

Quando Roosevelt foi eleito presidente, Eleanor não ficou muito entusiasmada com seu status de primeira-dama: "Agora não terei identidade", proclamou ela. Mas aceitou a função e fez disso quem era. Realizou uma coletiva de imprensa, a primeira primeira-dama a fazê-lo, e falou regularmente com um corpo de mulheres repórteres. Enquanto Roosevelt tinha as suas conversas à lareira, Eleanor tinha "*My Day*", uma coluna de jornal e programa de rádio que usou como púlpito para muitas questões de justiça social, incluindo o período em que Marian Anderson foi proibida de cantar em Washington pelas Daughters of the American Revolution (DAR) porque era negra. Quando Eleanor anunciou a sua saída do DAR em protesto, as suas fileiras minguaram de vergonha.

Após a morte de seu marido, ela continuou seu trabalho, inclusive tornando-se delegada das Nações Unidas, recebendo os créditos pela elaboração e aprovação da *Declaração Universal dos Direitos Humanos* e o lançamento do UNICEF. Por todo o bem que fez, essa humanitária, que Harry Truman chamou de "A primeira-dama do Mundo", ainda é, quase cinquenta anos após sua morte, uma das figuras mais queridas da história.

Você tem mais alegria na doação aos outros, e deve pensar bem na felicidade que é capaz de dar.

Eleanor Roosevelt

FRANCES PERKINS: QUERIDINHA

Frances Perkins juntou-se ao gabinete de Franklin Delano Roosevelt em 1933 como secretária do trabalho, quando os Estados Unidos cambaleavam desde A Grande Depressão. Ela permaneceu neste cargo tanto tempo quanto o próprio Roosevelt, servindo bem o seu país durante a sua pior crise econômica de todos os tempos. Frances também trabalhou em nome da reforma para os trabalhadores e em muitos outros assuntos caros ao coração da primeira-dama, Eleanor. Foi responsável pela criação de muitos empregos e corpos de trabalho, pelo desenvolvimento de melhores salários mínimos e por benefícios como a Seguridade Social e o seguro-desemprego. O zelo de Frances como reformadora industrial veio de uma tragédia que testemunhou em 1911, quando 146 mulheres que trabalhavam na empresa Triangle Shirtwaist morreram em um incêndio por não haver rotas de fuga. Este foi um verdadeiro ponto de virada para Perkins: "Senti que devia marcá-lo não só na minha mente, mas no meu coração como um lembrete eterno esquecido do porquê de passar a minha vida lutando contra condições que permitissem tal tragédia."

LUCE BOOTHE CLARE: LUCE CANHÃO

Clare Boothe Luce, "a mulher com língua de serpente", era a anti-Eleanor Roosevelt, uma espécie de *doppelganger* do mundo invertido, que usou a sagacidade para se opor ao mesmo tempo que "elogiava vagamente" a primeira-dama e outros *New Dealers* impenitentes. Uma virulenta republicana e opositora do presidente Roosevelt, Clare era um docinho de coco inteligente e durão, embora não fosse do gosto de todos. Ela, no entanto, tinha uma forma totalmente única de afirmar o seu poder feminino. Quando jovem, um de seus trabalhos de verão durante a faculdade era jogar panfletos feministas pela janela de um avião para algumas velhas, mas incansáveis, sufragistas. Seu trabalho seguinte foi escrever legendas de fotos para a *Vogue*; lá, sua famosa beleza rapidamente fez com que ela ascendesse ao cargo de editora-gerente da *Vanity Fair*. Ela foi a primeira mulher a ocupar este posto por glamour próprio e logo provou que conseguia dar conta dos rapazes, conseguindo inclusive ser bem recebida no ritual de cigarros e *brandy* deles.

Depois, conheceu o magnata da *Time* e da *Fortune* Henry R. Luce, casaram-se, e deixou o emprego regular para escrever peças de teatro, começando pela ordinária *Abide with Me* e depois surpreendendo a todos com o *To the Women*, uma sátira sobre mulheres da sociedade que não fazem prisioneiros, que se tornou um filme de muito sucesso. Clare tornou-se uma celebridade internacional com o sucesso de *To the Women*, escrevendo mais algumas peças de teatro, incluindo *Kiss the Boys Goodbye,* antes que passasse por outra reviravolta: tornou-se correspondente de guerra da revista *Life* nas frentes de batalha da Birmânia, Índia e China durante os primeiros anos da Segunda Guerra Mundial. Ela até entrevistou a Madame Chiang Kai-shek e o primeiro-ministro Nehru.

A próxima encarnação de Clare foi política, e ela foi para o palanque, criticando Roosevelt, Winston Churchill e todo um rebanho de vacas sagradas. Atordoou o público com o seu dom mordaz e picante para a retórica. Seu próximo passo foi concorrer a uma cadeira no Congresso de Connecticut com uma plataforma muito impetuosa — seu slogan era *"Let's Fight a Hard War Instead of a Soft War"* —, e fez campanha pelos direitos das mulheres, dos negros e dos trabalhadores. Elegendo-se facilmente, ela serviu por quatro anos e depois se aposentou, enquanto no controle da situação. Clare então levou suas campanhas domésticas para o exterior, convencendo o primeiro-ministro italiano a dar o direito de voto às mulheres italianas! As suas boas relações com a Itália conquistaram um lugar para Clare como embaixadora no país em 1953, tornando-se a segunda embaixadora dos Estados Unidos e a primeira mulher chefe de missão de uma grande potência europeia. Em 1953, foi a quarta na pesquisa Gallup das mulheres mais admiradas do mundo. Clare tornou-se a grande dama do Partido Republicano desde os anos 1960 de Goldwater até sua morte por câncer em 1987. Clare será mais bem lembrada pela sua rapidez e virtuosidade verbal. Ela era absolutamente única; nunca se deixou afetar pela grande riqueza de seu marido, em vez disso, trabalhou por muitas causas e fez grandes progressos para as mulheres em seu caminho.

Porque sou uma mulher, devo fazer esforços incomuns para ter sucesso.
Se eu falhar, ninguém vai dizer 'Ela não tem o que é preciso'. Eles dirão:
Mulheres não têm o que é preciso.
Clare Boothe Luce

DA BOCA DE LUCE

- Em seu diário, Clare registrou seus pensamentos de inspiração psicodélica quando ela e o marido Henry usaram ácido em 1960: "Capture insetos verdes para referência futura", "Sinto que todos os verdadeiros caminhos para a glória levam ao túmulo", e "A futilidade da busca para ser alguém. Está ouvindo o tambor?"
- Sobre o vice-presidente Henry Wallace: "O seu pensamento global é, não importa como você o olha, uma globobagem!"
- Sobre Franklin Delano Roosevelt: "Agora, não acredito por um momento que o sr. Roosevelt seja um verdadeiro ditador. Ele é uma espécie de chefe político *superduper*, muitíssimo culto".
- Sobre Harry Truman: "Um condenado."
- Sobre Eleanor Roosevelt: "Nenhuma mulher na história americana consolou tanto o aflito ou estressou tanto o bem-nascido."
- No Mississippi, sobre o senador Theodore Bilbo: "o mandachuva na América do culto pagão mais sujo e vulgar de todos os cultos pagãos modernos: o racismo!"
- Sobre o meio-ambiente: "Estou perplexa com o paradoxo apresen-

tado por uma nação que pode pousar na lua, orbitar satélites a 305 milhões de quilômetros da Terra, mas não consegue encontrar uma maneira de livrar a sua própria paisagem de automóveis avariados."

LEE TAI-YOUNG: MULHER GUERREIRA

Lee Tai-Young foi a primeira mulher coreana a tornar-se advogada e juíza, assim como a fundadora do primeiro Centro de Assistência Jurídica Coreana. Ela nasceu em 1914 no que hoje é a Coreia do Norte, filha de um minerador de ouro. Ela se formou em Economia Doméstica pela Ewha Womans University, uma faculdade metodista, e se casou com um pastor metodista em 1936. Lee sonhava em se tornar advogada quando veio para Seul para estudar em Ewha, mas quando seu marido passou a ser suspeito de ser espião dos EUA e foi preso por insubordinação pelo governo colonial japonês no início dos anos 1940, ela teve que trabalhar para manter sua família. Aceitou empregos como professora e cantora de rádio, dedicando-se também à costura e à lavagem.

Após a guerra, Lee continuou seus estudos com o apoio de seu marido. Em 1946, ela se tornou a primeira mulher a frequentar a Universidade Nacional de Seul e obteve seu diploma de Direito em 1949. Ela foi a primeira mulher a passar no Exame Judicial Nacional em 1952. Cinco anos depois, fundou o Centro de Aconselhamento Jurídico para Mulheres, um escritório de advocacia que prestava serviços a mulheres pobres. Lee, juntamente com seu marido, participaram da Declaração de Myongdong de 1976, que exigia a devolução das liberdades civis aos cidadãos coreanos. Devido às suas opiniões políticas, ela foi presa como inimiga do presidente Park Chung-hee e, em 1977, recebeu uma pena suspensa de três anos, juntamente com a perda das liberdades civis, incluindo a expulsão automática da Ordem dos Advogados por dez anos.

Sua prática jurídica evoluiu para o Korea Legal Aid Center for Family Relations e atendeu mais de dez mil clientes por ano. Ela é autora de quinze livros sobre questões femininas, começando com um guia de 1957 sobre o sistema de divórcios da Coréia. Em 1972, publicou o *Commonsense in Law for Women*; outros títulos notáveis incluem *Born a Woman* e *The Woman of North Korea*. Ela também traduziu o livro de Eleanor Roosevelt, *On My Own*, para coreano. Em 1975, a Ramon Magsaysay Award Foundation a escolheu para receber o seu Prêmio de Liderança Comunitária; ela recebeu um Prêmio da International Legal Aid Association em 1978. Também recebeu reconhecimento internacional de muitos lugares, incluindo um doutorado em direito honorário pela Universidade Drew em Madison, New Jersey, em 1981. Em 1984, publicou um livro de memórias, *Dipping the Han River Out with a Gourd*, quatro anos antes de falecer com a idade madura de 84 anos.

Nenhuma sociedade pode ou irá prosperar sem a cooperação das mulheres.
Lee Tai-Young

BETTY FRIEDAN: UMA DONA DE CASA MALUCA

Quando Betty Friedan enviou seu artigo em 1956 sobre as frustrações que as mulheres experimentam em seus papéis tradicionais como donas de casa e mães, ela recebeu negativas de *McCalls, The Ladies's Home Journal*, e de todas as outras publicações que abordou. Os editores, todos homens naquela época, também eram bastante taxativos, chegando ao ponto de dizer que qualquer mulher precisaria estar "doente" para não ficar completamente satisfeita com o seu legítimo papel!

Mas Betty sabia que ela e milhões de mulheres como ela não estavam doentes, apenas asfixiadas. Betty (nascida Betty Goldstein Friedan) deixou de lado o sonho de ser psicóloga por medo de se tornar uma solteirona, optando por casar-se e trabalhar para um pequeno jornal. Ela foi demitida do emprego quando engravidou pela segunda vez, e começou, como a maioria das mulheres de classe média da sua época, a dedicar-se em tempo integral ao trabalho de administrar uma casa e uma família, o que ela chamou de "o sonho de vida, supostamente, das mulheres americanas daquela época". Mas, após uma década de tanta devoção, ainda não estava feliz, e imaginou que não estava sozinha. Formada pelo Smith

College, ela decidiu fazer uma sondagem a suas colegas ex-alunas. A maioria das suas colegas, que tinham desistido de carreiras promissoras para se dedicarem às suas famílias, sentiam-se incompletas; muitas estavam profundamente deprimidas. Elas se sentiam culpadas por não estarem completamente satisfeitas em sacrificar seus sonhos individuais por suas famílias, cada mulher certa de que sua insatisfação era uma falha pessoal. Betty chamou isto de "o problema que não tem nome" e por isso deu-lhe um, "a mística feminina".

Nos cinco anos seguintes, seu artigo rejeitado evoluiu para um livro ao entrevistar centenas de mulheres em todo o país. *A mística feminina* explorou a questão, criticando o retrato exclusivamente doméstico que a que a publicidade norte-americana fazia das mulheres e lançando um apelo à ação para que as mulheres dissessem *não* ao papel de dona de casa e adotassem um "novo plano de vida" no qual poderiam ter tanto famílias quanto carreiras. Com sua publicação em 1963, *A mística feminina* atingiu os EUA como um raio; a editora w.w.i. Norton tinha imprimido apenas 2.000 exemplares, incapaz de antecipar a venda de 3 milhões de exemplares só em capa dura!

Sem querer, Betty havia iniciado uma revolução; ela começou a ser inundada por cartas de mulheres dizendo que seu livro lhes dava coragem para mudar suas vidas e buscar igualdade de acesso às oportunidades de emprego, entre outras questões. Em última análise, a resposta ao desafio de Betty criou o impulso que levou à formalização da segunda onda do movimento feminino dos EUA em 1966, com a organização da NOW — National Organization for Women.

Betty foi a primeira presidente da NOW e levou a sério o seu papel como líder do movimento feminino, viajando para dar palestras e realizar campanhas de mudança, engendrando muitas das liberdades de que as mulheres agora gozam. Insistiu na equidade salarial, em oportunidades iguais de emprego e no acesso ao controle de natalidade e ao aborto legalizado. Em 1970, ela saiu da NOW para lutar pela Emenda da Igualdade de Direitos, e em 1975, foi nomeada Humanista do Ano. A autora Barbara Seaman escreveu: "Betty Friedan é para o movimento feminino o que Martin Luther King foi para os negros."

Em 1981, respondendo a críticas que afirmavam que o feminismo ignorava a importância dos relacionamentos e das famílias para a maioria das mulheres, ela escreveu *The Second Stage*, em que conclamou homens e mulheres a trabalharem juntos para fazer do lar e do local de trabalho um paraíso para ambos. Antes de sua morte em 2006, Betty estava fazendo outra revolução com um livro, *The Fountain of Age*, conscientizando quanto aos estereótipos da sociedade sobre o envelhecimento trinta anos depois que ela, como o futurista Alvin Toffler tão apropriadamente disse, "puxou o gatilho da história" com *A mística feminina*.

Tem sido muito divertido fazer a revolução.
Betty Friedan

AS HEROÍNAS PESSOAIS DE BETTY

De uma entrevista de rádio em 1984: "Eu admiro a Barbara Jordan [e] Martha Griffiths, a tenente governadora do Michigan...Tenho, de certa forma, grande admiração por Indira Gandhi... Após a vitória da votação em 1920 até a minha *Mística feminina* em 1963, a história da mulher foi quase apagada da consciência nacional. Não a estudamos na escola. Então, as mulheres que são agora, na minha opinião, heroínas da história antes de mim: Maria Wollstonecraft na Inglaterra, Elizabeth Cady Stanton, Margaret Fuller, Susan B. Anthony [e] Charlotte Perkins Gilman nos Estados Unidos, e suas semelhantes em outros países... Eleanor Roosevelt, é claro... eu critiquei, mas também admirei muito; Margaret Mead, Abigail Adams, esposa de John Adams, um dos primeiros presidentes dos Estados Unidos... Eu sempre adorei Collette e a ideia de Collette e os escritos de Collette. Adoro a imagem de Madame de Stael, que fazia tudo ao mesmo tempo como as mulheres costumam fazer. Ela teria uma pedicure, teria as unhas polidas, amamentaria seu bebê ao peito, ditaria um cardápio ao seu cozinheiro, acenaria adeus ao seu amante indo para as Guerras Napoleônicas e escreveria, tudo ao mesmo tempo, narrando suas histórias, suas memórias... eu adoro essa imagem. Mas a ideia das mulheres que começamos a ter atualmente, só [agora] descobrimos ser resultado do movimento feminista. Nós, que fizemos esse movimento, tivemos de nos criar e nos ajudar mutuamente a nos desenvolver como um novo tipo de mulher".

BELLA ABZUG: BELLA LUTADORA

Quando a jovem e brilhante advogada e editora da *Columbia,* Bella Abzug, formou-se em Direito na Columbia em 1947, voltou direto para Nova York com o intuito de representar os interesses trabalhistas e os direitos civis. Filha de um açougueiro do Bronx, Bella credita seu interesse em mudanças sociais ao seu avô, um imigrante judeu russo. Nos anos 1950, ela teve ampla oportunidade de perseguir suas causas apaixonadas durante as audiências McCarthy, defendendo muitos em julgamento por suas inclinações esquerdistas.

Durante décadas, se havia atitude a ser tomada ou mudança a ser feita, Bella Abzug estava ali com seu carisma considerável, retórica impressionante e desejo intenso de fazer do mundo um lugar melhor, particularmente para as mulheres e minorias. Ela é considerada influente na aprovação da Lei dos Direitos Civis de 1954 e da Lei dos Direitos de Voto de 1965. A obstinada Bella também assumiu a questão da Guerra do Vietnã nos anos 1970 e fundou a Women Strike for Peace.

Em 1969, essa democrata durona saltou para a política, candidatando-se ao 19º Distrito Congressional de Nova York com o slogan cativante: "Essa mulher pertence ao Congresso!", vencendo o confronto contra Barry Farber. Bella Abzug não decepcionou nem um pouco seus apoiadores quando começou, com unhas e dentes, a construir sua plataforma de mudança. Em seu primeiro dia, Bella lançou um apelo à retirada de todas as tropas do Vietnã até julho de 1971, e prosseguiu a partir daí com uma dramática perseguição da sua agenda ultraliberal. Quase tão famosa por seus chapéus quanto por sua retórica brilhante, ela nunca fugiu da chance de lutar por suas causas, uma característica que lhe rendeu vários apelidos: Bella Lutadora, Furacão Bella, e Mãe Coragem, para citar três.

Com seus característicos chapelões, ela foi facilmente reconhecida como uma das mais preeminentes feministas em um grupo que incluía Betty

Friedan, Shirley Chisholm e Gloria Steinem, com quem fundou o National Women's Political Caucus em 1971, cuja missão era distribuir o poder político para incluir as mulheres, os pobres, a classe trabalhadora, as minorias raciais e outros grupos anteriormente afastados da política.

Perdeu uma proposta para o Senado por uma margem estreita em 1976 e perdeu a chance de se tornar prefeita da cidade de Nova York no ano seguinte. Nos anos 1990, ela foi a copresidente da Women's Environment and Development Organization, uma rede internacional dedicada a proteger o planeta e promover as causas da justiça social e dos direitos femininos. Até a sua morte, em 1998, esta xerife de cabeça dura e fala simples nunca fugiu de qualquer chance de lutar por uma das suas causas.

Bella, que insistia em ser chamada de "senhora", continuou a atrair muita controvérsia, assim como defensores e apoiantes virulentos ao longo de sua vida. Uma coisa é certa: ela nunca deixou de colocar tudo o que tinha em jogo em busca de um mundo melhor para as mulheres e as minorias. Na sua autobiografia, *Bella! Ms. Abzug Goes to Washington*, diz: "Há quem diga que sou impaciente, impetuosa, mal-humorada, mal-educada, profana, impertinente e arrogante. Se eu sou alguma dessas coisas ou todas elas, você pode decidir por si mesmo. Mas o que quer que eu seja — e isto deve ficar muito claro no início —, sou uma mulher muito séria."

Nós fomos feitas para aconselhar, não apenas para consentir.
Bella Abzug

KATE MILLETT: A "AMEAÇA LAVANDA"

A segunda onda do feminismo teve muitas facetas. Enquanto Betty Friedan defendeu a igualdade econômica, em seu livro *Sexual Politics* dos anos 70, Kate Millett defendeu uma revolução mais militante e condenou corajosamente o patriarcado, decretando uma revisão radical dos papéis das mulheres. Millett representava a "ameaça lavanda" que os americanos temiam — as lésbicas! A selvagem política Millett não poupou palavras em sua cruzada contra o sexismo, inclusive criticando relações sexuais no estilo "papai e mamãe" como uma das formas de manter as mulheres em posição de submissão. Ela escreveu vários outros livros que causaram choque de uma forma ou de outra: *The Prostitution Papers*, uma análise e defesa da prostituição; *Flying*, um relato franco de sua vida amorosa; e *Sita*, sobre a morte de uma amante. Também fez um filme bem-conceituado, *Three Lives*, e revelou sua institucionalização para tratar uma doença mental num relato esclarecedor. De acordo com Gayle Graham Yates em *Makers of Modern Culture*, Kate Millett é a feminista norte-americana mais conhecida fora dos Estados Unidos, por conta de sua noticiosa viagem ao Irã para trabalhar em prol dos direitos das mulheres iranianas, que terminou com sua expulsão do país pelo aiatolá Khomeni.

O patriarcado decreta que o status da criança e da mãe é, em primeira e última instância, o de dependentes de um macho.
Kate Millett

GLORIA STEINEM: MULHER-MARAVILHA

O nome de Gloria Steinem é sinônimo de feminismo. Como líder da segunda onda do feminismo, ela trouxe uma nova preocupação com a importância da autoestima para as mulheres. A sua infância pouco fez para reforçar o seu sentido de si mesma ou prever o rumo de sucesso que a sua vida tomaria. Seu pai, antiquário, viajava muito para trabalhar, e sua mãe sofria de depressão severa e muitas vezes estava acamada e com comportamentos autodestrutivos. Por se mudarem com muita frequência, Gloria só frequentou a escola aos dez anos, depois que sua família foi abandonada por seu pai e Gloria assumiu os papéis de dona de casa e mãe de sua mãe e irmã. Usando livros e filmes como fuga, saiu-se bem na escola e acabou sendo aceita no Smith College, onde seu interesse pelos direitos das mulheres, despertado pela consciência de que a doença de sua mãe não foi levada a sério porque "seu funcionamento não era necessário para o mundo", começou a ganhar forma.

Depois de uma excursão na Índia, ela começou a trabalhar por conta própria; o seu objetivo era ser uma repórter política. Logo deu de cara com o teto de vidro; embora ganhasse dinheiro suficiente para sobreviver, não estava recebendo os tipos de tarefas sérias que seus colegas homens recebiam — como entrevistar candidatos presidenciais e escrever sobre política externa. Em vez disso, foi designada em 1963 para se disfarçar como Coelhinha da Playboy e escrever sobre isso. Ela concordou, vendo isso como uma peça de jornalismo investigativo, uma forma de expor o assédio sexual. No entanto, depois que a história apareceu, nenhum editor a levava a sério; ela era a garota que tinha trabalhado como coelhinha.

Mas continuou a insistir em tarefas políticas e finalmente, em 1968, entrou na recém-fundada revista *New York* como editora colaboradora. Quando a revista a enviou para cobrir um encontro feminista radical, ninguém adivinhou que a tarefa seria transformadora. Depois de assistir ao encontro, ela se mudou dos bastidores para o centro do palco do movimento feminista, cofundando o National Women's Political Caucus e a Women's Action Alliance.

No ano seguinte, Steinem, com sua formação em jornalismo, impulsionou a fundação da *Ms.*, a primeira revista feminista de grande circulação na história da América. A primeira edição, com a heroína Mulher Maravilha na capa, esgotou toda a primeira impressão de 300 mil exemplares em imprevisíveis oito dias, e a *Ms.* recebeu surpreendentes 20 mil cartas logo após ter chegado às bancas de jornal, indicando que realmente estava em sintonia com as mulheres da América. O ensaio pessoal de Steinem, "Irmandade", falou da sua relutância em se juntar ao movimento no início por causa da "falta de estima por mulheres — mulheres negras, mulheres latinas, mulheres brancas — e por mim."

A autointitulada "oradora itinerante e organizadora feminista" continuou ao leme da *Ms.* durante quinze anos, publicando artigos como o que colocou Marilyn Monroe como a encarnação da luta das mulheres dos anos 1950 para manter as expectativas da sociedade. Ela escreveu *Outrageous Acts and Everyday Rebellions* em 1983, incitando as mulheres a assumirem o cargo de progenitoras da mudança. Seguiu-se *Revolution from Within*, em 1992, abordando seu desespero por ter que cuidar de sua mãe emocio-

179

nalmente perturbada, bem como suas batalhas com a autoimagem, sentindo-se como "uma morena gorda de Toledo, muito alta e com cara de pudim, com... uma voz que parecia constantemente à beira de revelar alguma emoção inaceitável". Steinem atordoou o seu público leitor com tais confissões tão íntimas. Quem teria adivinhado que esta incrível editora e uma das mais belas do movimento feminista não tinha nenhuma autoestima?

A verdadeira genialidade de Gloria Steinem reside na sua capacidade de se relacionar com outras mulheres, criando o vínculo de irmandade com sentimentos partilhados, mesmo no seu anunciado livro de memórias. Ainda uma oradora e escritora fenomenalmente popular, Gloria Steinem cristaliza as questões e desafios aparentemente complicados do seu trabalho, definindo o feminismo simplesmente como "a crença de que as mulheres são seres humanos plenos".

Os sistemas de castas sexuais e raciais estão muito entrelaçados e as revoluções sempre se unem, sejam os movimentos sufragistas e abolicionistas ou os movimentos feministas e de direitos civis. Devem juntar-se porque um não pode ter sucesso sem o outro.
Gloria Steinem

HEROÍNAS DE STEINEM

- As irmãs Grimké, que ela vê como as raízes do "novo feminismo".
- Shirley Temple
- Louisa May Alcott

KATHERINE GRAHAM: KATHERINE, A GRANDE

Embora Katherine Graham não fosse uma política, ela exerceu um enorme poder na arena como proprietária do *Washington Post*, ainda hoje um dos mais importantes e respeitados jornais do mundo. Nascida Katherine Meyer, era filha de Eugene Meyer, um brilhante judeu francês que se mudou para os Estados Unidos e frequentou Yale, fez fortuna com bancos e com a bolsa de valores e aposentou-se multimilionário antes dos trinta anos de idade!

A infância de Katherine é uma clássica história elitista, criada por empregados domésticos enquanto seus pais mantinham o sucesso cintilante de seus estilos de vida. Republicano convicto, Eugene Meyer assumiu uma segunda carreira como funcionário público e serviu como pensador independente, voltou-se para a direita política e se formou em jornalismo. Após uma breve reportagem em São Francisco para o agora extinto *News*, Katherine aceitou uma oferta de 29 dólares por semana para ir trabalhar para o jornal que Eugene Meyer tinha comprado cinco anos antes — o *Washington Post*.

Katherine apaixonou-se pelo editor do *Post*, Philip Graham, e depois de se casarem, compraram o jornal do pai dela por um milhão de dólares. Philip era brilhante e bipolar. Ele estava muito interessado em construir um império editorial, e logo eles adicionaram a revista *Newsweek* às suas propriedades. Philip também se envolveu no jogo da política e nos círculos internos do poder no Capitólio, convencendo o jovem John Fitzgerald Kennedy a unir-se com Lyndon Johnson, do Texas, para a corrida presidencial. Então, em 1963, ele cometeu suicídio após um episódio maníaco-depressivo. Da noite para o dia, Katherine ficou viúva e responsável tanto pelo *Newsweek* como pelo *Post*.

Ela lutou contra a sua timidez e se preparou para a ocasião, tornando-se a editora do *Post*. Em uma breve análise, ela viu que o *Post* tinha andado à deriva sem saber o que fazer. Era preciso, acreditava Katherine, um editor carismático para se tornar um exemplo de excelência jornalística de primeira linha. Ela o encontrou em Ben Bradlee, um repórter investigativo que ela rapidamente nomeou editor executivo.

Em 1971, o *Post* recebeu atenção mundial quando o presidente Richard Nixon deu uma ordem de restrição ao jornal para a publicação dos Documentos do Pentágono, revelando o envolvimento do governo dos Estados Unidos na máquina política do sudeste asiático. Graham recusou-se a recuar e mais tarde saiu vitoriosa na escaramuça quando a Suprema Corte decidiu a favor *do Post*.

Um ano mais tarde, o *Post* voltou a ser o centro das atenções por ter contado a história do escândalo de Watergate. Graham financiou a investigação de Watergate e apoiou firmemente o seu editor e repórteres contra as medidas de retaliação da Casa Branca. O seu heroísmo perante a enorme pressão de amigos e atores políticos para se afastarem de Watergate foi simplesmente espantoso. Ela permaneceu firme enquanto as ações do *Post* despencavam e seus ditos amigos desapareceram, sem querer serem associados à mulher que desafiou Richard Nixon e que, no final das contas, trouxe ele e seu castelo de cartas abaixo. Quando ela se aposentou em 1991, era uma das duas únicas mulheres chefes de empresas da *Fortune 500*.

BARBARA WALTERS: A "TODAY GIRL" QUE SE TORNOU UMA JORNALISTA LENDÁRIA

Barbara Walters disse uma vez: "Eu era do tipo em que ninguém botava fé. Tinha um sotaque engraçado de Boston. Não conseguia pronunciar os meus Rs. Não era uma beleza." Durante décadas, ela provou que todos os que duvidaram dela estavam completamente errados. Nascida em 25 de setembro de 1929, Barbara é uma jornalista americana, autora e apresentadora de programas de televisão, incluindo *The Today Show*, *The View*, *20/20*, e o *ABC Evening News*. Barbara frequentou o *Sarah Lawrence College* em 1951; obteve um bacharelado em inglês e depois trabalhou durante um ano numa pequena agência de publicidade. Depois disso, foi trabalhar na afiliada da rede NBC em Nova York, fazendo publicidade e escrevendo comunicados de imprensa. Barbara continuou a produzir uma série de shows, incluindo o *Eloise McElhone Show* até o seu cancelamento em 1954. Então tornou-se escritora no *CBS Morning Show*, em 1955.

A carreira de Barbara começou a disparar em 1961, quando ela se tornou escritora e pesquisadora do *Today Show*; mais tarde tornou-se a "*Today Girl*" do programa, uma posição em que ela apresentava as previsões de clima e tempo. Naquela época, a segunda onda do feminismo ainda estava incipiente, ninguém levava a sério uma mulher apresentando notícias difíceis e havia dificuldades com âncoras de notícias como Frank McGee, que exigiam tratamento preferencial, quando ela começou a cruzar esse território. Após a morte de McGee em 1974, a NBC finalmente promoveu Barbara ao cargo de coapresentadora — a primeira mulher nessa posição em qualquer programa de notícia dos EUA.

Barbara estava com sorte. Dois anos mais tarde, tornou-se a primeira mulher a coapresentar em um noticiário noturno norte-americano de uma grande rede quando entrou para o *ABC Evening News*, o principal programa de notícias da ABC. Walters tinha uma relação difícil com o seu coâncora Harry Reasoner, porque ele não queria ter que trabalhar com alguém. Isto fez com que a parceria durasse apenas de 1976 a 78. Walters tornou-se um nome familiar enquanto coapresentadora e produtora na *ABC Newsmagazine 20/20* de 1979 a 2004, bem como por suas aparições em reportagens especiais como comentarista, incluindo inaugurações presidenciais e a cobertura do Onze de Setembro. Também foi moderadora do debate final entre os candidatos presidenciais Jimmy Carter e Gerald Ford. Barbara é famosa por suas entrevistas com pessoas memoráveis, incluindo Fidel Castro, Vladimir Putin, Michael Jackson, Katharine Hepburn, Anna Wintour e Monica Lewinsky.

Além do seu trabalho na 20/20, Walters ajudou a criar o *View*, um *talk show* de eventos atuais apresentado exclusivamente por mulheres, em 1997. Ela foi coapresentadora do programa até maio de 2014, mas continua como produtora executiva. Barbara Walters foi admitida no Hall da Fama da Televisão em 1989, e em 2007 recebeu uma estrela na Calçada da Fama de Hollywood. Ela também ganhou o *Daytime* e o *Prime Time Emmy Awards*, o *Women in Film Lucy Award*, o *GLAAD Excellence in Media Award* e um *Lifetime Achievement Award* da New York Women's Agenda.

SHIRLEY CHISHOLM: "INCOMPRÁVEL E SEM PATRÕES"

Shirley Chisholm era uma heroína irrefreável cujo senso de poder se espalhou para todos que entraram em contato com ela. Em 1968, Shirley Chisholm foi a primeira mulher negra a ser eleita para o Congresso, um triunfo histórico para o seu gênero e raça. Quatro anos depois, ela concorreu à presidência nas primárias.

Nascida no bairro de Brooklyn, Nova York, em 1924, ela passou sete anos em Barbados com sua avó, Emily Seale. Ela credita à "fria", mas excelente educação que recebeu em Barbados, todas as vantagens que teve quando voltou para os Estados Unidos. Shirley recebeu muitas ofertas de bolsas de estudo para graduação durante o ensino médio, escolhendo o *Brooklyn College* para estudar psicologia e espanhol, com a intenção de se tornar uma professora. Ela se envolveu com a Sociedade Harriet Tubman, onde desenvolveu um aguçado senso de orgulho negro. Em cada curso, recebeu muito incentivo para "fazer algo" com a sua vida. Uma professora caucasiana de Ciências Políticas a estimulou a prosseguir na política, uma ideia assustadora naquela época. Mas a semente estava plantada.

Após uma árdua busca por emprego, Shirley finalmente encontrou trabalho no Mount Cavalry Child Center; sua graduação com honras não parecia compensar a sua cor para muitos potenciais empregadores. Ela também teve aulas noturnas em Columbia, onde conheceu Conrad Chisholm. Casaram-se pouco depois, dando-lhe uma base estável sobre a qual construir a sua casa dos sonhos. Ela continuou a trabalhar com educação infantil, tornando-se diretora de várias creches e escolas particulares.

Nos anos 1960, Shirley entrou na arena política, candidatando-se a um assento na Assembleia Estadual em seu distrito. Ela ganhou a cadeira pelos Democratas em 1964 e deu o primeiro passo em direção a uma carreira histórica, ganhando novamente em 65 e 66. Depois, decidiu candidatar-se à Assembleia dos EUA. Apesar de ter enfrentado um candidato muito mais experiente e com maior apoio financeiro, Shirley prevaleceu; ela estava ciente de que havia 13 mil mulheres a mais do que homens no distrito e rapidamente mobilizou o voto feminino. Por essa época, precisou submeter-se a uma cirurgia para remover um tumor, mas voltou a trabalhar em seguida, ganhando rapidamente a reputação de ser um dos membros negros mais determinados da Assembleia.

Mesmo no Congresso, a questão racial dominou sua cabeça. Ela foi designada para o Comitê Agrícola a fim de trabalhar com a distribuição de vales-refeição, porque era uma mulher negra. Shirley não aceitou isso quieta e lutou para sair daquele comitê, passando para os Assuntos dos Veteranos e, finalmente, para Educação e Trabalho, onde acreditava poder realmente fazer algum bem. Conhecida por seu estilo verbal direto e por seus modos políticos dissidentes, ela sempre se viu como uma defensora do seu eleitorado, procurando ser a voz daqueles tradicionalmente esquecidos pela política: hispânicos, nativos americanos, viciados em drogas e ativistas gays. Como candidata presidencial indicada pelos Democratas em 1972, colocou os direitos das mulheres no centro de sua campanha, alegando que não era um "golpe publicitário", mas uma candidata séria. Embora não tenha sido eleita, isso fez dela uma porta-voz nacional dos movimentos civis e dos direitos das mulheres. Desde então, ajudou a criar o Congresso Político Nacional das Mulheres Negras e ensinou, deu palestras e foi autora de dois livros, *Unbought and Unbossed* e *The Good Fight*. Shirley Chisholm estava na vanguarda da obtenção de poder político real para a mulher afro-americana.

Sou a única entre vocês que tem culhões para se candidatar à presidência.
Shirley Chisholm para os membros do Black Caucus
na convenção democrata

YVONNE BRAITHWAITE BURKE: DESTAQUE POLÍTICO

Yvonne Burke foi a primeira mulher negra eleita para a Câmara dos Representantes da Califórnia, servindo entre 1973-1978. Filha de um zelador e de uma agente imobiliária, a nativa de Angeleno foi percebida como excepcionalmente brilhante por seus professores e enviada para uma "escola preparatória modelo" da UCLA. A única aluna afro-americana da escola, Yvonne foi tratada cruelmente pelos outros alunos, mas não deixou que isso a impedisse de ter um desempenho estelar. Em todos os lugares que Yvonne passou, encontrou mais intolerância, incluindo na irmandade de mulheres pela qual foi recusada, obrigando-a a formar uma irmandade alternativa de mulheres com duas estudantes de Direito judaicas. Começando com sua eleição em 1972, a carreira de Yvonne Brathwaite no Congresso foi igualmente notável; ela apoiou infalivelmente as causas da dessegregação, da igualdade de emprego e de melhores moradias. Em 1978, escolheu concorrer à Procuradoria Geral do Estado da Califórnia em vez de buscar a reeleição.

Atualmente, ela é advogada em Los Angeles. Yvonne é uma visionária com inteligência e dignidade para se elevar acima do ódio que experimentou pessoalmente só por ser negra, dizendo: "É só uma questão de tempo até termos um governador negro e, sim, um presidente negro." Com a eleição de Barack Obama, ela provou que tinha razão.

INDIRA GANDHI: FILHA DO DESTINO

A vida de Indira Nehru Gandhi espelha o país dividido que ela governou como a primeira mulher a ser Primeira-Ministra da Índia. Ela herdou a consciência política do seu avô nacionalista Motilal Nehru e do seu pai, o primeiro Primeiro-Ministro da Índia, Jawaharlal Nehru. Os Nehrus são às vezes chamados de dinastia real da Índia, mas isto é uma contradição dos próprios ideais em que a família Nehru e o revolucionário pacifista Mahatma K. Gandhi acreditavam enquanto trabalhavam para acabar com o domínio colonial da Inglaterra sobre a Índia.

Quando menina, Indira testemunhou de perto o nascimento da Índia moderna e independente, sob a liderança de Gandhi e de seus parentes. Os Nehrus eram uma família rica que se emocionou ao encontrar Mahatma em 1919, desistindo de todos os seus bens e juntando-se à luta pela independência. Indira suportou as frequentes prisões de Jawaharlal (e, mais tarde, de sua mãe) por atividades nacionalistas. O exemplo da jovem foi Joana d'Arc; mais tarde ela contou sobre brincar com bonecas a quem atribuiu papéis patrióticos na luta para libertar a Índia de seus governantes estrangeiros. A infância de Indira foi incomum, sob qualquer aspecto, muitas vezes acompanhando o pai em suas viagens e encontrando eruditos como Albert Einstein e Ernst Toller. Ela também organizou a The Monkey Brigade para pré-adolescentes revolucionários e, mais tarde, foi espancada cruelmente por marchar carregando a bandeira da Índia. Ela e sua família visitavam frequentemente Gandhi, que estava "sempre presente na minha vida; ele desempenhou um enorme papel no meu desenvolvimento".

Indira sofreu com depressão, ansiedade e outras doenças devido à sua vida instável, e aos 22 anos se casou com Feroze Gandhi, um amigo da família que era um Parsee, membro de uma pequena seita religiosa, considerado inadequado para Indira, que era da casta Brâmane, a casta sacerdotal. Presos por suas atividades nacionalistas, tanto Indira como Feroze passaram nove meses na prisão, o que, segundo Indira, foi o evento mais importante de sua vida, fortalecendo sua determinação política.

Com a morte de seu grande líder Gandhi e o contínuo derramamento de sangue durante a Partição que dividia a Índia entre hinduístas e o novo estado muçulmano do Paquistão, ela juntou-se ao partido do Congresso da Índia e começou a forjar a sua própria sensibilidade política. Quando a Índia conquistou a independência em 1947, seu pai tornou-se Primeiro-Ministro; por ser viúvo, precisava que Indira agisse como sua anfitriã oficial. Durante o período em que seu pai teve múltiplos AVCs, Indira tacitamente agiu como Primeira-Ministra. Com a morte dele em 1964, Indira tornou-se presidente do Congresso Nacional da Índia. Após o breve ministério do sucessor de seu pai, Lal Bahdur Shastri, e de sua morte por falência cardíaca, Indira ganhou as eleições com uma vitória esmagadora e tornou-se líder da maior democracia do mundo, um país onde os direitos das mulheres não eram uma prioridade máxima. Imediatamente, ela se tornou um modelo para milhões de mulheres da Índia, tradicionalmente subservientes aos homens.

Indira herdou uma terra onde a fome, as guerras civis, a inflação severa e as revoltas religiosas eram uma realidade diária. Ela constantemente punha sua saúde em perigo ao trabalhar dezesseis horas por dia tentando atender às necessidades do segundo país mais populoso do mundo. Sua sorte política veio e partiu; ela foi expulsa do cargo em 1977, para ser reeleita alguns anos mais tarde para seu quarto mandato como Primeira-Ministra. Seu controverso programa de controle de natalidade é muitas vezes negligenciado graças às críticas de que ela trocou favores políticos a fim de se agarrar ao ministério.

Muitas vezes, se viu dividida entre as facções em conflito e as divisões das várias províncias e interesses da Índia, e a história do seu ministério é um verdadeiro conjunto de motins, revoltas e revoluções, tudo isso jogado em areias movediças partidárias. Seu assassinato é a prova disso. Em 1919, as tropas britânicas massacraram milhares de sikhs, uma orgulhosa casta guerreira, em seu lugar sagrado de adoração — o Templo Dourado de Amritsar

—, e 65 anos depois Amritsar novamente se tingiu de vermelho com o sangue de extremistas sikh, tentando criar um reduto no qual pudessem exigir maior autonomia. Quando o exército indiano invadiu e tomou de volta o templo, as centelhas de raiva ficaram fora de controle. Por toda a Índia, os sikhs amaldiçoavam o nome de Ghandi, incluindo alguns de seus seguranças pessoais. Quatro meses depois, Indira foi morta a tiros por um sikh em seu jardim, onde estava prestes a ser entrevistada por Peter Ustinov. Seu filho, Rajiv, tornou-se o próximo Primeiro-Ministro e encontrou um final igualmente violento quando uma mulher tâmil do Sri Lanka saltou sobre ele e detonou uma bomba que trazia amarrada a si mesma.

A vida de Indira Gandhi é difícil de compreender plenamente sem uma compreensão da história indiana. Talvez a mais profunda compreensão dela venha através da consideração de seu modelo escolhido, Joana d'Arc, um modelo de autossacrifício que colocou os interesses de seu país acima do valor de sua própria vida, e como uma guerreira em uma batalha de política religiosa que colocava homens contra os homens. A própria insistência de Indira Gandhi aos repórteres que queriam falar sobre a sua singularidade como Primeira-Ministra também fala por si: "Eu não sou uma mulher. Eu sou um ser humano."

MARGARET THATCHER: DAMA DE FERRO

Margaret Thatcher pode ter atraído a fúria dos críticos com seu firme conservadorismo, mas ela tem o respeito do mundo por sua força incalculável e por sua ascensão de filha de um verdureiro à primeira mulher no cargo de Primeira-Ministra da Grã-Bretanha. Thatcher ganhou todos os seus louros através do seu trabalho duro, estudando diligentemente para entrar em Oxford, onde cursou Química e experimentou a sua primeira inclinação para a política. Formou-se em Direito, casou-se com Dennis Thatcher e teve gêmeos em curto prazo. Sua paixão pela política conservadora aumentou, e ela impressionou os membros do partido com seu zelo e talento para o debate. Ela ganhou um lugar na Câmara dos Comuns em 1959, e sua ascensão nas fileiras do partido foi firme e segura, levando à sua eleição nos anos

1980 como Primeira-Ministra, a primeira mulher a liderar uma grande democracia ocidental. Veementemente anticomunista e antidesperdício, ela cerceou o governo com um fervor singular, surpreendendo a todos ao entrar em guerra com a Argentina por causa das Ilhas Malvinas. Osso duro de roer, Margaret explicava assim o seu *modus operandi*: "Tenho uma resistência fantástica e uma grande força física, e tenho a minha habilidade feminina para me agarrar a uma tarefa e continuar com ela quando todos os outros se vão embora."

ELIZABETH WARREN: NO ENTANTO, ELA PERSISTIU

Nascida em 1949, Elizabeth Warren cresceu em uma família de classe média de Oklahoma City, com três irmãos mais velhos. Aos treze anos, a jovem Elizabeth começou a trabalhar como garçonete para ajudar sua família depois que seu pai teve um ataque cardíaco. Membro de destaque em sua equipe de debate no ensino médio, ganhou o título de *"Oklahoma's top high school debater"*. Isso a levou para a Universidade George Washington com uma bolsa de estudos para debates, mas partiu dois anos depois para se casar com Jim Warren, seu namorado do colegial. O casal mudou-se para o Texas quando ele conseguiu um emprego como engenheiro na NASA, e Elizabeth formou-se na Universidade de Houston em 1970, com uma licenciatura em Patologias da Fala e Audiologia. Ela ensinou crianças deficientes numa escola do Texas durante um ano antes de se mudar novamente por conta do trabalho do marido, desta vez para Nova Jersey.

Após a chegada da filha, Amelia, Elizabeth matriculou-se na Rutgers School of Law-Newark quando ela fez dois anos. Pouco antes de receber seu doutorado em 1976, ficou grávida do segundo filho. Depois de ser aprovada no exame da Ordem, Elizabeth trabalhou de casa, especializando-se em fechamentos imobiliários e testamentos. Ela e o marido se divorciaram em 1978; Elizabeth se casou novamente, mas manteve seu sobrenome (com o qual se apresentava para trabalhar naquela época).

Warren lecionou na Rutgers School of Law-Newark por alguns anos, depois se mudou para a University of Houston Law Center, onde se tornou Reitora Associada para Assuntos Acadêmicos em 1980. Em 1987, tornou-se professora em tempo integral na Faculdade de Direito da U. Penn, onde obteve uma cadeira em 1990. Ela se tornou professora de Direito Leo Gottlieb na Faculdade de Direito de Harvard em 1995; em 2011, era a única professora de Direito que havia frequentado uma universidade pública dos EUA. Warren assumiu um papel consultivo na National Bankruptcy Review Commission em 1995, e trabalhou com outras pessoas para se opor às leis propostas que limitariam severamente os direitos dos consumidores a pedir a falência, esforços que no final não foram bem-sucedidos. De 2006 a 2010, fez parte do FDIC Advisory Committee on Economic Inclusion. Warren também é membro da National Bankruptcy Conference, um grupo independente que aconselha o Congresso sobre a lei de falências. Seu trabalho no meio acadêmico e como advogada incentivou a formação do Consumer Financial Protection Bureau em 2011, ano em que ela declarou sua intenção de buscar a indicação como candidata democrata ao Senado dos EUA em 2012; ela ganhou a indicação e a eleição, e se tornou a primeira mulher de Massachusetts a ser eleita para o Senado dos EUA.

Enquanto fazia campanha, Warren fez um discurso em Andover que se tornou viral; ela respondeu a uma acusação de que pedir aos ricos para pagarem mais impostos é "guerra de classes", apontando que ninguém se torna rico nos EUA sem o benefício da infraestrutura financiada pelos contribuintes: "Não há ninguém neste país que tenha enriquecido sozinho. Ninguém... Vocês enviaram as vossas mercadorias para o mercado usando as estradas que o resto de nós pagou; contrataram trabalhadores que o resto de nós pagou para educar; estavam seguros em vossas fábricas por causa das forças policiais e dos bombeiros que pagamos. Vocês não precisavam se preocupar que ladrões pegassem tudo na sua fábrica, e contrataram alguém para se proteger disso, por causa do trabalho pelo qual o resto de nós financiou. Agora vejam, vocês construíram um império e ele se transformou em algo fantástico, ou uma grande ideia. Deus abençoe. Fiquem com um grande pedaço dele. Mas parte do contrato social subjacente é, você pega um pedaço disso e paga para o próximo garoto que aparecer."

PHOOLAN DEVI: RAINHA BANDIDA

Enquanto muitos indianos injuriavam sua própria Primeira-Ministra eleita, Indira Gandhi, eles abraçaram Phoolan Devi, uma fora-da-lei que se acredita ter matado sessenta pessoas no Vale Chambal, no centro da Índia. É difícil separar os fatos da ficção na história; a figura masculina do fora-da-lei é um tema comum do folclore do norte da Índia, e o conto de Phoolan tem muitos dos mesmos elementos. Esta versão é baseada na história relatada por Mala Sen, na sua fascinante e cuidadosamente pesquisada biografia sobre Devi.

Nascida em 1956 em uma subcasta de marinheiros, a primeira insurreição de Phoolan (que significa "flor" em hindi, embora ela estivesse mais para uma magnólia de aço!) aconteceu quando ela e sua irmã quiseram sentar-se no campo de mostarda em que tinham trabalhado o dia todo para "parar e sentir o cheiro das flores de mostarda". Quando o senhorio da casta superior à delas as espancou porque foram embora logo, Phoolan viu a irmã e os pais dela sangrarem quase até a morte. Aos dez anos, ela se recusou a suportar um casamento arranjado com um homem vinte anos mais velho, algo com que sua aldeia tradicional não conseguiu lidar, e Phoolan foi raptada por um grupo de *dacoits*; que você e eu consideraríamos bandidos. O sequestro foi tão violento quanto se poderia esperar de um bando de saqueadores, e ela foi arrastada, chutada, esbofeteada, sofreu a indignidade de ter armas apontadas para suas partes íntimas e uma ameaça de ter o nariz cortado. É uma verdadeira prova da força de Phoolan que ela não tenha sido totalmente quebrada pelas repetidas violações. Sua família não conseguiu obter qualquer ajuda das autoridades, que se recusaram a perder o seu tempo à procura de sua "inútil" filha rebelde. Enquanto isso, a imprensa teve um dia dedicado à história, inventando seus próprios detalhes sensacionalistas para tornar a leitura nos jornais apetitosa. Uma dessas histórias afirmava que Phoolan inventou seu próprio rapto porque ela *queria* estar com os *dacoits*.

O que quer que tenha acontecido, um ano depois, Phoolan tomou conta do bando através da sua própria força de vontade e poder pessoal. Mala Sen também relata que o bando (graças à execução dos estupradores pelo campeão de Phoolan, Vikram Mallah) transformou-se em Robin Hoods modernos, dando dinheiro roubado a idosos e pobres. Relatos bem bordados das façanhas de Phoolan Devi logo fizeram dela a segunda mulher mais famosa da Índia depois de Indira Gandhi, que pediu medidas pacíficas ao lidar com a famosa garota fora-da-lei.

Logo, canções sobre a "Rebelde das Ravinas" foram compostas, estátuas de Phoolan Devi eram vendidas no mercado ao lado de Krishna e Kali, e milhões de indianos imploraram para que sua vida fosse poupada na "caçada" para prender "A rainha Bandida" após o suposto massacre de 22 homens hindus pelo bando de Devi. Graças à atenção nacional, a captura de Phoolan ocorreu em segurança diante de milhares de testemunhas, e ela manteve o seu espírito na prisão, onde deu entrevistas, rezou e caminhou sem algemas (ela passou onze anos na prisão sem nunca ter sido acusada). A Índia ficou ainda mais encantada quando finalmente viram a Phoolan Devi de que tanto tinham ouvido falar; ela é extraordinariamente bela, com olhos escuros, imponentes e um sorriso magnífico (o conto de fadas de Phoolan contém uma nota de rodapé trágica, exemplificando o lugar da mulher numa mistura social entre o medieval e o moderno. Na prisão, ela sofreu com a ruptura de um cisto ovariano e o médico dirigente aproveitou para realizar uma histerectomia, com o intuito de evitar que "Phoolan Devi gerasse mais Phoolan Devis!")

Sua lenda resiste em todo o mundo e a excelente biografia de Mala Sen foi transformada em um aclamado longa-metragem. Na Índia e Inglaterra, tornou-se uma heroína folclórica. Ao se render, ela disse: "Se eu tivesse dinheiro, construiria uma casa com quartos tão grandes quanto os corredores desta prisão. Mas eu sei que tudo isto é um sonho. Se alguma mulher passasse pela minha experiência, ela também não seria capaz de pensar numa vida normal. O que sei eu, exceto cortar relva e usar uma espingarda?"

Phoolan foi libertada e todas as acusações contra ela foram retiradas em 1994. Em 1996, ela concorreu e foi eleita para o Partido Samajwadi, mas as ideias preconceituosas contra uma mulher de casta inferior, mesmo uma internacionalmente famosa, estavam contra ela no subcontinente. Em agosto de 1997, Phoolan ameaçou se matar quando as acusações criminais contra ela foram novamente levantadas. Embora, tragicamente, ela tenha sido assassinada em 2001, a sua lenda colorida continua viva.

Ela caminhava alta, zombando de todos, respondendo ao chamado...
com a sua espingarda ao seu lado.
Uma popular canção de rua indiana sobre Phoolan Devi

CORAZON AQUINO: A MÃE NA RIBALTA

Na esteira dos sapatos da ex-primeira-dama e anti-heroína Imelda Marcos (ou deveríamos dizer, na esteira dos 1.600 sapatos; lembra-se dos oitocentos pares de sapatos do escândalo das acusações de corrupção?), veio Corazon Aquino, uma neófita política que calma e competentemente assumiu o leme da instável nação insular, no rescaldo do regime de Marcos.

Cory não tinha planos de dirigir um país. Educada no sistema escolar católico dos Estados Unidos e das Filipinas, ela abandonou o ensino superior para casar-se com Benigno Aquino, um político promissor, e serviu como sua ajudante e mãe de seus cinco filhos. Benigno se opôs à lei marcial de Marcos e foi preso em 1972; após ser libertado, a família fugiu para os Estados Unidos, onde viveram até 1983. Nessa altura, Marcos estava perdendo o controle das rédeas do poder e Benigno decidiu voltar para ajudar a agitar a sua renúncia. Assim que os Aquino saíram do avião, Benigno foi assassinado. Naquele momento, Cory teve de decidir entre ir embora ou tomar o manto de seu marido morto. Ela escolheu a segunda opção, unindo os dissidentes contra Marcos. Em 1986, concorreu à presidência das Filipinas, abandonando os discursos que lhe haviam sido preparados para falar do sofrimento que Marcos lhe havia causado na vida. Embora ambos os lados tenham declarado vitória, Marcos logo fugiu e Cory assumiu o poder.

Depois do estilo de ditadura para tabloides da família Marcos, a viúva que se tornou estadista atordoou o mundo com seus modos sóbrios e seu destemor absoluto. Corazon Cojuangco Aquino se manteve firme em meio ao circo corrupto da política filipina, que tentou tirá-la do cargo golpe após golpe. Rapidamente ganhou o respeito de seus inimigos quando descobriram que não era tão fácil derrubar a dona de casa e mãe de cinco filhos do seu posto como presidente de uma nação explosivamente instável. Ela recusou-se a viver no opulento palácio que os Marcos tinham construído, proclamando-o um símbolo de opressão das massas pobres pelos poucos ricos, e optou por viver numa modesta residência próxima.

No entanto, a liderança revelou-se difícil a longo prazo. Embora lhe tenha sido creditada a elaboração de uma nova constituição democrática, que foi ratificada por um voto popular esmagador, o seu apoio diminuiu face à pobreza crônica, a um exército demasiado forte e à corrupção governamental. A sua presidência terminou em 1992.

Por suas conquistas e coragem, Cory Aquino recebeu inúmeros títulos honorários de fontes tão diversas quanto a Universidade de Fordham e a Universidade de Waseda, em Tóquio. Nomeada a Mulher do Ano da revista *Time*, também recebeu muitos prêmios e distinções, incluindo o Prêmio Eleanor Roosevelt de Direitos Humanos, a Medalha de Prata das Nações Unidas e o Prêmio Internacional Canadense para a Liberdade. Reconhecida pelo Women's International Center por sua "perseverança e dedicação", Corazon Aquino foi homenageada como uma International Leadership Living Legacy que "enfrentou a adversidade com coragem e objetividade".

ESTHER IBANGA: A PACIFICADORA

Esther Ibanga é uma pastora nigeriana e organizadora comunitária dedicada à paz em regiões em conflito, que recebeu o Prêmio Niwano pela defesa da paz e da unidade em Jos, Nigéria. Ela nasceu em 1961 em Kagbu, a sétima de dez crianças, oito das quais eram meninas. Ambos os pais eram muito religiosos; seu pai era um policial que ganhou prêmios por sua honestidade e bravura, e sua mãe fez muitas viagens missionárias como parte de seu envolvimento com a igreja. Ibanga formou-se em Administração de Empresas em 1983 pela Universidade Ahmadu Bello, e depois de servir o ano obrigatório no National Youth Service Corps, foi trabalhar para o Banco Central da Nigéria, onde conseguiu um cargo de gerente. Ela deixou o banco para se tornar a primeira líder feminina da igreja cidade de Jos, Nigéria, em 1995.

Em 2010, a pastora Ibanga fundou a Women Without Walls em resposta ao constante estado de crise no estado do Plateau, Nigéria, desde 2000. A wowwi é uma ONG que inclui mulheres nigerianas de todos os estratos sociais e oferece serviços de advocacia, formação para mulheres na construção da paz, mediação entre partes em conflito, ajuda às pessoas deslocadas dentro da Nigéria, assistência aos pobres, empoderamento de mulheres e jovens, e projetos de desenvolvimento em áreas desfavorecidas para evitar que as queixas provoquem conflitos violentos. Seu trabalho duro e dedicação tem ajudado a restaurar a paz entre as comunidades cristã e muçulmana em Jos North, uma área crítica potencialmente volátil. A sua abordagem é capacitar mulheres, tanto dentro como fora da Nigéria, para que se esforcem com sucesso em melhorar as condições de vida para mulheres e crianças de todas as etnias, religiões e alinhamentos políticos — permitindo que elas se realizem como "agentes naturais de mudança".

A pastora Ibanga foi líder de uma marcha em fevereiro de 2010 em direção à casa do Governo de Jos em protesto contra a crise étnico-religiosa de Dogon Nahawa, na qual muitas vidas, incluindo as de mulheres e crianças, haviam sido perdidas; mais de cem mil mulheres vestidas de preto participaram. Quando 276 adolescentes foram sequestradas de sua escola, em Chibok, Nigéria, por terroristas Boko Haram, a wowwi juntou-se à campanha Tragam de Volta as Nossas Meninas com outras líderes femininas. Foram realizados comícios que cruzaram as linhas religiosas e culturais para exigir que o governo agilizasse a libertação das garotas. A pastora Ibanga continua a fazer campanha pela libertação das 113 meninas que ainda são mantidas em cativeiro e fala internacionalmente sobre o assunto.

MEGYN KELLY: CONTADORA DE VERDADES

Megyn Kelly, nascida em 1970, é jornalista e comentarista política. Ela é formada em Ciências Políticas pela Universidade de Syracuse, e enquanto estudava, investigou casos de assédio sexual. Depois, obteve um doutorado da Faculdade de Direito de Albany. Após algum tempo como associada de uma empresa de defesa corporativa de Chicago, Kelly mudou-

-se para Washington, D.C. e foi contratada pela afiliada da ABC WJLA em 2003 como repórter televisiva de assuntos gerais. Em 2004, foi para a Fox News, onde contribuiu com segmentos legais para a *Special Report com Brit Hume,* além de hospedar seu próprio segmento durante o *Weekend Live, Kelly's Court.* Em 2010, tornou-se apresentadora do seu próprio show da tarde, *America Live.* Durante a disputa eleitoral presidencial de 2012, no dia das eleições, a Fox News fez uma projeção, durante a noite, de que Obama ganharia a reeleição depois que alguns resultados parciais foram liberados. Quando o estrategista republicano Karl Rove se opôs à projeção, Kelly perguntou: "É apenas matemática que você, como republicano, faz para se sentir melhor? Ou isso é real?" Aquilo chamou a política independente para Kelly. Ela deixou a *America Live* em 2013, mas após o nascimento de seu terceiro filho, naquele ano, voltou à Fox News como apresentadora de seu novo programa noturno, *The Kelly File,* que por vezes ocupou a primeira posição entre os programas da Fox News. Megyn Kelly tem atraído muita controvérsia ao longo dos anos devido à sua personalidade franca, incluindo a luta contra o candidato Trump; ela respondeu às críticas dele sobre ela dizendo que não "pediria desculpas por fazer bom jornalismo".

ANITA HILL: NÓS SEMPRE ACREDITAMOS EM VOCÊ

Ninguém poderia adivinhar que as audiências televisionadas no Senado sobre as nomeações de Clarence Thomas para a Suprema Corte dos EUA seriam o melhor programa de 1991. A boca coletiva dos Estados Unidos ficou aberta em espanto com o burburinho que se formou em torno do mérito do Juiz Thomas com base nas acusações de assédio sexual de Anita Hill. As audiências catapultaram a questão do assédio sexual no local de trabalho para o tema mais debatido e analisado do dia, algo que ainda reverbera anos depois. Antes da corajosa postura de Anita, o assédio sexual era costumeiramente varrido para debaixo do carpete cinzento da maioria dos escritórios, mas ela, sozinha, forçou-o para o centro da agenda nacional.

A nação e, de fato, o mundo, assistiram transfixados a incrivelmente equilibrada Anita revelar as suas experiências com Clarence Thomas como colega de trabalho. Com grande dignidade, ela testemunhou que Thomas a abordava com insistência para sair com ele, referia-se a si mesmo como "um indivíduo que tinha um pênis muito grande e... usava um nome... em material pornográfico", e pediu-lhe para ver "esta mulher (que) tem este tipo de seios que medem este tamanho", num bombardeio aparentemente interminável de insultos ridículos e lúgubres para ela como uma colega profissional. As audiências no Senado, geralmente estéreis e desprovidas de atenção dos tabloides, de repente apresentavam longas discussões, incluindo os termos "pênis" e "pelos pubianos".

O prelúdio ao circo da mídia aconteceu quando o presidente anunciou sua escolha de Clarence Thomas, o "Horatio Alger negro", como substituto de Thurgood Marshall, aposentado da Suprema Corte. Anita Hill, professora de Direito na Universidade de Oklahoma, entrou em contato com Harriet Grant, conselheira de nomeação do Comitê Judiciário. Ela disse a Grant que Thomas a tinha assediado sexualmente quando havia trabalhado como sua assistente na Equal Employment Opportunity Commission. Ela tinha, de fato, deixado a EEOC por causa do seu comportamento e entrado no meio acadêmico. Grant enviou à comissão senatorial um e-mail sobre as alegações, mas o Senado passou pelo processo de aprovação sem dar uma palavra sobre o relatório de Hill e preparou-se para votar pela confirmação de Thomas. A jornalista Nina Totenberg, da *National Public Radio* e Timothy Phelps, do *New York Newsday*, revelaram a história para um público chocado. Sete mulheres da Câmara dos Deputados marcharam em protesto ao edifício do Senado, exigindo saber da envergonhada comissão do Senado porque tinham ignorado a queixa de Hill.

Nada no passado de Hill poderia tê-la preparado para a investida da mídia. Nascida em 1956 como a mais nova de treze crianças, foi criada na zona rural de Oklahoma, em uma família profundamente religiosa. Uma aluna de destaque, foi a oradora da turma em sua escola secundária integrada, obteve as melhores honras na faculdade e foi uma das únicas onze estudantes negras de uma turma de 160 na Faculdade de Direito da Universidade de Yale.

Mesmo que à Anita Hill tenha sido prometida imunidade e confidencialidade total, ela compareceu perante o comitê em uma sessão especial antes do escrutínio da nação. O Comitê Judiciário foi desdenhoso, como só os *Old Boys* podem ser, com Anita Hill e seu testemunho, chegando ao ponto de perguntar se ela estava se vingando como uma "mulher desprezada", e sugeriram que ela era um bode expiatório para liberais radicais e feministas. Ao mesmo tempo em que as alegações de Anita foram finalmente ignoradas e Clarence Thomas eleito, a elegância de Anita sob pressão conquistou muitos admiradores, que protestaram contra a nomeação de Thomas. A controvérsia continuou sendo notícia de primeira página durante meses; pesquisas de opinião pública mostraram Anita Hill ganhando e Bush perdendo pontos enquanto adesivos de para-choque com a frase "Eu acredito em você, Anita!" apareceram em milhares de carros por todo o país. Por sua franqueza, ela recebeu o Prêmio Ida B. Wells da National Coalition of 100 Black Women e foi nomeada uma das Dez Mulheres do Ano pela *Glamour,* em 1991.

A corajosa convicção de Anita Hill fez dela uma heroína do final do século XX. Nas suas palavras: "Senti que tinha de dizer a verdade. Não consegui ficar calada."

Só tem de dizer a verdade e isso é o máximo que alguém pode esperar de você — e, se tiver essa oportunidade, terá conseguido alguma coisa.
Anita Hill

HILDA SOLIS: POLÍTICA PIONEIRA

Hilda Solis nasceu em 1957 e foi criada em La Puente, Califórnia; seus pais, imigrantes nicaraguenses e mexicanos, se conheceram nas aulas preparatórias para conseguir cidadania norte-americana, casando-se em 1953. O seu pai tinha sido um comissário de bordo da Teamsters no México; organizou-se novamente para o sindicato na fábrica de reciclagem de baterias Quemetco, mas os seus esforços a favor dos trabalhadores não o impediram de ser envenenado por chumbo na empresa. A mãe de Hilda também foi ativa no sindicato durante seus anos de trabalho na Mattel, logo que todas as crianças estavam na escola.

Na Escola Secundária La Puente, não se esperava necessariamente que os alunos tentassem melhorar através do ensino superior; uma das orientadoras da Hilda disse à mãe: "A sua filha não é material universitário. Talvez ela devesse seguir a carreira da irmã mais velha e tornar-se uma secretária." Felizmente, outra conselheira apoiou a candidatura de Hilda à faculdade, e chegou ao ponto de visitá-la em sua casa para ajudá-la a preencher uma inscrição. Hilda bacharelou-se em Ciências Políticas pela Universidade Politécnica do Estado da Califórnia e obteve um mestrado em Administração Pública na usc.

Solis estagiou e editou um boletim informativo no Escritório de Assuntos Hispânicos da Casa Branca durante a Administração Carter.

Em Washington, D.C., ela conheceu o seu futuro marido, Sam Sayyad. Voltou à costa oeste, e em 1982 tornou-se diretora do Programa de Oportunidade e Acesso ao Estudante da Califórnia, que ajudava jovens desfavorecidos a se prepararem para a faculdade. Amigos exortaram-na a considerar concorrer a um cargo eletivo e, após uma bem-sucedida candidatura em 1985, ela serviu por alguns anos no Rio Hondo Community College District. Solis também se tornou Chefe de Gabinete do senador estadual Art Torres. Em 1992, concorreu à Assembleia Estadual da Califórnia e ganhou com o apoio de Barbara Boxer, Gloria Molina e sua mãe, que notadamente alimentou seus voluntários de campanha com burritos caseiros.

Em 1994, Art Torres foi nomeado para um cargo estadual como comissário de seguros, e Solis concorreu e ganhou a vaga no Senado Estadual. Foi a primeira mulher de ascendência hispânica a servir no Senado Estadual, assim como a mais jovem membro do Senado na época. Foi autora de projetos de lei de prevenção à violência doméstica e defendeu os trabalhadores com um projeto de lei para aumentar o salário mínimo de 4,25 dólares por hora para 5,75, ideia que enfrentou oposição maciça das empresas e foi vetada pelo governador Pete Wilson. Solis não deixou que isso a impedisse; ela liderou com sucesso uma iniciativa eleitoral, usando 50.000 dólares da sua própria campanha. Quando a iniciativa passou, outras pessoas sabiam que ela era alguém com quem se podia contar. Iniciativas semelhantes foram tomadas em outros estados na onda desta vitória. Solis trabalhou para promulgar uma lei de justiça ambiental para proteger os bairros de baixa renda e minorias de serem repetidamente alvo de novos aterros sanitários e fontes de poluição e, em 2000, ela recebeu o *JFK Library Profile in Courage Award* por este trabalho, a primeira mulher a ganhá-lo. Ela também conclamou operadores de confecções pelas violações das condições de trabalho que sofriam e foi uma defensora do povo em questões de educação e saúde; 2000 foi também o ano em que ela concorreu com sucesso ao Congresso. Em 2008, ela se tornou a primeira mulher hispânica a servir no Gabinete dos EUA, quando o presidente Obama a chamou para o cargo de Secretária do Trabalho. Depois de servir durante o seu primeiro mandato, decidiu demitir-se e regressar à Califórnia, onde é atualmente Supervisora do Condado de Los Angeles.

RASHMI MISRA: ENSINO PARA A MUDANÇA

Rashmi Misra cresceu em uma família militar, então mudou-se, frequentando várias escolas, mas completou sua escolaridade em Delhi, Índia. Ela estudou alemão e relações públicas no Colégio Lady Sri Ram.

Paralelamente, ela também estudou a dança Odissi, uma antiga forma de dança clássica indiana que veio originalmente dos templos hindus. Quando jovem, foi empregada como membro da equipe de solo pela Lufthansa Airlines. Em 1985, ela começou a dar aulas para cinco meninas em sua casa, que então ficava no campus do IIT Delhi; este foi o início do que viria a ser o VIDYA. Como ela o descreve, "... percebi que as crianças estavam sedentas de aprender, mas faltava-lhes as oportunidades e os meios. Fui a favelas para encontrar crianças e educá-las. Educar os desprivilegiados me manteve motivada."

Depois de casar-se, ela emigrou para os Estados Unidos. Construiu o pequeno projeto educacional que havia iniciado na VIDYA, uma grande organização sem fins lucrativos que emprega mais de 300 pessoas e fez a diferença para mais de 220.000 famílias nas últimas três décadas. A ONG trabalha com pessoas de bairros extremamente desfavorecidos de Delhi, Bangalore e Mumbai, fornecendo escolas e educação corretiva; alfabetização, formação em informática e outras competências; além de microfinanças e outros apoios em prol do empreendedorismo social. Muito do trabalho da VIDYA ainda se concentra em ajudar crianças, assim como mulheres empresárias; mas apoiar mulheres e crianças transforma comunidades inteiras. Misra encontrou — e inspirou — muitos voluntários e realizou campanhas para angariar fundos ao longo dos anos, num esforço para sustentar a VIDYA. Visite a sua página na *web* para saber mais sobre os frutos desse trabalho — e nunca duvide que uma mulher que se importa pode fazer a diferença: http://vidya-india.org/

ASIEH AMINI: TOMAR MEDIDAS POR UMA CAUSA

Asieh Amini é uma renomada poetisa e jornalista iraniana expatriada, que vive na Noruega. Desde o seu nascimento, em 1973 até 1979, viveu uma vida bastante privilegiada, vinda de uma família de origem abastada e com empregados; mas eles perderam grande parte da sua riqueza durante a Revolução Iraniana, em 1979. Além de se adaptar à realidade de uma família de classe média, a jovem Amini desprezava o fato de que as mulheres agora teriam que usar um hijab preto obrigatoriamente. Quando criança, ela achava que o hijab era feio e chorava quando era obrigada a usá-lo como as outras meninas. Em 1993, Amini iniciou a escola de jornalismo na Universidade Tabataba'i, no Teerã. Ainda caloura, começou a escrever para o jornal diário de linha dura *Kayhan*, depois para o *Iran*, um jornal maior. O *Iran* começou a publicar um suplemento para os jovens e chamou Amini para ser a editora cultural da seção de 28 páginas; esta era uma posição excepcionalmente alta para uma mulher no Irã, e houve exaltação da ala masculina, que não gostava que ela estivesse comandando homens como editora da seção — homens mais velhos do que ela era, nada menos. Amini se recusou a ceder e se concentrou em trabalhar duro, até catorze horas por dia.

Com a mudança dos ventos políticos no Irã, a censura relaxou um pouco, e mais mulheres jovens começaram a se dedicar ao do jornalismo. Amini trabalhou em um jornal que cobria assuntos femininos, embora se opusesse ao conceito de separar as notícias por gênero; depois ela se tornou uma freelancer, cobrindo manifestações curdas e um terremoto em Shirazi. Em 2006, começou a investigar assassinatos de jovens mulheres após saber da horrível execução de uma menina de dezesseis anos. Ela trabalhou para publicar o que descobriu, mas perdeu o emprego em um jornal e foi recusada por vários outros. O editor-chefe que a despediu disse que era impossível para o jornal deles publicar a história, uma vez que ela estava lutando contra a lei Sharia e o sistema judicial iraniano. Finalmente, uma revista feminina concordou em publicar uma versão resumida da história. Amini logo soube de uma jovem mulher de dezenove anos chamada Leyla, com idade mental de oito anos, que tinha sido abusada e prostituída por sua mãe desde a infância e foi condenada à morte por enforcamento. Amini escreveu sobre ela e a defendeu, ganhando atenção internacional, o que finalmente levou a um novo julgamento para Leyla, que, depois disso, recebeu um lugar seguro para viver e ser cuidada. No decorrer do que ela então pensou como organização para os direitos das crianças, Amini tomou conhecimento dos apedrejamentos, que continuavam em segredo, apesar de serem oficialmente ilegais desde 2002.

Quando descobriu que os juízes mais duros do Irã continuavam condenando mulheres e outras pessoas à morte por apedrejamento porque pensavam que respondiam a uma autoridade superior à lei da Terra, Amini cocriou a campanha *"Stop Stoning Forever"* em 2006. O seu papel era acumular provas de que os apedrejamentos ainda estavam acontecendo. Ela trabalhou incessantemente com seu grupo e conseguiu encontrar catorze pessoas que haviam sido condenadas àquela sentença; em seguida, buscaram obter apoio internacional, chegando mesmo a contrabandear informações para a Anistia Internacional, o que colocou os fatos sob os olhos do público, mesmo no Irã. Em 2007, ela foi presa por cinco dias após uma manifestação silenciosa sobre os direitos das mulheres num tribunal; depois disso, tornou-se claro que estava sob vigilância. Finalmente ela fugiu com sua filha para a Suécia em 2009, após um aviso de que várias prisioneiras haviam sido interrogadas sobre ela e que provavelmente logo estaria entre as muitas "desaparecidas". Ela se mudou para a Noruega, continuou seu interesse de longa data em escrever poesia e atualmente está trabalhando em um novo livro-documentário enquanto conclui um mestrado em Igualdade e Diversidade na NTNU.

AMAL ALAMUDDIN CLOONEY: DEFENSORA DA JUSTIÇA INTERNACIONAL

Amal nasceu em Beirute, Líbano, em 1978; quando tinha dois anos, a família Alamuddin deixou o Líbano e foi para Buckinghamshire, Inglaterra. Em 1991, seu pai voltou ao Líbano, enquanto Amal e seus três irmãos ficaram com a mãe, editora estrangeira de um jornal pan-árabe que também fundou uma empresa de relações públicas. Amal formou-se em Jurisprudência em Oxford, no ano 2000, e continuou a estudar Direito na Universidade de Nova York. Enquanto estava lá, trabalhou por um semestre no escritório de Sonia Sotomayor, que na época era juíza do Tribunal de Recursos dos EUA para a Segunda Circunscrição, muito antes de se tornar juíza associada da Suprema Corte dos EUA. Tornou-se advogada nos EUA em 2002 e em 2010 na Inglaterra e no País de Gales; em seguida, ingressou no International Court of Justice at The Hague e continuou no International Criminal Tribunal para a ex-Iugoslávia e no Office of the Prosecutor at the UN Special Tribunal para o Líbano. Em 2010, Amal voltou à Grã-Bretanha para trabalhar como advogada em Londres. Em 2013, foi nomeada para várias comissões da ONU, tanto como conselheira do Enviado Especial Kofi Annan na Síria quanto como conselheira do relator de direitos humanos da ONU, Ben Emmerson, sobre o *2013 Drone Inquiry*, sobre o uso de drones em operações de combate ao terrorismo. Nos últimos anos, ela tem dado aulas sobre assuntos interessantes como direito penal internacional e litígios de direitos humanos em algumas instituições, incluindo Columbia Law School's Human Rights Institute, UNC-Chapel Hill, New York's New School, The Hague Academy of International Law e a Universidade de Londres. Amal é advogada do povo e trabalhou em muitos casos, incluindo o esforço pelo reconhecimento do genocídio armênio de 1915; ela se preocupa em falar pelos sem voz e lutar pelo que é justo. Também foi cofundadora da Fundação Clooney para a Justiça em 2016 com seu marido, o ator George Clooney.

LIZZIE VELASQUEZ: CORAÇÃO CORAJOSO

Lizzie Velasquez nasceu em 1989, prematura e pesando menos de 3 quilos, na cidade de Austin, Texas, e foi diagnosticada com um distúrbio genético que a torna incapaz de ganhar peso. Até hoje, ela nunca pesou mais de trinta quilos, apesar da ingestão frequente e cuidadosamente cronometrada de alimentos. Ela também é cega do olho direito e tem problemas de visão no olho esquerdo. Em 2006, quando tinha dezessete anos, Lizzie foi nomeada a "Mulher Mais Feia do Mundo"; desde então, ela tem sido porta-voz contra o bullying. Em janeiro de 2014, deu uma palestra no TED intitulada: "Como você se define". Seu canal no YouTube conquistou 54 milhões de visualizações. Lizzie também publicou um livro com sua mãe chamado *Lizzie Beautiful: The Lizzie Velasquez Story*, além de escrever dois outros livros que oferecem histórias pessoais e conselhos aos adolescentes. Um documentário sobre a sua vida chamado *A Brave Heart: The Lizzie Velasquez Story* estreou na sxsw em 2015 e mais tarde estreou no Lifetime. Lizzie continua a ser uma oradora e autora motivacional.

MALALA YOUSAFZAI: UMA FORÇA PARA O BEM NO MUNDO

Malala Yousafzai é uma ativista paquistanesa pela educação feminina e pelos direitos das meninas, assim como a pessoa mais jovem a receber o prêmio Nobel. Ela nasceu em Mingora, Paquistão, no Vale Swat, em 1997. Seu pai, Ziauddin Yousafzai, acreditava que um dia ela se tornaria uma política e a deixava ficar acordada até tarde da noite para discutir o tema. Ela falou sobre direitos educacionais pela primeira vez aos onze anos de idade, quando seu pai a levou ao clube de imprensa local em Peshawar, debatendo o tema: "Como ousa o Talibã tirar-me o direito básico à educação?" Nesta época, os Talibãs estavam frequentemente explodindo escolas para meninas. Quando ela soube que a bbc Urdu News estava à procura de uma aluna para cuidar de um blog anônimo sobre a sua vida e que a garota que estava prestes a fazê-lo tinha mudado de ideia devido ao medo da sua família quanto ao Talibã, Malala, que na altura só estava na sétima série, assumiu a tarefa. A equipe da bbc insistiu que ela usasse um pseudônimo: ela se chamava "Gul Makai", que significa "centaurea" em urdu. Malala escreveu notas que foram depois passadas a um repórter para serem digitalizadas e enviadas para a bbc Urdu por e-mail. No dia três de janeiro de 2009, a primeira publicação foi feita. As suas descrições continuaram a ser publicadas quando as operações militares começaram, incluindo a Primeira Batalha de Swat; eventualmente a escola de Malala teve suas aulas encerradas. Em quinze de janeiro, os Talibás haviam emitido um comunicado em Mingora, segundo o qual nenhuma garota podia ir à escola — e, por essa altura, já haviam destruído mais de cem escolas para meninas. Depois que a proibição entrou em vigor, eles continuaram a destruir escolas. Algumas semanas mais tarde, as meninas foram autorizadas a frequentar a escola, mas apenas em escolas mistas; os colégios femininos ainda estavam proibidos, e pouquíssimas meninas voltaram a estudar com a atmosfera de violência iminente que pairava sobre a região. Em 18 de fevereiro, o líder local do Talibá, Maulana Fazlulla, anunciou que baniria a educação para mulheres, e que as meninas poderiam frequentar a escola até 17 de março, para quando os exames estavam marcados, mas teriam que usar burcas.

Depois que Malala terminou sua série de posts no blog da bbc, em 12 de março de 2009, uma repórter do *The New York Times* perguntou a ela e a seu pai se ela poderia aparecer em um documentário. Nesta altura, as ações militares e a agitação regional forçaram a evacuação de Mingora, e Malala foi enviada para ficar com familiares. No final de julho, sua família foi reunida e autorizada a voltar para casa, e depois do documentário, Malala começou a fazer algumas entrevistas importantes para a mídia. No final de 2009, sua identidade como blogueira da bbc foi revelada por jornalistas. Ela começou a receber reconhecimento internacional e foi galardoada pelo governo do seu país com o *National Youth Peace Prize* — um prêmio atribuído pela primeira vez no Paquistão. À medida que as coisas se desenvolviam, começou a planejar a Fundação de Educação Malala em 2012, cujo objetivo seria ajudar as meninas economicamente desfavorecidas a poderem frequentar a escola. Mas, no verão daquele ano, um grupo de líderes talibás concordou em matá-la — unanimemente. Enquanto voltava de ônibus para casa em outubro, um criminoso mascarado atirou nela; a bala atravessou sua cabeça, pescoço e ombro, ferindo outras duas garotas.

Malala mal sobreviveu, mas foi levada para um hospital de Peshawar, onde os médicos lhe retiraram a bala da cabeça em cinco horas. Recebeu tratamento especializado na Europa com o governo paquistanês custeando os gastos. Desde a sua recuperação, ela continua a falar tanto pela educação das meninas quanto pelos direitos das mulheres em geral. Aos dezessete anos, ela foi coganhadora do Prêmio Nobel da Paz 2014 por seu trabalho em prol das crianças e jovens, compartilhando a premiação com Kailash Satyarthi, uma ativista dos direitos das crianças da Índia. Malala é o Prêmio Nobel mais jovem da história. Nesse mesmo ano ela também recebeu um doutorado honorário da University of King's College em Halifax, Nova Escócia. No seu 18º aniversário, abriu uma escola no Líbano, não muito longe da fronteira síria, para refugiados sírios, especificamente meninas adolescentes, financiada pelo Fundo Malala, sem fins lucrativos. Ela continua seus estudos, bem como o seu ativismo. Saiba mais sobre o seu trabalho em https://www.malala.org/.

DEZ MULHERES NOBRES: HEROÍNAS DA PAZ

O Prêmio Nobel da Paz é uma das mais altas honras que um ser humano pode receber; gosto de pensar nele como a designação para os verdadeiramente evoluídos! A lenda por trás do prêmio é que Alfred Nobel sempre se interessou pela causa da paz, mas foi movido a fazer algo a respeito por sua amiga, a baronesa Bertha von Suttner. Ela se envolveu no movimento internacional contra a guerra fundado na década de 1890 e inspirou Nobel a apoiá-la financeiramente. Em janeiro de 1893, Alfred escreveu à boa baronesa uma carta com as suas intenções de estabelecer um prêmio para "aquele ou aquela que teria dado o maior passo em direção à pacificação da Europa". É evidente que esta prestigiosa dotação se estendeu a todo o mundo e inclui mulheres e homens das mais diversas etnias e origens. Desde 1901, mais de cem Prêmios de Paz foram concedidos. Até agora, as mulheres beneficiárias receberam os louros por uma média de 10%, mas na última década, estão recuperando o atraso. Aqui estão dez sacerdotisas de pacifismo:

A **baronesa Bertha von Suttner** era heroica desde o início, quando foi contra os modos aristocráticos de sua família e trabalhou como governanta e ama (isso não te lembra alguma outra ama que tenha se tornado ativista pela paz?!), continuando a escrever um romance antiguerra, *Die Waffen Nieder* (Abaixe os braços), e recebendo o prêmio em 10 de dezembro de 1905.

Jane Addams recebeu o Prêmio Nobel da Paz em 1931, quando estava perto da morte. Ela foi uma forte adversária da Primeira Guerra Mundial e uma escolha controversa por essa razão; de fato, em uma simetria extremamente estranha, seu correcipiente, Nicholas Murray Butler, tinha sido seu maior crítico. Seu compromisso com o ativismo foi tão grande que ela pediu que as organizações que fundou, Hull House e a Women's International League for Peace and Freedom (WILPF), fossem listadas em sua lápide!

Uma das parceiras de Jane Addams no pacifismo foi **Emily Greene Balch**, que trabalhou com ela na WILPF e assumiu a liderança da organização após a morte de Addams em 1935. Em 1946, Balch recebeu a ilustre honra de ser reconhecida por sua abordagem prática e orientada para a solução da paz em seu trabalho especial com os imigrantes eslavos, sua firmeza diante da demissão de Wellesley por seus protestos de guerra e seu papel fundamental na obtenção da retirada das tropas americanas do Haiti em 1926, após uma década de ocupação.

Após uma lacuna de *trinta anos* em que nenhuma mulher ganhou, duas heroínas levaram o prêmio pela paz em 1976 — **Betty Williams** e **Mairead Corrigan**. Williams, uma dona de casa de Belfast, e Corrigan, que tinha perdido dois filhos para a guerra entre o Exército Republicano Irlandês e os soldados britânicos, eram líderes no movimento para acabar com a violência sem sentido na Irlanda do Norte. Elas foram citadas como tendo demonstrado "o que pessoas comuns podem fazer para promover a paz".

Em 1979, **Madre Teresa** foi agraciada com a mais alta honra por sua incrível contribuição à justiça social. Aos doze anos de idade, a devota católica albanesa sabia que queria dedicar sua vida aos pobres e logo depois foi para a Índia, ensinar e trabalhar nas favelas de Calcutá.

Ela fundou uma nova ordem, Os Missionários da Caridade, e continuou o trabalho que atravessou todas as fronteiras de raça e religião. Sua imagem veio para simbolizar a gentileza e o espírito em ação. Com sua trágica morte, uma semana após a da princesa Diana, em setembro de 1997, vimos a perda de duas grandes defensoras dos pobres, dos doentes e dos desfavorecidos.

O Prêmio Nobel da Paz de 1982 foi para mexicana **Alva Myrdal**, que o compartilhou com seu compatriota Alfonso Garcia Robles, cujo trabalho de ambos no movimento pelo desarmamento foi longe para diminuir a ameaça de destruição global. Myrdal trabalhou com paz e justiça social desde os anos 1930, e escreveu um dos livros mais importantes sobre o assunto. Ela tinha sido ignorada (juntamente com muitas outras heroínas pacifistas) pelo Comitê Nobel em oposição a escolhas maioritariamente masculinas, até surgir tal matiz e grito que os selecionadores ouviram! Alva descreveu seu momento Nobel como seu "auge", entretanto disse que o "Prêmio do Povo Noruguês" era "caro ao seu coração".

Além da Madre Teresa, a heroína Nobel que recebeu mais publicidade foi a budista birmanesa e prisioneira política **Aung San Suu Kyi**, ganhadora em 1991. Profundamente inspirada pela obra de Mahatma Gandhi, Aung San baseou sua vida e ações no que ela chama de "uma profunda simplicidade", delineada maravilhosamente em seu livro *Freedom From Fear*. A sua dedicação em libertar o povo da Birmânia do seu governo sob uma ditadura brutalmente opressiva conquistou o respeito do mundo. Aung San foi presa depois de ganhar uma eleição que se opôs ao governo militar de Mianmar (Birmânia). Ela não é apenas a heroína nacional de seu país, mas do mundo, por sua coragem inabalável diante de um poder cruel e corrupto.

Rigoberta Menchu Tum foi uma escolha controversa que o comitê Nobel fez em 1992. Nativa maia e guatemalteca, Tum foi criticada por muitos especialistas conservadores pelo seu envolvimento no grupo rebelde guerrilheiro do seu país; eles viram-na como estando em conflito com a ética da não-violência do Nobel. A verdade, porém, é que embora seu pai e muitos amigos e companheiros *camponeses* tenham sido queimados vivos em um protesto pacífico na embaixada mexicana, ela nunca participou da violência e sempre trabalhou em prol da paz e da justiça para seu país dentro das arenas da política social, explicando: "Entendemos revolucionário no verdadeiro significado da palavra 'transformação'. Se eu tivesse escolhido a luta armada, estaria agora nas montanhas."

Jody Williams recebeu o Prêmio Nobel da Paz por seu trabalho com a Campanha Internacional para a Proibição das Minas Terrestres no dia 10 de outubro de 1997, um dia após o seu 47º aniversário. Jody, uma franca e realista mulher da Nova Inglaterra, conseguiu que governos de todo o mundo concordassem em ajudar na limpeza dos campos de minas terrestres ao redor do globo. Ao contrário de muitas outras questões ecopolíticas, esta tem um rosto bastante humano — centenas de pessoas, muitas crianças, são mutiladas e aleijadas para toda a vida ao terem seus membros arrancados ao pisarem numa mina terrestre. A crise tem recebido publicidade internacional, o que ajudou a catapultar para sua resolução. Jody recebeu de outra heroína uma ajuda muito importante para chamar a atenção do mundo sobre o problema: a princesa Diana, cuja morte desastrosa em Paris três meses antes do Prêmio Nobel impediu-a de ver a fruição do seu trabalho de minas terrestres no triunfo de Jody.

7
•MUSAS E MUSICISTAS INCRÍVEIS: OCUPANDO O CENTRO DO PALCO•

O recente *hype* sobre mulheres entrando na cena musical em meados dos anos 1990 está bastante saturado. As mulheres fazem música desde que a hominídea Lucy balançou o esqueleto e tocou tambor com os ossos dos seus antepassados nas pradarias da África antiga. A verdadeira questão está mais para uma indústria musical assustada e decadente, em rumo à reciclagem vazia do rock dominado por homens que finalmente está percebendo que o público pagante quer mais. Uma mudança definitiva de paradigma está ocorrendo, mas as mulheres no centro do palco hoje estão de pé sobre bases construídas pelas mulheres que lutaram pela oportunidade de se apresentar, ser gravadas, conquistar tempo no ar; de apenas ter uma chance. Por exemplo, Billie Holiday, talentosíssima, lutou durante toda a sua carreira e pagou o preço pelos maus-tratos que recebeu como mulher negra que insistia em ser levada a sério pela sua música. Janis Joplin, uma figura na mesma proporção trágica e inspiradora, também teve um final trágico com drogas e bebidas alcoólicas. Ela era outra luz brilhante demais, rodeada por mariposas parasitas e vivendo sob a pressão esmagadora de manter a autenticidade mesmo como uma mercadoria famosa.

Felizmente, as coisas mudaram. As mulheres agora mantêm os direitos autorais de suas músicas, dirigem suas próprias gravadoras, dão as ordens, dirigem os vídeos e administram seu dinheiro com o entusiasmo estratégico dos MBAS. Madonna deixou de comer lixo e de ocupar casas abandonadas em Nova York para se tornar um ícone e uma magnata. Tina Turner virou o jogo contra um Ike abusivo e manipulador, começou a meditar, e voltou para se vingar com uma carreira incrível como a imortal deusa do R&B. Ani DiFranco levou a sério o mote "faça você mesmo" com a Righteous Babe Records, sua própria gravadora, que começou aos quinze anos de idade. A Lilith Fair, um espetáculo de rock itinerante só de mulheres, atordoou o mundo com shows esgotados em todas as cidades e uma comunicação arrasadora que colocou outros shows no chinelo, em sua maioria festivais masculinos como o Lollapalooza e o Horde.

Fora dos palcos, o negócio da música também tem passado por mudanças de poder. Sylvia Rhone foi a primeira mulher a gerir uma gravadora, a Elektra, escalando uma indústria que ela descreve como tendo uma "mentalidade de cafetão". Hoje, várias mulheres estão no topo dos cargos da Sony, MTV e Epic Records. No entanto, as histórias de sucesso dessas mulheres servem de lição sobre como trabalhar sob as restrições de corporações formadas por clubes do Bolinha, nas quais as mulheres eram meras fachadas ou produtos vendidos com ênfase no sexo. A cantora Sinead O'Connor, feminista radical, crítica do Papa João Paulo II e mãe orgulhosa (cuja gravadora disse-lhe que ela não podia ter filhos porque isso iria interferir na promoção de seus discos e que se retirou dos Grammys quando descobriu que o comediante misógino Andrew Dice Clay era um dos apresentadores), oferece este conselho às mulheres: "Aprenda a dizer 'não' diretamente. Você não precisa parecer como o maquiador quer. Confie nos seus instintos. Não se pode fazer uma omelete sem quebrar ovos..." A heroína rapper Mary J. Blige coloca isso para as mulheres de forma mais sucinta com a sua sabedoria sem rodeios: "Não deixe ninguém pisar em você!"

BIG MAMA THORNTON: "MAIS FORTE QUE A SUJEIRA"

Willie Mae "Big Mama" Thornton sumiu de vez na época em que o New Wave surgiu na cena musical, morrendo de insuficiência cardíaca e hepática em 1984. Após 57 anos de uma vida dura com boas doses de álcool, ela era uma mera sombra de si mesma no seu último ano, pesando apenas 44 quilos. No auge de sua carreira, Thornton tomou os palcos cantando e tocando bateria e gaita ao lado de lendas do R&B, como Muddy Waters, B.B. King, Eddie Vinson e Janis Joplin.

Sua contribuição mais lembrada para a história da música será sempre a canção "Hound Dog", a número um nas paradas de 1953, escrita especialmente para ela por Jerry Leiber e Mike Stoller. Foram tanto suas apresentações quanto o seu estilo de blues que influenciaram "Hound Dog". "Nós queríamos que ela rosnasse", disse Stoller mais tarde à *Rolling Stone*. Três anos depois, Elvis Presley fez um cover da melodia de Big Mama, tomando a canção, que era sua marca registrada, como dele. Como tantas outras estrelas negras do blues, ela não era suficientemente popular; em 1957, sua fama havia caído tanto que foi abandonada pela gravadora. E, como muitas outras estrelas do blues da época, foi insuficientemente compensada por seu trabalho — embora a sua incrível e arrebatadora interpretação de "Hound Dog" tenha vendido dois milhões de cópias, Big Mama recebeu apenas um cheque de direitos autorais no valor de quinhentos dólares.

Incansável, no entanto, ela pegou a estrada, tocando com outros mestres do blues para públicos incríveis por todo o país. O sucesso de Big Mama veio da sua poderosa presença de palco. Ela começou a se apresentar publicamente nos anos 1940, quando ainda era uma adolescente vivendo em Atlanta, dançando em shows de variedades e na Sammy Green's Hot Harlem Review. As heroínas musicais de Thornton foram Bessie Smith e Memphis Minnie, que ela sempre teve como grandes inspirações para sua decisão de seguir a música como carreira. Thornton era uma musicista completamente autodidata que aprendeu por meio da observação: "Eu nunca tive ninguém para me ensinar nada. Ensinei a mim mesma a cantar e tocar gaita e até a tocar bateria observando outras pessoas."

James Brown, Otis Redding, os Rolling Stones e Janis Joplin ajudaram a criar um ressurgimento do interesse pelos blues nos anos 1960. Janis fez cover de "Ball and Chain", tornando a música um grande sucesso para milhões de fãs que nunca tinham conhecido a versão de Thornton. Numa triste repetição da história, os direitos de Big Mama sobre "Ball and Chain" ficaram com sua gravadora, o que significa que ela não recebeu um centavo das vendas de Joplin. Contudo, devido a essa popularização, artistas como Big Mama começaram a desfrutar de uma audiência variada, ganhando os holofotes que anteriormente lhes tinham sido negados pelos produtores que acreditavam que o público preferiria a música negra quando higienizada por cantores como Presley.

Com um interesse renovado, Big Mama começou a se apresentar em festivais de blues ao redor do mundo, resultando em álbuns clássicos como *Big Mama in Europe* e *Stronger than Dirt*, em que foi apoiada por Muddy Waters, James Cotton e Otis Spann. *Stronger than Dirt* apresentou as interpretações de Thornton das músicas "Funky Broadway", de Wilson Pickett, e "I Shall Be Release", de Bob Dylan. Os últimos álbuns de Big Mama foram *Sassy Mama!* e *Jail*, gravado ao vivo em prisões. Em 1980, Thornton, Sippie Wallace e Koko Taylor se destacaram no inesquecível show Blues Is a Woman no Newport Jazz Festival. Embora Big Mama mal tenha ganhado dinheiro suficiente para viver de sua música, a sua contribuição para o blues foi enorme. Ela morreu sem um tostão e sozinha em uma pensão de Los Angeles, destruída pela bebida e decepcionada pelos maus-tratos da indústria musical. Mas recebeu enorme respeito de seus pares e influencia dezenas de músicos até os dias de hoje.

Em que ponto o R&B começou a tornar-se rock and roll? Quando os garotos brancos começaram a dançar ao som dele.
Ruth Brown

PEGGY JONES: LADY BO

Uma mulher que seguiu seu próprio caminho e que, ao fazê-lo, destruiu vários estereótipos musicais: Peggy Jones tinha música na alma desde o início; bailarina durante a infância, já tinha se apresentado no Carnegie Hall aos nove anos de idade. Quando jovem, essa nova-iorquina ficou intrigada com o ukulele e depois migrou para a guitarra. Nunca lhe ocorreu que parecesse incomum uma mulher tocar guitarra nos anos 1940. "Mal sabia que uma mulher tocando qualquer instrumento era uma novidade. Eu estava quebrando muitas barreiras."

Aos dezessete anos, já estava produzindo e editando singles como "Honey Bunny Baby/ Why Do I Love You?" e "Everybody's Talking/ I'm Gonna Love My Way". No final dos anos 1950, ela, seus amigos e seu futuro marido Bobby Bakersfield formaram The Jewels, uma banda composta por homens e mulheres, o que era muito incomum para a época; ainda mais única, a banda incluía tanto membros brancos quanto negros. The Jewels recebeu muitas críticas por seu desrespeito às fronteiras de gênero e raça, mas eles persistiram em se apresentar para públicos apaixonados. Jones lembra-se de lutar para além dos protestos: "Eu aguentei porque era isso que eu queria fazer, e tinha um temperamento muito forte quanto à forma como eu pensava que devia agir."

A forma singular de Peggy tocar é um dos componentes dos discos de sucesso de Bo Diddley e das turnês nacionais ao longo dos anos 1950 e 1960. Diddley, famoso por seu ritmo característico, um dia viu Jones andando pela rua com sua guitarra e, como o esperto *showman* que era, percebeu que ter uma garota bonita tocando guitarra em sua banda seria muito bom para as vendas. Peggy foi apresentada ao mundo da música profissional em tempo integral com a turnê da banda de Diddley. Ela aprendeu muito, aperfeiçoando suas habilidades com a guitarra ao ponto de o próprio Diddley se sentir um pouco ameaçado com seus solos interessantes. Ela também conheceu as dificuldades da estrada e experimentou em primeira mão a fronteira racial que existia até mesmo para as estrelas da música. Quando chegou ao Sul, nos carros funerários em que faziam turnê, a banda frequentemente precisava ficar em hotéis para não brancos e teve que usar banheiros separados para "pessoas de cor". Eles até descobriram uma maneira de cozinhar no carro quando não conseguiram encontrar um restaurante que servisse aos negros.

No entanto, Jones não se contentou com o pano de fundo ou com créditos nos encartes do álbum, e deu um tempo da turnê incansável de Bo Diddley. Ela escreveu novamente o seu próprio material e voltou a performar com The Jewels. No final dos anos 1960, ela formou a sua própria banda e foi para a estrada. Peggy Jones foi uma verdadeira pioneira para as mulheres na música. Por causa dela, a ideia de uma mulher tocar guitarra — ou qualquer instrumento em uma banda — tornou-se muito mais aceitável.

Acho que não entrei com uma atitude do tipo "Ah, eu sou uma mulher, eles não vão gostar que eu toque". Então, provavelmente essa pode ter sido a minha salvação, porque entrei como musicista e esperava ser aceita como musicista.

Peggy Jones

JOAN BAEZ: MAIS DO QUE LEVADA PELO VENTO

A guitarrista e heroína do folk Joan Baez foi uma das musicistas que se beneficiaram da carreira de Peggy Jones. Joan deu de cara com sua musa ainda jovem, quando era estudante na Universidade de Boston. Em 1960, aos dezenove anos de idade, ela se tornou um nome comum na vida noturna com seu álbum *Joan Baez*. Ferozmente política, gravações suas, como "We Shall Overcome", apontam para o seu alinhamento com os direitos civis; ela foi uma das manifestantes mais conhecidas contra a Guerra do Vietnã, além de ter trabalhado para a campanha No Nukes. Curiosamente, uma das causas com que Joan nunca se alinhou foi o feminismo. "Eu não me identifico com o feminismo. Eu vejo toda a raça humana doente e precisando de ajuda, não apenas as mulheres." Com sua voz inspiradora e seus longos cabelos escuros, ela deu a uma geração de mulheres um modelo de ativismo, liberdade pessoal e autodeterminação. Baez vive de sua própria maneira — e, ao fazê-lo, encoraja a todos a seguirmos nossas consciências.

YOKO ONO: AVANT SAVANT

Uma das figuras mais controversas da história do rock, Yoko Ono foi um gosto adquirido para aqueles dispostos a acompanhá-la para além dos limites do experimentalismo musical. Injustamente criticada como a mulher que separou os Beatles, ela é uma musicista formada em música clássica e foi uma das artistas mais vanguardistas, antes mesmo de os Fab Four gravarem qualquer música. Nascida em Tóquio em 1933, mudou-se para Nova York em 1953 e estudou na faculdade de música Sarah Lawrence. Ainda assim, teve dificuldade em entrar para o meio musical; sua poesia foi criticada por ser muito longa; seus contos, muito curtos. Então tornou-se amiga de compositores de vanguarda como Arnold Schoenberg e John Cage.

Logo Yoko estava atraindo grande atenção com sua originalidade no pós-Beatnik Greenwich Village, indo a lugares que nem Andy Warhol ousara ir, com seus 365 closes de nádegas nuas, sua arte performática (convidando as pessoas a cortarem as roupas dela) e suas colagens e instalações bizarras. Chamada de "Alta Sacerdotisa do Happening", ela fascinava os visitantes do seu loft com instalações artísticas que incluíam atirar ervilhas secas para o público enquanto girava o seu cabelo comprido. Yoko Ono tinha habilidade para chocar, uma imaginação sem fim e uma forma de atrair publicidade que até P. T. Barnum teria invejado!

Quando John Lennon subiu as escadas naquele dia fatídico para dar uma olhada na afirmação artística que Yoko criou em sua peça *Yes*, ela se tornou parte da história do rock. As suas colaborações — The Plastic Ono Band, Bed-Ins, Love-Ins, Peace-Ins e o filho Sean Lennon — criaram um legado que continua a fascinar um mundo que finalmente aceitou e respeitou de bom grado esta artista original e autêntica. O estilo de canto de Yoko — uivando e gritando em uma tempestade dissonante — tem sido uma grande influência para o B52's e uma geração de bandas riot grrl.

Agora Yoko Ono e seu talentoso filho, Sean, fazem turnês juntos e trabalham em prol de causas com as quais estão comprometidos — o meio ambiente, a paz e o Tibete. Ono, cuja fala doce desmente a firmeza que lhe tem permitido resistir por tanto tempo, explica a sua jornada heroica no prefácio que escreveu para o excelente livro de Gillian G. Gaar sobre as mulheres na música, *She's a Rebel*. Nele, ela relata sua dor pelo pai ter desencorajado seu sonho de se tornar compositora, duvidando de sua "aptidão" por causa de seu gênero. "'As mulheres podem não ser boas criadoras de música, mas são boas em interpretar música' foi o que ele disse." Feliz que os tempos mudaram, ela aponta para os corajosos esforços feitos por "mulheres artistas que continuaram a fazer música apesar de tanta coisa, até que finalmente a indústria musical teve de perceber que elas tinham chegado para ficar".

Em retrospectiva, Yoko Ono estava quebrando verdadeiras barreiras musicais enquanto outros mascavam chiclete e imitavam — vejam só — os Beatles. O feminismo de Yoko se mistura com sua importância como uma iconoclasta.

Ela teve enorme influência em despertar o interesse de John pelo movimento feminista, e, juntos, participaram da conferência feminista internacional em junho de 1973 e escreveram canções inspiradas no movimento, incluindo "Woman is the Nigger of the World". Grande parte da produção musical de Yoko nos anos 1970 foi sobre o tema do feminismo; sua canção "Sisters O Sisters" é uma de suas melhores obras, uma canção de estilo reggae. O heroísmo de Yoko reside no seu intenso idealismo e no seu empenho em fazer deste um mundo melhor.

Eu sou uma bruxa. Eu sou uma vadia. Eu não ligo para o que você diz.
Yoko Ono, em 1973

ARETHA FRANKLIN: GANHANDO O NOSSO RESPEITO

Filha de um pastor, Aretha Franklin começou cedo a sua carreira musical, aparecendo com o seu famoso pai, o Reverendo Clarence LaVaugh Franklin, na Igreja Nova Batista de Detroit. Ela foi uma talentosa musicista que fugiu das aulas de piano para poder experimentar o seu próprio estilo de tocar. Aos oito anos, em 1950, Aretha eletrizou a congregação de seu pai com seu primeiro solo gospel; aos catorze, ela gravava sua primeira música gospel, "Songs of Faith". Incentivada pelo pai e seu círculo de amigos e conhecidos, que incluía Dinah Washington, Reverendo James Cleveland, Mahalia Jackson, Clara Ward, Sam Cooke e Art Tatum, a grande cantora gospel em ascensão tinha os olhos fixos no brilhante prêmio do estrelato pop. Ela decidiu mudar-se para Nova York para perseguir o seu sonho em 1960.

No ano seguinte, lançou um álbum, *Aretha*, pela Columbia, que a posicionou como artista de jazz, fazendo covers de clássicos como "God Bless the Child", "Ol' Man River" e "Over the Rainbow". Franklin gravou dez álbuns com a Columbia, enquanto os executivos do disco discutiam sobre como vendê-la. Jerry Wexler, da Atlantic Records, era fã de Aretha e a contratou imediatamente quando o contrato dela com a Columbia acabou. Wexler viu em Aretha potencial como cantora de R&B. Ela concordou. Seu primeiro álbum pela Atlantic, *I Never Loved a Man*, continha o hit "Respect", que catapultou Franklin para o número um, tanto nas paradas pop quanto nas R&B. "Respect" tornou-se um hino em 1967, tanto para feministas como para ativistas negros.

"Respect" foi apenas o começo de uma cadeia de sucessos para a cantora: "Baby, I Love You", "Natural Woman" e "Chain of Fools" vieram logo antes do sucesso internacional, e logo Aretha foi apelidada de "rainha do Soul" e reinou sobre o mundo da música com o poder e a autoridade de seu dom dado por Deus.

Aretha foi inspirada a cantar, em vez de ser pianista de igreja, quando ouviu Clara Ward. "A partir daí, eu sabia o que queria fazer... Gostei de todos os álbuns de Miss Ward." Ela também idolatrava Dinah Washington e gravou um álbum em sua homenagem em 1964, após a trágica morte de Washington, quando estava em seu auge. Assim como Washington fez para Bessie Smith, Aretha fez um incrível e comovente conjunto de covers para honrar o brilho e a glória da diva de Detroit, intitulado *Unforgettable*. Realmente era inesquecível — assim como o seu dueto com Annie Lennox, em 1985, sintetizando o heroísmo das lendas femininas: "As Irmãs estão agindo por conta própria. Amém, Irmãs!"

DINAH WASHINGTON: VOZ LENDÁRIA

O jornalista da *Rolling Stone* Gerry Hershey afirma: "Se existe uma autoridade primordial para apoiar o chavão feminista 'A sororidade é poderosa', é o LP em homenagem à Imperatriz, *The Bessie Smith Songbook*, lançado por Dinah Washington, em 1958." Dinah Washington é uma das grandes vocalistas de todos os tempos, e imediatamente tomava as rédeas de qualquer canção que cantava. Além de uma ótima habilidade vocal, ela tinha uma cabeça boa para os negócios, dirigindo um restaurante em Detroit e uma agência de artistas, Queen Attractions, na qual assinou com talentos como Muhammad Ali e Sammy Davis, Jr. Capaz de lidar com muitas frentes diferentes, Washington também dominou o palco do Flame Show Bar e do Twenty Grand Club de Detroit, onde os futuros superastros Marvin Gaye, Diana Ross e Aretha Franklin sentaram-se encantados, assistindo a uma mestre trabalhando. A Motown estava se preparando para nascer quando Dinah Washington morreu acidentalmente de uma infeliz combinação de pílulas e álcool. Uma lenda em seu próprio tempo, diz-se que ela se casou pelo menos nove vezes antes de sua morte prematura aos 39 anos de idade. Dinah Washington, uma das cantoras mais talentosas que já segurou um microfone, viveu em grande estilo, previu o excesso de estrelas do rock com perucas oxigenadas, casas cheia de maravilhosos lustres de cristal e assentos sanitários feitos com pele de vison!

JONI MITCHELL: A DAMA DO DESFILADEIRO

Quase todo músico contemporâneo importante, homem ou mulher, cita Joni Mitchell como uma grande influência. Nascida em Alberta no ano de 1943, filha de um Oficial Real canadense e de uma professora escolar, Roberta Joan Anderson contraiu pólio aos nove anos e passou muito tempo dentro de sua própria cabeça durante sua solitária convalescença. Ela permaneceu introspectiva durante toda a vida e desenvolveu um amor pelas artes que explicava a sua personalidade quieta. Como outros adolescentes dos anos 1950, Joni dançou com músicas de Elvis, de Chuck Berry e do Kingston Trio, comprando uma guitarra para cantar nos frequentes bailes de quarta-feira. Ela perdeu o gosto pela escola de arte quando as aulas pareciam ter se tornado um treinamento de linha de montagem para artistas comerciais. Em vez disso, começou a cantar nos cafés de Toronto, onde conheceu e se casou com o colega Chuck Mitchell, uma relação que durou dois anos. Com o fim do casamento, ela voltou para Nova York, onde tentou escrever canções profissionais. Logo foi bem-sucedida; seu material foi selecionado por Tom Rush, Judy Collins e Buffy Saint-Marie.

Assim como a irmã-heroína Carole King, em sua obra *Tapestry*, a compositora gravou algumas faixas próprias com grande sucesso. O álbum de Joni Mitchell no final dos anos 1960, *Ladies of the Canyon,* era pura melancolia, seguido imediatamente por *Blue, Court and Spark* e um subsequente e impressionante catálogo por sua diversidade e tamanho. Ela se diferenciou de suas origens populares para o jazz, blues e a música eletrônica, compondo, cantando e gravando, entre outras obras ecléticas, uma homenagem a Charles Mingus. Joni Mitchell tornou-se a queridinha dos músicos e dos críticos (embora alguns tenham descartado seu trabalho mais vanguardista como ruído autoindulgente) e uma favorita dos ouvintes de rádio progressistas.

Divertida e com uma beleza etérea, a vida pessoal de Joni chamou muito a atenção da imprensa, que envergonhou a cantora e seus amantes com exposições que acompanhavam as suas numerosas relações, incluindo as com os roqueiros Graham Nash, Jackson Browne e o saxofonista Tom Scott. Isso se repetiu recentemente na extensa cobertura de seu reencontro com a filha que havia deixado para adoção na infância.

Joni Mitchell, que se vê como uma poetisa das pradarias, deixou uma marca indelével na história da música do século xx. A sua música inteligente, irônica e saturnina é tocada por ouvintes e músicos sérios de cada geração que surge. Por sua vez, Joni prefere a simplicidade, a clareza, a verdade. "Durante um tempo, presumiu-se que eu estava escrevendo música feminina. Então os homens começaram a notar que também se viam nas canções. Uma boa obra de arte deve ser andrógina."

Um homem do departamento de marketing criticou a minha música pela sua falta de masculinidade. Eles disseram que eu não tinha culhões. Desde quando é que as mulheres têm culhões, afinal? Por que é que tenho de ser assim?

Joni Mitchell

ALISON STEELE: O CANTO DA AVE NOTURNA

Alison ocupou um terreno importante para as mulheres no rádio quando decolou nos anos 1960 como a primeira DJ feminina em uma grande estação de rádio. "Escutei-a fielmente", diz a autora Joan Steinau Lester. "Ela era absolutamente fantástica. Naquele tempo, eu só sabia que gostava dela e do espetáculo. Só anos depois é que percebi que ela tinha aberto caminho para as mulheres numa indústria dominada pelos homens."

As rádios de rock progressivo estavam se tornando populares no país, e a WNEW-FM era uma de suas principais estações. Alison estava bem encaminhada para uma carreira do tipo Mary Tyler Moore na TV, começando por liderar um programa de exercícios matinais e evoluindo para "garota do tempo". Quando estações de rádio AM e FM se separaram em vez de fazer transmissões simultâneas, as estações de rádio mais competitivas foram forçadas a contratar novas pessoas para atender às estações FM, criando um vínculo salarial com muitas delas. Alison lembra que o salário padrão para os DJs de rádios AM na época era de 150 mil dólares por ano, enquanto para FM era de apenas 125 dólares por semana. A gerência da WNEW-FM decidiu que eles poderiam contratar uma equipe exclusivamente feminina para FM, mantendo-se dentro da faixa salarial.

Alison e suas companheiras DJs, em sua maioria atrizes e modelos, estrearam em quatro de julho de 1966. Alison era praticamente a única com alguma experiência em radiodifusão. Em setembro de 1967, a equipe feminina de DJs estava desempregada por uma razão que a própria Alison explica, muito sucintamente: "A América, Nova York, não estava pronta para mulheres como DJs!" Graças à criatividade e à experiência no mundo do entretenimento, Alison não se deixou abalar — e foi a única mulher a sobreviver. Ela fez experiências enquanto esteve no ar, testando formas de manter em alta o interesse dos ouvintes — resenhas teatrais, entrevistas com celebridades e muito de sua personalidade energética. Quando a gerência descobriu, em uma pesquisa prévia, que noventa por cento dos ouvintes sabiam o nome de Alison e gostavam do seu programa, tomaram a inteligente decisão de mantê-la a bordo.

Além de mudanças drásticas na equipe, a gerência da estação também mudou sua linha para o rock progressivo. Alison não estava em seu terreno familiar lidando com rock, assim como com a equipe e a gerência masculinas. Quando Alison pediu orientação, deram-lhe o preciso e, como acabou se revelando, apropriado conselho de simplesmente "fazer o que ela sabia". Deram-lhe o turno da noite, de meia-noite às seis da manhã. A sempre intrépida Alison percebeu que seus ouvintes noturnos eram de um tipo especial: insones, pessoas solitárias e uma variedade de outros tipos notívagos. "Senti que a noite era um momento muito especial." Ela sabia por experiência própria que as emoções se intensificam à noite — solidão, depressão e enfermidades. A sensibilidade de Alison deu muito retorno; ela alcançou e se conectou com seus ouvintes criando uma persona especial, A Ave Noturna, e os ouvintes responderam de forma esmagadora. "Senti que se pudesse tornar visível este laço entre pessoas que sentem coisas à noite, então algo aconteceria." Ela despejou toda a sua criatividade em seu alter ego, com muito drama, fantasia e elementos completamente únicos, de um tipo que a rádio noturna nunca tinha ouvido antes. Os ouvintes ficaram viciados em sua vinheta, com o som de asas suavemente agitadas, que lembrava o ritmo do jazz, e a poética introdução que Alison escreveu terminando com "enquanto a Ave Noturna abre suas asas e sobe acima da terra para outro nível de compreensão, onde nós existimos apenas para sentir. Vem voar comigo, Alison Steele, A Ave Noturna da WNEW-FM até o amanhecer".

Os telefones da estação não pararam de tocar naquela primeira noite. De acordo com a diretoria da estação, Steele realizou um "pequeno acerto" e depois seu chefe, um homem, comentou que a ensinaria como fazer algo assim. Em vez de ser parabenizada pela originalidade e pela popularidade instantânea do seu novo programa, Alison foi tratada como uma descontrolada, e eles tentaram transformar a DJ e seu programa em algo menos único e mais parecido com os que todos os outros DJs, homens, estavam fazendo. Alison bateu o pé e recusou-se a mudar A Ave Noturna, apenas para ser afundada em um horário mais tarde ainda, começando às duas da manhã! As desventuras de Alison incluem terem recusado o seu pedido por uma escada para que pudesse alcançar os álbuns na prateleira superior. A resposta dada à DJ mais popular da estação foi uma ameaça de contratar "uma pessoa mais alta".

Alison ganhou o prêmio "FM Personality of the Year" da Billboard em 1978, a primeira mulher a receber esta honra. Embora fosse muito popular, era vista com ressentimento por muitos dos seus companheiros DJs. Na verdade, a estação fez pouquíssimo esforço para que Alison soubesse o quanto era importante. A WNEW-FM foi a melhor estação do país na nova e quente categoria de rock progressivo. Eles também eram amados em sua casa, Nova York, e começaram a fazer aparições públicas, incluindo em um concerto no Madison Square Garden, ocasião que foi realmente esclarecedora. Alison adora contar essa história: "Eu fui a última pessoa a ser apresentada. Então eles estavam todos no palco quando apresentaram Alison Steele, 'A Ave Noturna'". Os seis DJs homens que tinham sido apresentados antes dela tiveram que ficar de pé e admitir a derrota enquanto todo o público se levantava, dava vivas, gritava e aplaudia a sua DJ favorita, Alison, A Ave Noturna.

Heroínas nem sempre conseguem colher as recompensas de suas ações durante a vida. Para Alison, esta ovação de 20 mil fãs que adoravam a sua coragem e criatividade era música para os ouvidos. Para provas da popularidade de Alison Steele, não deixe de procurar o programa de TV dos anos 1970, *B.J. and the Bear*, que exibia uma personagem caminhoneira chamada Angie, que trabalhava como DJ de rádio à noite com o nome artístico de "O Pássaro da Noite".

Foi o meu momento de glória, eu trabalhei muito por ele. Eu passei por um monte de m**** por causa disso. E aproveitei cada minuto.
Alison Steele

HELEN REDDY: "EU SOU FORTE. EU SOU INVENCÍVEL."

Ao lado de Led Zeppelin e dos artistas de rock Yes e Fairport Convention, uma das artistas que Alison Steele tocou em seu nacionalmente popular programa de rádio foi Helen Reddy. Ambas lutaram durante anos para chegar lá. As canções de Reddy foram abraçadas como hinos para uma nação de mulheres empenhadas coletivamente em quebrar as barreiras de gênero. Para a época, o feito de Helen Reddy foi impressionante. Ela escreveu uma música essencialmente feminista que a levou para o topo das paradas; "I Am Woman" foi o hit número um das paradas em 1972. Em acordes claros, Helen declarou uma mensagem que deu poder e encorajou mulheres em todo o mundo: "Eu sou mulher, ouça-me rugir. Sou forte demais para ignorar... se for preciso, posso fazer qualquer coisa. Eu sou forte. Eu sou invencível!"

Cante, irmã.

BONNIE RAITT: NASCIDA PARA CANTAR BLUES

Nascida em 1949 em Burbank em uma família do *showbiz*, Bonnie Raitt tocava guitarra como se tivesse nascido nas Montanhas Blue Ridge. Sua primeira exposição à cena musical foi com o piano clássico (o forte de sua mãe), as músicas do show de seu pai na Broadway e as harmonias dos Beach Boys com as quais ela cresceu. Aos oito anos, um presente de Natal mudou a vida de Bonnie — ela recebeu uma guitarra e estudou diligentemente para ficar boa em tocá-la. A primeira vez que ouviu Joan Baez, Bonnie seguiu o caminho da música folk e se mudou para Cambridge, Massachusetts, a fim de fazer parte da cena dos cafés folk. Infelizmente para ela, a música folk dava seus últimos suspiros. Assim, ela se juntou a Dick Waterman, um amante que, por acaso, administrara as carreiras dos ícones musicais de Bonnie: Son House, Fred McDowell, Sippie Wallace e Muddy Waters. Aos vinte anos, ela estava tocando com Buddy Guy e Junior Wells — abrindo o show dos Rolling Stones com dois grandes nomes do blues.

O caminho de Bonnie para a fama, no entanto, foi longo e sinuoso. As coisas precisavam estar nos termos dela. Sempre mais interessada na integridade artística do que no sucesso comercial, ela tinha gostos e padrões elevados. Exigiu autenticidade ao tocar os blues que amava, reinterpretando esses *riffs* por meio das influências do country e do rock. Ela não jogou o jogo da indústria e, mesmo como uma musicista muito admirada por outras pessoas do ramo, raramente tinha espaço nas rádios. Assim, ganhava a vida viajando pelo país, apresentando-se em pequenos clubes. Bonnie também foi muito franca sobre política. Criada como quaker, ela sempre esteve envolvida em causas políticas, realizando muitos concertos beneficentes; em 1979, ela cofundou a Musicians United for Safe Energy.

O estresse da estrada, e de ser uma novidade na indústria da música — uma mulher guitarrista de blues —, teve o seu impacto, e durante algum tempo Bonnie afogou as mágoas nas drogas e na bebida. Em meados dos anos 1980, quando sua gravadora encerrou o contrato, ela chegou ao fundo do poço, ficou sóbria e deu a volta por cima. Em 1989, o seu álbum de sucesso *Nick of Time* rendeu-lhe um Grammy e arrecadou vendas superiores a quatro milhões.

Desde então, ela não parou de fazer sua grande mistura pujante de blues, folk, pop e R&B, ou de trabalhar em prol das causas que lhe são importantes. Bonnie Raitt é uma musicista estabelecida que adora tocar ao vivo, homenagear os grandes músicos de blues e que continua a falar o que pensa. Em uma entrevista à *Rolling Stone*, ela criticou a atual indústria musical dominada pelas aparências: "Nos anos 1970, todas essas mulheres arrojadas estavam batendo recordes — não era preciso ser uma garota linda. Tem acontecido alguns retrocessos desde então."

Qualquer sujeito que tenha problemas com as feministas está sinalizando que lhe falta algo nas calças. Se eu tivesse nascido mulher antes de haver mais igualdade entre homens e mulheres, eu teria atirado em alguém e ido para a cadeia.
Bonnie Raitt

MELISSA ETHERIDGE: A BOCA QUE RUGIU

Melissa é amada pela ótima música que faz, mas alcançou o eterno heroísmo com seu álbum *Yes I Am*, uma saída do armário pública e uma celebração de sua lesbianidade. Um espírito exuberante que sabe cantar, tocar guitarra e escrever canções de sucesso, Melissa Etheridge é do Kansas; e, aos 36 anos, abraçou a maternidade compartilhada de seu filho com sua parceira de dez anos, a cineasta Julie Cypher. A heroína pessoal de Melissa é Janis Joplin, e ela espera um dia retratar a texana lenda do rock em filme. Etheridge, que tem gostado da mudança da maré para as mulheres na indústria da música, delicia-se com o sucesso das musicistas que ela respeita: Edie Brickell, Tracy Chapman, Toni Childs, Natalie Merchant, Michelle Shocked e as Indigo Girls, todas tendo vendido discos aos milhões. Mesmo alguns anos atrás, Etheridge lembra-se de que os radialistas de rock falavam que só podiam tocar uma mulher por dia ou corriam o risco de perder os ouvintes homens. "De repente, a coisa toda estourou... as pessoas vinham aos nossos concertos e pediam as nossas canções na rádio, e a rádio mudou. É assim que a América funciona. O público diz: 'É isto que nós queremos'. O mundo estava pronto para a música forte e inspirada das mulheres." E Melissa Etheridge estava na vanguarda da revolução!

MADONNA: UM CAMALEÃO CULTURAL

Alguma vez houve alguém na cultura norte-americana que tenha se refeito tantas vezes — ou tão bem — quanto Madonna? Uma verdadeira artesã de sua própria forma física e imagem, Madonna já foi uma vampira, uma vadia, uma sósia de Brooke Shields, uma sósia de Marilyn Monroe, uma sósia de Evita e de Madonna (a original). Seus romances amplamente divulgados com Sean Penn, Warren Beatty, com seu *personal trainer* Carlos Leon e com o cineasta Guy Ritchie; a Material Girl; o Girlie Show; a Sex Kitten — todas essas encarnações quase parecem ser vidas de diferentes mulheres. E em cada uma delas, Madonna tem evocado controvérsia.

Ela é alvo de crítica por sua abordagem aberta ao sexo e pela presença do erotismo em seu trabalho. Seu heroísmo como ativista dos direitos dos gays e na luta contra a AIDS recebeu muito menos atenção da imprensa do que seus sutiãs pontudos. Madonna foi ameaçada de prisão em várias ocasiões por sua postura pró-gays; ela aceitou o desafio e permaneceu firme em sua solidariedade à comunidade homossexual.

Madonna Louise Veronica Ciccone nasceu num lar católico do Michigan, em 1958. Sua mãe era extremamente puritana; antes de morrer, quando Madonna tinha seis anos, ela lhe ensinou que as calças com zíperes na frente eram pecaminosas. Quando Madonna era adolescente, já tinha a fama na cabeça e fugiu para Nova York o mais rápido possível para fazer isso acontecer. Lutando para sobreviver como dançarina, ela morou em abrigos até atingir seu grande momento com a música "Lucky Star", em 1984. Desde então, vendeu mais de cem milhões de discos, apareceu em quinze filmes, teve dezenas de hits entre as dez melhores músicas e escreveu um livro muito controverso, *Sex*.

Com uma alma jovem, Madonna amadureceu em toda a sua glória. Linda, poderosa e inflexivelmente honesta, Madonna viveu a seu modo, removeu muitas máscaras e ousou revelar o seu coração. A maternidade lhe cai bem, e ela floresceu como mulher de negócios com sua bem-sucedida Maverick Records. Depois da louvável atuação como Evita no drama musical, Madonna não tem mais o que provar em nenhuma área e está relaxada, confiante e estabelecida. Também está mais vibrante do que nunca, recordando os dias em que passava fome e vivia em abrigos em Manhattan. Madonna também reflete sobre seu merecido sucesso e as mudanças que a filha Lourdes Maria Ciccone Leon e o filho Rocco John Ritchie trouxeram à sua vida. "Tornando-me mãe, tenho uma nova visão da vida. Eu vejo o mundo como um lugar muito mais esperançoso". Ela adotou várias crianças africanas e tem sido, recentemente, uma das vozes da Resistance, movimento contra Trump. O que virá a seguir para a antiga Material Girl? Fique de olho.

> *Eu sabia cada palavra de Court and Spark; eu a venerava quando estava no colegial. Blue é incrível. Preciso confessar que de todas as mulheres que ouvi, ela teve o efeito mais profundo em mim de um ponto de vista lírico*
> **Madonna sobre a poetisa e heroína musical Joni Mitchell**

QUEEN LATIFAH: BRINCANDO COM OS GIGANTES

Quando a jovem Dana Owens, de Jersey, se autobatizou Queen Latifah e começou a fazer rap, ela quebrou barreiras do universo masculino do hip-hop. Assumindo o manto de uma rainha africana, seus esforços musicais — *Ladies First, All Hail the Queen, Nature of Sista'* e *Black Reign*

— provaram a todos que as mulheres poderiam fazer rap, bom rap, e encontrar um público enorme para além das fronteiras de gênero.

Queen Latifah também conquistou outras mídias, estrelando na popular série de televisão *Living Single* e nos filmes *Até as últimas consequências, Febre da selva, Juice, uma questão de respeito* e *Chicago*, para citar alguns. Ela preparou o caminho para uma nova onda de mulheres rappers, como as estrelas do hip-hop Foxy Brown e Lil' Kim, com a intenção de estabelecer um lugar amigável para mulheres dentro de um estilo musical que ela afirmava ser para os anos 1980/1990 o que o rock and roll foi para os anos 1950/1960. "O meu objetivo era começar com as mulheres e aumentar a autoestima."

COURTNEY LOVE: A GAROTA INTENSA

Comparada com Madonna e Yoko Ono e difamada por ninguém menos que Camille Paglia, Courtney Love é outro camaleão — uma garota punk transformada em glamurosa que assombrou o mundo com sua incrível interpretação de Althea Flynt em *O povo contra Larry Flynt*.

Love viveu muito em pouco tempo. Nascida de pais hippies de São Francisco em 1964, Love mudou de nome e viajou no circuito punk internacional de meados dos anos 1980, interpretando papéis secundários nos proféticos *Sid e Nancy — O amor mata* e *A caminho do inferno*, ambos do cineasta Alex Cox, antes de se estabelecer em Los Angeles e ganhar a vida como stripper. Em 1989, ela formou a banda Hole. Ironicamente, o álbum de estreia da banda, *Pretty on the Inside*, estava vendendo duas vezes mais que *Bleach*, álbum de estreia do Nirvana, a banda de seu marido, muito embora o Nirvana estivesse recebendo toda a atenção da imprensa.

Com "Smells Like Teen Spirit", música do segundo álbum do Nirvana, *Nevermind*, Courtney e Kurt tornaram-se os deuses do grunge e se viram às voltas com a fama, a autenticidade e as drogas. Após o suicídio de Cobain em Seattle, em 1994, Courtney não deixava de apresentar sua dor ao público. Quando o Hole perdeu sua excelente baixista Kristen Pfaff para uma overdose de heroína, Love contratou Melissa Auf der Maur para tocar baixo. O mundo assistiu à catarse de Courtney Love na turnê do segundo álbum da banda, apropriadamente intitulado *Live Through This* [Sobreviva a isso, em tradução livre]. O mundo também começou a ouvi-la, e bastante. Hole começou a vender discos e obter o respeito há muito esperado pelas letras de Love, seu canto cru e poderoso e a destemida entrega ao palco.

Love, que tinha como marca registrada um look esfarrapado, como se fosse uma versão pós-moderna da personagem de *O que terá acontecido a Baby Jane?*, surpreendeu a todos com uma mudança radical de estilo e visual.

Um repórter perguntou na época: "Como ela pode tocar rock com um vestido Versace?", "Calma, deixa que eu te mostro", respondeu Courtney. Mas ninguém deveria ter se surpreendido. Courtney Love é a melhor em surpreender as pessoas. Um pacote de contradições, ela é uma pesquisadora, uma fazedora, uma pensadora, uma autodescrita "feminista militante" que pode citar Dickens ou Dickenson, desconstruir a teoria crítica ocasionalmente obtusa de Camille Paglia e conversar sobre qualquer assunto, desde sua filha Frances Bean Cobain (a quem ela ama muito), passando pelo budismo (que ela pratica) até chegar aos arquétipos junguianos (que deixam-na fascinada), de forma bastante eloquente, pontuada, é claro, com uma saudável dose de palavrões. Courtney Love tem cortejado a controvérsia durante toda a vida em sua busca por expressão, tanto dela mesma quanto de sua criatividade, com total e sincera honestidade. Sua ascensão como fênix das cinzas de uma infância traumática e abusiva, bem como de um trágico casamento entre superestrelas, para se tornar líder de uma bem-sucedida banda feminista da "terceira onda" e uma atriz aclamada pela crítica tem sido incrível. Claramente, ela é alguém para se acompanhar!

PALAVRAS SELVAGENS DE UMA SELVAGEM: O MELHOR DE COURTNEY LOVE

"Procurei o feminino por toda a minha vida. Eu procurei protagonistas femininas em tudo. O meu primeiro disco foi um álbum da Joan Baez que os meus pais me deram. [E havia] Julie London e Patsy Cline e Loretta Lynn e Tammy Wynette e Joni Mitchell — a semente de tudo."

"Quando ouvi meu primeiro disco da Patti Smith, *Horses*, foi como se o bilhete estivesse aqui mesmo na minha mão; eu posso escrever isso. É uma zona livre."

"Está com disposição para Bette Davis? Está de bom humor para Stevie Nicks? Elas são como deusas."

"No auge do meu estrelato no rock, eu provavelmente fazia parte deste arquétipo... quase como Artêmis: aquele arquétipo muito andrógino. Uma Amazona."

"Sempre houve mulheres gladiadoras de algum tipo."

PATTI SMITH: UMA MULHER DO HARD ROCK

Uma poeta que também fez música, Patti Smith tem mais em comum com Jim Morrison do que com Courtney Love. Como Morrison, Patti Smith era uma romântica, mergulhada na paixão byroniana, na beleza negra de Baudelaire e nas obsessões angelicais de Rilke, que vivia em um mundo muito imaginativo, bem longe da classe trabalhadora de Jersey, a que ela fazia parte. Autodidata e autodesenvolvida, a antiga operária de fábrica encontrou na Nova York do final dos anos 1960 a tela perfeita para as suas ambições artísticas. Também encontrou uma alma gêmea no fotógrafo Robert Mapplethorpe, que transformou a amizade deles em arte com seus agora famosos *monotints*. Patti declamou poesia no clube Max's Kansas City para um público de criaturas brilhantes como Andy Warhol, Edie Sedgewick e seu namorado Sam Shepard, teve prostitutas e atrizes como anfitriãs, tudo em uma atmosfera viciada que era um meio-termo entre o Inferno de William Blake e uma boate ultranoir de Berlim. De início, ela acompanhava seus poemas arrebatadores em um piano de brinquedo e graduou-se como vocalista de uma banda em que surpreendeu a todos com seu canto. A sua canção "Because the Night" tornou-se um sucesso do Top 40 e fez dela uma estrela do rock. Depois, em 1978, caiu do palco uma noite, quebrando o pescoço.

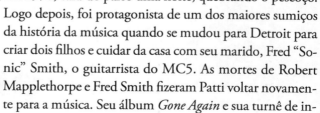

Logo depois, foi protagonista de um dos maiores sumiços da história da música quando se mudou para Detroit para criar dois filhos e cuidar da casa com seu marido, Fred "Sonic" Smith, o guitarrista do MC5. As mortes de Robert Mapplethorpe e Fred Smith fizeram Patti voltar novamente para a música. Seu álbum *Gone Again* e sua turnê de ingressos esgotados estabeleceram Patti como uma sobrevivente. Ela ainda declama poesia em seus shows, para arrebatar o público que a entende quando ela grita: "Jesus morreu pelos pecados de alguém, mas não pelos meus."

ANI DIFRANCO: RIGHTEOUS BABE

Ani DiFranco alcançou um sucesso incrível inteiramente por mérito próprio, sem o benefício de uma gravadora para ajudá-la com uma turnê, trabalhando arduamente em sua música única. Um fenômeno folk punk, DiFranco escreveu sobre sua própria vida, oferecendo força, honestidade e coragem a outras mulheres — que responderam em massa. Adorada por milhares de fãs dedicados, DiFranco sente-se um pouco desconfortável em ser venerada como modelo de poder feminino, escrevendo sobre isso em "I'm No Heroin". Vivendo sozinha desde os quinze anos de idade, a violonista e compositora que, em suas próprias palavras, tem a "credibilidade indie" de uma "garota de coturnos lésbica e cantora folk", lembra-se da irritação de entrar em lojas de música e ver o balconista supor que estava lá para comprar algo para seu namorado. Ela está feliz por ver essas mesmas lojas de música agora lotadas de adolescentes inspiradas pelo sucesso e pela aceitação há muito esperada das mulheres no rock. "Não me sinto como a super-heroína que às vezes me fazem parecer, mas acho que me sinto, sim, responsável por outras jovens mulheres, e me sinto sortuda."

BEYONCÉ KNOWLES-CARTER: IMPECÁVEL

Nascida em 1981 em Houston, Texas, Beyoncé juntou-se em 1990 ao grupo feminino de R&B Girl's Tyme, que, depois de tentar decolar sob vários nomes, acabou se tornando o Destiny's Child em 1996. Depois do sucesso com vários singles do Destiny's Child, ela gravou um álbum solo em 2003 e nunca mais olhou para trás. Em 2008, casou-se com o artista de hip-hop Jay-Z; mais tarde tiveram uma filha chamada Blue Ivy e, em 2017, estavam à espera de gêmeos. Ela já se apresentou duas vezes no Super Bowl e cantou o hino nacional na segunda posse do presidente Obama. Em entrevista à Vogue em 2013, Beyoncé disse que se considerava "uma feminista dos tempos modernos". Em sua canção "Flawless", há um sample de "We should all be feminists" — uma TED Talk dada em 2013 pela autora nigeriana Chimamanda Ngozi Adichie, embora alguns críticos acreditem que suas performances ousadas não apoiam o empoderamento das mulheres.

Desde o surgimento do movimento Black Lives Matter, Beyoncé e seu marido doaram milhões para a causa, além de contribuir para a campanha Ban Bossy, que busca incentivar a liderança de meninas utilizando a mídia social e outros meios de comunicação. Ela também incluiu as mães de Trayvon Martin, Michael Brown e Eric Garner no clipe da canção "Freedom", segurando fotos de seus filhos injustamente assassinados. Em abril de 2016, Beyoncé lançou um álbum visual chamado *Lemonade* como um especial da HBO. Nele mostrou a força encontrada nas comunidades de mulheres afro-americanas, bem como nas mulheres como um todo. *Lemonade* estreou como número um, fazendo de Beyoncé a única artista na história a ter todos os seus primeiros seis álbuns de estúdio no topo das paradas de álbuns da Billboard.

8
·ARTISTAS INCRÍVEIS:
O PODER DA MULHER CRIATIVA·

Mulheres criativas têm vantagem, sem dúvida. Antes de escrever um poema ou criar uma obra-prima, as mulheres não têm necessidade de invocar nenhum ser semidivino para lhes dar uma boa ideia. Elas encarnam sua própria musa. A exploração deste recurso interior desencadeou manifestações artísticas que muitas vezes mudaram o mundo. O impulso de fazer arte, imortalizar um momento no tempo com uma fotografia ou expressar o inefável com poesia e ficção levou muitas mulheres a fazer afirmações contundentes. Algumas verdades poderosas, que não poderiam ter sido expressas de outra forma, vieram através do empreendimento artístico, digamos, de Diane Arbus fotografando imagens do mundano, do bizarro e do indizível humano. Louise Nevelson, nascida na Rússia, começou a esculpir e, ao fazê-lo, remodelou o mundo da arte, enquanto Harriet Beecher Stowe é creditada por ninguém menos que o próprio Abraham Lincoln por ter pegado sua caneta e iniciado a Guerra Civil Americana!

Ao longo da história, tendo ou não um teto todo seu, as mulheres escreveram, pintaram, dançaram, compuseram e filmaram, expressando tanto sentimentos interiores como visão artística. A romancista britânica Jane Austen, do século XVIII, graças a alguns filmes suntuosamente produzidos e bem interpretados, está sendo lida mais amplamente do que nunca com *Emma, Razão e Sensibilidade* e *Persuasão*, subindo às listas de best-sellers quase duzentos anos após sua publicação! A renascentista Ethel Smyth viveu em Londres, no século XIX, onde escreveu filosofia, incluindo *What Matters Most in Life*, jogou golfe com muita seriedade e compôs o hino para as sufragistas, "Marcha das Mulheres". Katherine Dunham, antropóloga e coreógrafa, viveu entre o povo jamaicano Accompong em 1935, pesquisando as raízes africanas de sua cultura de diáspora e incorporando suas tradições na dança interpretativa e preservacionista. O impacto destas e de incontáveis outras artistas na nossa cultura têm sido incrível. A sua esfera de influência é o mundo que habitamos! A criatividade destemida e a busca incessante da verdade artística por parte dessas heroínas libertaram a imaginação para suas ilimitadas fronteiras. Elas produziram arte que choca e poesia que trespassa, criaram novas danças rituais, desenharam modas fantásticas e olharam para o próprio coração da escuridão, que é o feminino. A vida destas mulheres sugere que a verdadeira inspiração só pode vir de ser verdadeira para si mesma a qualquer custo. Aqui estão algumas das mais corajosas, aquelas que assumiram riscos tremendos, muitas vezes físicos, na busca pela arte.

SAFO: A LITERATI DE LESBOS

A poeta lírica Safo é universalmente considerada como a maior poeta da antiguidade. Ela ficou conhecida como a "décima musa". Embora os estudiosos não possam concordar se Homero existiu ou não, a obra de Safo foi registrada e preservada por outros escritores. Uma infeliz destruição de um volume de todas as suas obras — nove livros de poesia lírica e um de versos elegíacos — ocorreu no início da Idade Média, engendrando uma busca por sua escrita que continua até hoje. A Igreja Católica considerou sua arte demasiado erótica e obscena, portanto queimou o volume que continha sua obra completa, apagando assim o que só poderia ser um dos melhores registros poéticos de toda a história. Conhecida por seu estilo linguístico poderoso e pela intensidade dos sentimentos, eróticos e não eróticos, a poesia de Safo é imediata e acessível ao leitor. Ao ler Safo, você pode sentir que a conhece: tanto seu êxtase arrebatador como a profundidade de sua dor e de seus anseios.

Acredita-se que Safo se casou com um homem rico da ilha de Andros, e que teve uma filha. Ela lecionou em uma pequena faculdade para mulheres e era também atleta. Um fragmento parecido com um haiku relata que ela "ensinou poesia a Hero, uma menina atleta da ilha de Gyra". Safo foi banida para a Sicília durante algum tempo, mas a maior parte de sua vida foi vivida na ilha de Lesbos. Muito do seu trabalho, o de tom mais luxurioso, é escrito para outras mulheres, que ela exalta pela beleza, alcançando muitas vezes um frenesi poético de desejo. Também escreve para seu irmão Charaxus e faz referências ocasionais à arena política do mundo antigo que habitou. Embora Safo seja uma das primeiras e mais conhecidas poetas de ambos os sexos, ela é considerada, estilisticamente, como a primeira poeta moderna.

Para Atthis
Embora agora esteja em Sardis,
ela pensa em nós constantemente
e na vida que partilhamos.
Ela via-te como uma deusa
e, acima de tudo, a tua dança dava-lhe uma alegria profunda.

Agora ela brilha entre as mulheres de Lydian como
a lua de dedos rosados nascendo depois do pôr do sol,
apagando todas as

estrelas à sua volta, e deitando luz igualmente
sobre o mar salgado
e sobre campos densamente floridos

brilhantes sob o orvalho. Sua luz se espalha
sobre rosas e o gentil tomilho
e a lótus de mel a florescer

Muitas vezes, enquanto ela vagueia, lembra-se de você,
gentil Atthis,
e o desejo devora seu coração para que venhamos.

LINDAS MENTES: MULHERES VENCEDORAS DO PRÊMIO NOBEL DE LITERATURA

Selma Ottilia Lovisa Lagerlof, 1909, "em apreciação ao elevado idealismo, imaginação vívida e percepção espiritual que caracterizam os seus escritos."

Deledda Grazia, 1926, "pelos seus escritos de inspiração idealista, que, com clareza plástica, retratam a vida na sua ilha natal, e com profundidade e simpatia lidam com os problemas humanos em geral."

Sigrid Undset, 1928, "principalmente pelas suas poderosas descrições da vida do Norte durante a Idade Média."

Pearl Buck, 1938, "pelas suas descrições ricas e verdadeiramente épicas da vida camponesa na China e pelas suas obras-primas biográficas."

Gabriela Mistral, 1945, "pela sua poesia lírica, que, inspirada por emoções fortes, fez do seu nome um símbolo das aspirações idealistas de todo o mundo latino-americano."

Nelly Sachs, 1966 (compartilhado), "por sua extraordinária escrita lírica e dramática, que interpreta o destino de Israel com força comovente."

Nadine Gordimer, 1991, "que através da sua magnífica escrita épica tem — nas palavras de Alfred Nobel — sido de um grande proveito para a humanidade."

Toni Morrison, 1993, "que, em romances caracterizados por força visionária e importância poética, dá vida a um aspecto essencial da realidade americana."

Wislawa Szymborska, 1996, "pela poesia que, com ironia e precisão, permite que o contexto histórico e biológico venha à luz em fragmentos da realidade humana."

HARRIET BEECHER STOWE: GUERREIRA CIVIL

A maioria das crianças em idade escolar são ensinadas que Harriet Beecher Stowe foi uma jovem extremamente criativa que, quase acidentalmente, escreveu um livro que dividiu os Estados Unidos. Nesta versão insidiosamente diluída e açucarada da história, sobre a qual não fomos ensinados a pensar quando crianças, os aspectos mais importantes da história de Stowe são completamente omitidos. A verdade — que deveria ser conhecida por todos — é que a obra de Harriet, *A cabana do pai Tomás*, foi escrita com a intenção precisa de divulgar a crueldade da escravatura e dar-lhe um nome e um rosto humanos para que as pessoas pudessem identificar-se, criar empatia e, o mais importante, AGIR!

Extremamente brilhante, Harriet estava muito interessada em melhorar a humanidade, mesmo quando criança. Ela vivia em uma grande família de nove filhos; seu pai era um pastor calvinista e a mãe morreu quando ela tinha cinco anos. Foi muito ligada à sua irmã mais velha, Catherine, que fundou o Hartford Female Seminary.

Em 1832, a família Beecher deixou a casa em que haviam morado por muitos anos, em Litchfield, Connecticut, mudando-se para Cincinnati, do outro lado do Rio Ohio, em Kentucky. Deste ponto de vista, muito mais perto do Sul, Harriet estava mais exposta à escravatura. Uma jovem e idealista estudante de teologia, Harriet não gostou nada do que estava vendo. Seu pai, Lyman Beecher, era o presidente do *Lane Theological Seminary*. Seus irmãos se envolveram no movimento abolicionista e foram bastante expressivos sobre o que pensavam. Harriet, por sua vez, ajudou uma escravizada fugitiva.

Em 1836, conheceu um dos professores de religião no seminário de seu pai, Calvin Stowe, casou-se com ele e teve seis filhos. Nessa época, descobriu o seu amor pela escrita, contribuindo com artigos para inúmeras revistas e jornais religiosos. Ela também começou a trabalhar em seu primeiro romance, *The Mayflower: Sketches and Scenes and Characters Among the Descendants of the Puritans*. Depois de muitos anos do outro lado do rio, no escravocrata Kentucky, Harriet Beecher Stowe finalmente voltou para o Nordeste dos EUA com seu marido e filhos.

Em 1850, as Leis do Escravo Fugitivo foram aprovadas no Congresso. Foi este evento que levou Harriet a escrever *A cabana do pai Tomás*. Ela não podia suportar a desumanidade dos escravizados perseguidos e devolvidos à força aos seus antigos donos depois de lutarem tanto pela liberdade, que era o seu direito inato. Histórias de horror sobre a tortura de escravizados fugitivos estimularam a sensível Harriet para a ação, e ela escreveu o livro com a plena intenção de enviar um grito contra o chicote, a mutilação e o enforcamento de escravizados.

A cabana do pai Tomás — ou A vida entre os humildes foi publicado pela primeira vez como uma série de fascículos no *Era*, um jornal abolicionista nacional. Após a publicação como livro, em 1852, a obra de Stowe foi muito bem recebida. Harriet esperava que seu romance fosse um fiasco fora do círculo dos abolicionistas, mas ficou muito surpresa. A tiragem total de 5 mil exemplares esgotou em dois dias, e o livro vendeu três milhões de exemplares em todo o mundo antes da Guerra Civil Americana! Harriet tinha superado seus sonhos mais loucos e realmente disparou o tiro que deu início ao que viria a ser a Guerra entre os estados dos Estados Unidos. Ela também recebeu aclamação crítica de eruditos literários como MacCauley, Longfellow e Leon Tolstói, que afirmou que *A cabana do pai Tomás* era a "mais elevada arte moral". O próprio Abraham Lincoln chamou Harriet de "a pequena senhora que fez esta grande guerra". A estratégia de Harriet era mostrar os extremos da escravidão, culminando na surra selvagem do escravizado velho e gentil, Tom. O mundo ficou cativado pela dramática história de Stowe. Repudiada no Sul, Stowe conheceu com dignidade todos os seus detratores pró-escravatura, chegando ao ponto de publicar a crítica *Uma chave para a cabana do pai Tomás* e um segundo romance sobre a situação dos escravizados, *Dred: A Tale of the Great Dismal Swamp*. Harriet Beecher Stowe é um exemplo brilhante de coragem e convicção; a sua vida é a prova de como a paixão e o propósito podem mudar o mundo.

Eu não serei mais correta do que minha mente é capaz de ser.
Harriet Beecher Stowe

CHARLOTTE PERKINS GILMAN: A TERRA DELA É A SUA TERRA

Sobrinha de Catherine Beecher e Harriet Beecher Stowe, Charlotte Perkins Gilman também sentiu, em suas próprias palavras, "o impulso dos Beecher para o serviço social, a inteligência e o dom das palavras". Nascida em 1860, Charlotte frequentou a Rhode Island School of Design e trabalhou após a formatura como artista comercial. Exposta ao "feminismo doméstico" das Beechers, a jovem mulher, extremamente sensível e imaginativa, resolveu evitar o destino da mãe — abandonada por seu pai sem um tostão — e evitou assiduamente o casamento, mas após dois anos de namoro, Charlotte relutantemente concordou em se casar com o artista Walter Stetson. Depois de ter dado à luz a sua filha Katherine, teve um colapso nervoso que inspirou a sua famosa história *O papel de parede amarelo* e subsequentes relatos de não ficção da sua luta com episódios maníaco-depressivos. Ela escreveu *O papel de parede amarelo* por razões humanistas: "Não era para enlouquecer as pessoas", disse ela, "mas para salvá-las de serem levadas à loucura, e funcionou". Atribuindo seus problemas emocionais em parte à condição feminina no casamento, divorciou-se do marido e se mudou para a Califórnia com a filha (mais tarde, quando Walter voltou a se casar, ela mandou Katherine morar com o pai e a madrasta, uma mudança que foi considerada incrivelmente escandalosa).

Embora tenha sofrido com fraqueza e "extrema exustão, vergonha, desânimo e angústia", as conquistas de Charlotte são maiores que as da maioria das pessoas saudáveis. Uma reformadora social que escreveu para promover a igualdade das mulheres, deu palestras, fundou o Women's Peace Party com Jane Addams durante a Primeira Guerra Mundial e escreveu seu livro mais conhecido, *Women and Economics*, em apenas dezessete dias. Em certo momento, empreendeu um debate bem divulgado no *New York Times* com Anna Howard Shaw, defendendo seu ponto de que as mulheres não são "recompensadas em proporção ao seu trabalho" como "serviçal(is) não remunerada(s), apenas um conforto e um luxo agradável de se ter se um homem pode pagar". Gilman foi incrivelmente atrevida ao refletir sobre sua época, chegando ao ponto de elaborar planos arquitetônicos para casas sem cozinha no intuito de acabar com a escravidão das mulheres ao fogão para que pudessem assumir ocupações profissionais.

Perkins Gilman escreveu mais cinco livros que impulsionaram a mudança econômica para as mulheres, uma autobiografia aclamada pela crítica, três romances utópicos e inúmeros artigos, histórias e poesias antes de seu suicídio, após uma longa luta contra o câncer, em 1935. Ao longo dos anos, Charlotte Perkins Gilman é normalmente lembrada apenas por *O papel de parede amarelo* e por seu romance utópico feminista *Herland —* *A Terra das Mulheres*, no qual três homens americanos entram na Herland, uma sociedade só de mulheres que se reproduz por partenogênese — ou seja, o desenvolvimento de um embrião sem que haja fertilização. Menos conhecido é o seu impacto como oradora nacionalmente reconhecida, teórica política e incansável defensora das causas das mulheres na virada do século xx. Ela viveu uma vida não convencional e sofreu por isso, revelando através da sua escrita as realidades muitas vezes sombrias por trás dos ideais vitorianos da feminilidade e como era possível mudar a forma como homens e mulheres se relacionavam uns com os outros.

Eu sabia que era normal e correto em geral, e sustentei que uma mulher *devia poder casar e ser mãe, e fazer o seu trabalho no mundo, também.*
Charlotte Perkins Gilman

CHARLOTTE PERKINS GILMAN SOBRE HEROÍSMO

Em 1870, aos dez anos, Charlotte escreveu um conto feminista sobre o heroísmo da princesa Araphenia, única herdeira do bom rei Ezephon. Quando o reino caiu sob ataque de um inimigo perverso, a princesa Araphenia disfarçou-se de príncipe guerreiro com uma espada mágica fornecida por um visitante interplanetário, Elmondine. A corajosa princesa Araphenia salvou o reino e revelou sua identidade após vencer os inimigos do mal para o espanto e o deleite de seu régio pai.

Em 1911 sobre o tema dos heróis: "maxilar forte, quadrado e determinado. Ele pode ser vesgo, orelhudo, ter pescoço grosso e pernas arcadas — o que você quiser; mas deve ter um maxilar mais ou menos (protuberante)."

Sobre a sociedade dirigida por mulheres, como retratado em *Herland* — *A Terra das Mulheres*, escrito em 1915: "como uma família agradável — um país antigo, estabelecido e perfeitamente administrado." A sociedade de *Herland* — *A Terra das Mulheres* é composta inteiramente de mulheres; portanto, elas não têm inimigos graças às políticas de "amor de sororidade" e "amor materno".

MARY STEVENSON CASSATT: CAUSANDO UMA IMPRESSÃO

Mary Cassatt foi a única artista americana a ser reconhecida e aceita pelos impressionistas franceses. Nascida sob privilégios na Pensilvânia em 1844, Mary teve a oportunidade de viver no exterior. Seu pai foi presidente da Pennsylvania Railroad; ele se mudou com sua família e viveu na Alemanha para que o irmão de Mary, Alexander, pudesse estudar Engenharia. Mais tarde, moraram na França. Mary sentiu uma ligação especial com Paris, e embora se entendesse como norte-americana, boa parte de seu trabalho foi feita na capital francesa. A família não apoiou sua decisão de ser artista: tentaram dissuadi-la de estudar na Academia de Belas-Artes da Pensilvânia; a reação de seu pai ao seu desejo declarado de seguir uma carreira como artista foi "eu preferia que morresse!". (Embora o comentário dele tenha sido extremo, é importante lembrar que as mulheres simplesmente não se mudavam para países estrangeiros em 1865. Foi exatamente o que fez a heroína Mary, ajudando a derrubar mais uma barreira para as mulheres.)

Cassatt foi persistente e conseguiu convencer seu severo pai a permitir que estudasse os Velhos Mestres no exterior. Em 1868, Mary teve uma pintura aceita no Salão de Paris, para o qual trabalhou até 1877, quando Degas se interessou pessoalmente por sua pintura, pediu-lhe para entrar na Escola Impressionista e encorajou a jovem a dedicar-se à fotografia e à gravura japonesa. Embora tivesse um estilo próprio, distinto, ela citou Degas como um maravilhoso encorajamento, inspiração e influência em sua arte. Em contraponto, e como choque de realidade, a observação de Degas ao ver o trabalho de Cassatt pela primeira vez deve ser mantida em mente: "Não estou disposto a admitir que uma mulher saiba desenhar bem." Como se não bastasse ser a única mulher impressionista e a única americana, a contribuição de Cassatt para a história da arte é ainda mais heroica pelo assunto que escolheu abordar — mulheres e meninas jovens, mães e seus filhos. Ela abordou esse tema com simplicidade e objetividade, pintando suas modelos sem a intenção de glorificar ou sentimentalizar. Ao contrário de alguns de seus colegas impressionistas, Mary desenhava os temas antes de aplicar pastéis ou óleos. O seu trabalho tem, até certo ponto, uma grande clareza por conta disso.

Mary Cassatt teve uma série de exposições próprias em Paris, estabelecendo uma reputação fora do seu círculo imediato. Também foi uma perspicaz mulher de negócios, vendendo seu próprio trabalho e o de seus amigos artistas, e avançando muito na causa da arte ao convencer museus como o Met e o Mavermeyer a exporem arte contemporânea. Ela também defendeu com muito sucesso que turistas americanos colecionassem a ousada nova arte; estava certa quando disse aos compradores visitantes que ela seria imensamente valiosa em breve. Cassatt convenceu seu rico irmão Alexander a comprar quadros de Renoir, Degas, Monet, Pissarro e Manet, fazendo dele o primeiro colecionador desta importante escola de arte.

Eventualmente, a sua reputação como artista prestigiada atravessou o Atlântico. Em 1891, ela aceitou uma comissão da Feira Mundial de Chicago para pintar um mural sobre "mulheres modernas". Em 1904, recebeu a maior distinção da França quando foi nomeada *Chevalier* da Ordem Nacional da Legião de Honra. Após algum tempo, Mary precisou cuidar de sua irmã e mãe doentes, diminuindo muito seu tempo para a arte, e, em 1913, ela estava tão cega por conta da catarata que não conseguia mais pintar.

Embora alguns historiadores especulem que a relação entre Cassatt e Degas possa ter ido além da platônica, Mary viveu uma vida pública muito discreta, dedicada à sua arte, à sua família e à sua independência. No final da vida, gostava de receber jovens artistas dos Estados Unidos em seu castelo, com quem ela apaixonadamente discutia arte. Ela viveu na França até a sua morte em 1926, tendo realizado mais do que ela (ou o seu pai, que duvidava de Thomas) alguma vez imaginou.

Agora eu poderia trabalhar com absoluta independência sem considerar a opinião de um júri. Eu já havia reconhecido quem eram os meus verdadeiros mestres. Admirei Manet, Courbet e Degas. Tirei uma licença da arte convencional. Comecei a viver.

Mary Cassatt

CAMILLE CLAUDEL: O CORAÇÃO

Camille Claudel, nascida na França em 1864, está começando a ser mais reconhecida por suas esculturas, depois de ter sido eclipsada pela sombra iminente de August Rodin, mais conhecido como "O Pensador". Parte de um grupo criativo na França, que incluía o irmão de Camille, Paul, poeta católico e famoso dramaturgo do final do século XIX, Camille era uma artista de considerável talento. Ela estudou com Rodin, tornando-se sua modelo e amante. A relação deles era tempestuosa; os temperamentos dos dois artistas ardiam de forma brilhante e eles estavam constantemente se separando e fazendo as pazes, mas a relação durou até 1898. Quando o irmão Paul a abandonou, ela realizou uma penitência pública. Como era típico naquela época, Camille foi institucionalizada por depressão e histeria em 1913, corroendo sua vigorosa capacidade de esculpir até sua morte, em 1943. A peça *Une Femme: Camille Claudel*, escrita por Anne Delbee em 1982 marca o renascimento do interesse por Claudel. Controversamente, a peça postula a teoria de que Camille era mais do que uma musa; que ela era, de fato, a verdadeira artista dos dois, infundindo em Rodin criatividade e ideias. Em 1989, Isabelle Adjani e Gerard Depardieu fizeram um trabalho maravilhoso ao viver esse criativo casal no cinema. Apesar das dificuldades dos seus últimos anos, Camille Claudel tornou-se uma heroína nacional francesa e *cause célèbre*.

KÄTHE KOLLWITZ: DO FUNDO DE SUA ALMA

A arte da litógrafa alemã Käthe Kollwitz tornou-se o veículo do seu protesto contra a insensatez da guerra. Ela não poderia ter encontrado uma forma mais eficaz de expressar os seus sentimentos. Sua obra moveu historiadores de arte de todo o mundo para classificar Kollwitz entre os quatro artistas gráficos mais importantes do século XX. Tragicamente, grande parte de seu trabalho foi destruído pelos nazistas e por bombardeios na Segunda Guerra Mundial, mas o que sobreviveu é um registro do seu poder. Não é apenas a sua poderosa técnica gráfica que tem proporcionado fama duradoura, mas o seu tema — quase sempre uma mulher camponesa com um corpo forte, muitas vezes rodeada de crianças, diferente das típicas mulheres passivas e sexualizadas encontradas na arte dominada pelos homens.

Nascida em 1867, Kollwitz tornou-se a primeira mulher a ser eleita para a prestigiada Academia de Arte de Berlim e tornou-se diretora de lá em 1928. Foi também a única mulher do grupo *fin de siecle* de artistas liberais de esquerda que fundou a To the Secession, uma organização dedicada a se opor a artistas afiliados ao *establishment* alemão. Quando seu filho morreu na Primeira Guerra Mundial, o foco de sua arte tornou-se a representação gráfica dos efeitos dos eventos sociais e políticos da época sobre mulheres e crianças. Sua peça intitulada "To the Weaver's Rebellion" retratava as terríveis condições dos pobres, juntamente com a sequência de litografias em "To the Peasant War" sobre a dura vida da classe trabalhadora na Alemanha. Na pintura "Outbreak" desta série, ela criou um retrato de uma mulher, "Black Anna", que, sozinha, iniciou uma revolução. "Raped" é um dos primeiros quadros da arte ocidental que ousou mostrar a violenta guerra travada contra as mulheres.

Ela foi expulsa da Academia de Arte pelos nazistas em 1933, que a consideravam uma pária — uma artista política que retratava a pobreza, a realidade e os camponeses, bem longe do que consideravam ideal! Ela morreu sem dinheiro e sem casa em 1945, tendo sido despojada de sua heroica arte litográfica.

Surpreendentemente, seu filho sobrevivente descobriu um diário que ela guardava, descrevendo sua vida emocional íntima e sua luta para fazer arte na virada do século, como mulher, esposa e mãe. Seus registros, publicados como *To the Diary and Letters of Kaethe Kollwitz,* são uma fascinante amostra do preço emocional que as mulheres muitas vezes têm de pagar para serem criativas, políticas e para desbravarem novos caminhos.

Sua arte continua a afetar pessoas em todo o mundo. No cemitério em que está enterrada, há uma mensagem no livro dos visitantes datada de 22 de setembro de 1996: "Deus te abençoe, Käthe. E a todos os seus filhos. Continuamos o que desejaste. Assinado, Um antigo inimigo."

Volta sempre a isto, que só os sentimentos interiores de alguém representam a verdade. Eu nunca trabalhei sem emoção; eu sempre trabalhei com meu próprio sangue, por assim dizer.
Käthe Kollwitz

ISADORA DUNCAN: DANÇANDO POR SUA VIDA

Isadora (nascida Angela) Duncan nasceu em São Francisco, num dia de verão em 1877. Criada aos modos da aristocracia decadente por sua pobre mãe, uma professora de música, a jovem Angela estudou balé clássico, mas logo abandonou o lugar-comum em favor de sua própria dança, mais livre e interpretativa.

A sua estreia pública com este novo estilo de dança foi um fracasso total em Nova York e Chicago, por isso, ela juntou algumas economias e foi para a Europa a bordo de um navio de carga viva.

Em Londres, estudou as esculturas da Grécia pagã e integrou o sentido de movimento desses clássicos remanescentes em seus exercícios de dança. Uma grande dama do palco britânico, a sra. Patrick Campbell, tornou-se patronesse de Duncan e montou salões de dança privados para ela, no *crème de la crème* das casas culturais. Prontamente, os britânicos bisbilhoteiros não enjoavam da jovem ninfa, descalça e bonita, dançando com tudo de si em trajes de dríade que deixavam pouco espaço para especulação sobre seu corpo. Logo, ela estava embalando teatros e salas de concertos por todo o continente. No ano de 1905, também visitou a Rússia.

Isadora Duncan não foi apenas a diva da dança de sua época, mas uma mulher que ousou desrespeitar as convenções sociais, tendo filhos fora do casamento (casamento era uma noção totalmente repugnante para Duncan e seu grupo) com o cenógrafo Gordon Craig e com Paris Singer, da dinastia das máquinas de costura. Mas sua vida não era um mar de rosas — Duncan perdeu seus dois bebês e a enfermeira deles quando seu carro rolou para o Sena e os três se afogaram. Ela tentou sublimar seu sofrimento com o trabalho, abrindo escolas de dança pela Europa e fazendo turnês pela América do Sul, Alemanha e França.

Em 1920, recebeu um convite para fundar uma escola na União Soviética, onde se apaixonou por Sergey Aleksandrovish Yesenin, um respeitado poeta com metade de sua idade. Os dois se casaram, apesar da repulsa de Duncan pela instituição, e foram sequestrados por espiões bolcheviques enquanto viajavam pelo mundo. Depois de ter sido impiedosamente interrompida numa apresentação no Boston Symphony Hall, Isadora Duncan ofereceu o seu *adieu* à pátria para sempre: "Adeus, América, nunca mais vou te ver!" Foi uma promessa que cumpriu; ela e o marido retornaram para a Europa após a lua de mel, e a relação dos dois colidiu contra as rochas da insanidade de Yesenin. Ele cometeu suicídio em 1925 e Duncan viveu o resto de sua vida na Riviera Francesa, onde outro acidente automobilístico acabou com sua vida. Um dos seus dramáticos cachecóis de inspiração grega ficou emaranhado na roda do carro e ela foi estrangulada.

Embora a sua vida fosse triste e confusa, o verdadeiro triunfo de Isadora Duncan foi a sua arte. Ela transformou o mundo da dança para sempre, libertando-a da constrição vitoriana para permitir um movimento mais natural. Duncan acreditava na celebração da beleza escultural do corpo feminino e essa dança, no seu auge, era uma "expressão divina". Duncan é considerada por muitos como a principal pioneira da dança moderna. Ela era um espírito livre para quem "dançar é viver".

Se a minha arte simboliza alguma coisa, simboliza a liberdade da mulher e a sua emancipação.
Isadora Duncan

GABRIELLE "COCO" CHANEL: HEROÍNA FASHION

Considerada por muitos como a mãe da moda moderna, Gabrielle "Coco" Chanel foi a primeira estilista a criar roupas que combinassem com as emergentes atitudes femininas em busca de mais liberdade e independência. Nascida na França por volta de 1883, o primeiro passo de Coco na indústria da moda foi um trabalho numa loja de chapelaria em Deauville, França, onde ela ficou até 1912. Aos 31 anos, ela se lançou por conta própria, abrindo sua própria loja de vestidos de lã jersey retos e minimalistas. Surpreendentemente novo, o estilo simples fez sucesso em pouco tempo. O triunfo de Chanel com os vestidos e o ambiente de celebração após a Primeira Guerra Mundial encorajaram-na a inovar com ternos de corte inteligente, sofisticadas saias curtas e joias arrojadas e volumosas, desenhadas na sua própria casa de alta costura em Paris!

Em 1922, ela criou o Chanel #5, o perfume que toda mulher queria, nomeado com seu número da sorte; até hoje, continua a ser um dos perfumes favoritos de todos os tempos. As inovações de Chanel são lendárias — bijuterias, lenços para a noite, saias curtas e o vestidinho preto, tudo obra da mente afiada de Coco Chanel. Ela se aposentou em 1938, mas ficou entediada e encenou um retorno com notável sucesso em meados dos anos 1950.

Coco, francesa até a alma, nunca se casou, mas parecia estar totalmente feliz com sua carreira como empresária independente, encarregada de seu próprio tempo e de sua própria vida. Ela faz o norte-americano Horatio Alger parecer maltrapilho — filha de um vendedor de rua ambulante, foi criada em orfanatos e fundou um império, viveu uma vida glamorosa agitada e deixou para trás um legado que durará para sempre. Ídolo de praticamente todos na indústria, Coco Chanel foi o epítome da mulher moderna. Yves St. Laurent uma vez a chamou de "A Madrinha de Todos Nós", e o surrealista francês Jean Cocteau observou, "(Coco Chanel) tem, por uma espécie de milagre, trabalhado na moda de acordo com regras que parecem ter valor para pintores, músicos e poetas."

Existem muitas duquesas de Westminster, mas só há uma Coco Chanel.
Coco Chanel, sobre o porquê de ter rejeitado um famoso pretendente

AS SUPERMODELOS QUE DISCORDAM

Coco Chanel, famosa por sua citação de que "Uma mulher não se torna interessante até chegar aos quarenta" provavelmente se divertiria com **Sandee**, a "super-heroína supermodelo" criada pelo designer Isaac Mizrahi. Sandee é uma modelo divertida, encantadora e bem-humorada, que tem uma missão. Ela defende a aceitação do envelhecimento; mais especificamente, ela quer deixar perfeitamente claro que não há problema em ter mais de trinta anos!

O extremo oposto de Sandee em todos os sentidos é a supermodelo **Waris Dirie**, uma resplandecente nativa da Somália que revelou um segredo horrível da sua infância — uma circuncisão feminina realizada nela aos seis anos de idade. Waris viu sua irmã morrer por culpa dessa mesma mutilação e sofreu com tremendos problemas de saúde por conta disso. Assim, ela se torna ainda mais heroica ao assumir o papel de porta-voz contra este crime hediondo que ainda acontece com mulheres em todo o mundo. Waris deu um rosto humano a esta atrocidade do século XX. Desde que ela assumiu esse papel, as clitorectomias já foram proibidas numa nação africana! "Foi uma ideia inteiramente minha revelar isso publicamente", diz Waris. "Ninguém sabia disso antes. Com a minha exposição como modelo, pensei que talvez tivesse o poder de fazer algo a esse respeito. Para que as pessoas saibam sobre esta coisa terrível que acontece a meninas de todo o mundo."

LIYA KEBEDE: BELEZA COM CORAÇÃO

Liya Kebede nasceu em 1978 em Adis Abeba, Etiópia. Um diretor de cinema notou seus traços distintos enquanto ainda era uma estudante do Lycée Guebre-Mariam. Impressionado por seu aspecto único, o diretor recomendou-a imediatamente a uma agência de modelos francesa. Isso abriu muitas oportunidades para Liya e, aos dezoito anos, ela se mudou para a França para ser modelo de uma agência parisiense, antes de se mudar para Nova York, algum tempo depois. As coisas começaram a decolar para ela quando o estilista Tom Ford lhe ofereceu um contrato exclusivo para seu desfile para a linha Gucci outono/ inverno do ano 2000, mesmo ano em que ela se casou com Kassy Kebede. Seguiu-se a capa da *Vogue Paris*; toda a edição foi dedicada a ela. Kebede foi modelo para designers como Dolce & Gabbana, Louis Vuitton, Yves Saint-Laurent, Emanuel Ungaro, Tommy Hilfiger, Shiatzy Chen e Escada. Mas Liya Kebede é mais do que apenas um rosto bonito. Ela foi selecionada para ser Embaixadora da Boa Vontade da OMS para a Saúde Materna, Neonatal e Infantil em 2005, e logo iniciou a Liya Kebede Foundation, que trabalha para a saúde de mães e bebês e para prevenir a mortalidade infantil em sua terra natal, Etiópia, e em outros países africanos. A fundação continuou a formar profissionais de saúde que ajudaram em mais de 10 mil nascimentos, bem como a conduzir campanhas globais de sensibilização para a saúde materna que já atingiram milhões de pessoas. Também financia advogados e apoia tecnologias de baixo custo, programas médicos e de treinamento e educação comunitária. Além disso, Kebede participou da Champions for an AIDS-Free Generation, um grupo de chefes de estado africanos e outros líderes que trabalham para acabar com a epidemia do HIV. Ela tem usado sua fama para ajudar as pessoas a ampliarem seus horizontes e chamou a atenção para a saúde das mães e de seus filhos.

GEORGIA O'KEEFFE: UM ÍCONE NORTE-AMERICANO

Georgia O'Keeffe nasceu em uma fazenda no Wisconsin em 1887. A cidade mais próxima chamava-se Sun Prairie. O'Keeffe sabia, desde muito cedo, que queria ser artista e inscreveu-se no Art Institute of Chicago em 1904, até que um surto de febre tifoide a fez desistir. Após sua recuperação, em vez de voltar para Chicago, mudou-se para Nova York, onde se inscreveu na Art Students League. Sentindo que não tinha o que era preciso para ser pintora, mudou-se para o sul e ganhou a vida, primeiro como artista comercial e depois como professora de arte. Voltou a dedicar-se à arte em 1914, quando assumiu um cargo de professora no Columbia College, na Carolina do Sul, onde sentiu que a carga didática acessível lhe daria tempo para se dedicar ao desenho.

Em 1916, Alfred Stieglitz deparou-se com os seus desenhos e organizou uma exposição, exclamando: "Finalmente uma mulher no papel!" Casaram-se em 1924, ficando juntos por toda a vida, documentada por centenas de fotografias que Stieglitz tirou de O'Keeffe. A relação teve muitos altos e baixos, mas, apesar de tudo, Georgia pintou, fazendo viagens ao Sudoeste para dar a si mesma e ao seu marido o espaço emocional de que cada um precisava. O relevo viria a dominar cada vez mais o seu trabalho.

Com a morte de Stieglitz em 1946, O'Keeffe mudou-se para Santa Fé, onde adquiriu o Rancho Fantasma e abriu a sua própria galeria, An American Place. O'Keeffe adorava a luz e as linhas do seu rancho, vivendo na sua preciosa privacidade, pintando até a morte, aos 99 anos de idade. Ela ganhou muitos prêmios, incluindo a Medalha Presidencial da Liberdade, em 1977, e foi eleita para a American Academy of Arts and Letters, e suas obras agraciam muitos dos mais prestigiados museus em todo o mundo.

O estilo de Georgia O'Keeffe é único; as suas pinturas são ao mesmo tempo fortes e ricas. Suas pinceladas precisas aplicadas em formas orgânicas, flores, caveiras e rochas sobrepostas com luminosas e rápidas pinceladas coloridas ditam o caminho aos olhos. Sempre uma iconoclasta, Georgia O'Keeffe viveu, e pintou, por suas próprias regras.

Considerada uma das artistas mais importantes do século XX, ela lançou importantes bases para as ambições de outras artistas, simplesmente perseguindo sua visão singular. Em 1930, O'Keeffe partilhou o seu pensamento sobre feminismo, quarenta anos antes da segunda onda de ativismo. "Estou interessada na opressão das mulheres de todas as classes... embora não tão definitivamente e tão consistentemente quanto estou na abstração na minha pintura, porque o passado nos deixou uma herança tão pequena de pintura feminina que ampliou a vida... Antes de colocar um pincel na tela, pergunto-me: 'Isto é meu? É tudo intrinsecamente de mim? É influenciado por alguma ideia ou alguma fotografia de uma ideia que eu tenha adquirido de algum homem?' Isso também implicava uma consciência social, uma luta social. Estou tentando com toda a minha habilidade pintar tudo de uma mulher, assim como tudo de mim."

Eu vou ser uma artista!
Georgia O'Keeffe aos oito anos, quando lhe perguntaram o que
ia ser quando crescesse.

GABRIELA MISTRAL: A VOZ DO POVO

A primeira mulher latino-americana a ganhar um Prêmio Nobel de Literatura, Gabriela Mistral nasceu na aldeia chilena de Montegrande em 1889. Sua mãe, Petronila Alcayaga, de ascendência basca, era professora, e seu pai era Jerônimo Villanueva. Professor e poeta cigano de nascimento indígena e judeu, Jerônimo gostava muito de vinho e não era tão apegado aos seus deveres de chefe de família e de pai; abandonou a família quando Gabriela tinha três anos. Como estudante, Gabriela descobriu seu chamado para a poesia e sua própria independência teimosa, trocando seu nome de nascimento, Lucila, por um de sua escolha, Gabriela. Vários anos mais tarde, quando adulta, ela escolheu um sobrenome apropriado, Mistral, que insinuava um perfumado vento mediterrâneo.

Seu primeiro amor foi um trabalhador ferroviário irremediavelmente romântico que se matou quando a relação fracassou após dois anos. Seu primeiro livro de poesia, *Sonetas de la Muerta*, foi escrito como resultado de sua tristeza, culpa e dor pela morte de seu ex-amante. Quando Gabriela publicou três dos sonetos, em 1914, recebeu o prêmio máximo de poesia do Chile.

Nos anos 1920/1930, ela escreveu muitos volumes de poesia, incluindo *Desolación, Ternura, Preguntas, Tala* e uma antologia mista, *Lecturas para mujeres destinadas a la enseñanza del lenguaje*. Mistral sentiu especial interesse e simpatia pelas mulheres e crianças, e trabalhou para ajudar as vítimas das Primeira e Segunda Guerras Mundiais. Gabriela também fez grandes avanços como educadora: iniciou programas de escolarização dos pobres, fundou um sistema de biblioteca móvel e viajou pelo mundo, recolhendo tudo o que podia para trazer de volta e melhorar o sistema educacional do Chile. Em 1923, ela foi nomeada "Professora da Nação". Tornou-se enviada internacional e embaixadora do seu país durante vinte anos, acabando por servir a Liga das Nações e as Nações Unidas.

No final da década de 1920, um governo militar tomou o poder no Chile e ofereceu à Mistral uma embaixada em todas as nações da América Central. Mistral recusou-se a trabalhar para o estado militar e fez uma denúncia pública mordaz da máquina governamental. A sua pensão foi revogada e, heroicamente, Mistral teve de sustentar a si própria, à mãe e à irmã através dos seus escritos. Ela exilou-se na França, acabando por se mudar para os Estados Unidos, onde lecionou em Middlebury, Barnard e na Universidade de Porto Rico.

Ela recebeu o prestigioso Prêmio Nobel em 1945. Ao aceitá-lo, em seu veludo preto e simples, fez um forte contraste com o elegante rei sueco Gustav. Não aceitou o prêmio por si mesma, mas em nome dos "poetas do meu povo". Mistral morreu em 1957, comovendo seu país natal, o Chile, onde foi reverenciada como um tesouro nacional. Uma professora pobre, rural e mestiça, Gabriela Mistral conquistou os principais cargos e honras em seu montanhoso país. Foi a "poetisa do povo", dando voz ao povo humilde a quem pertencia, os índios, mestiços e camponeses, e desprezando o elitismo desenfreado e as tentativas de criar uma hierarquia racial na Europa e no seu amado Chile.

Considero-me uma das crianças daquela coisa retorcida que se chama experiência racial, ou melhor, violência racial.
Gabriela Mistral

GWENDOLYN BROOKS: A POETISA DO BEAT

Gwendolyn Brooks é uma das poetas mais inovadoras da paisagem literária dos Estados Unidos. Nascida em 1917 em Topeka, Kansas, a família de Gwendolyn mudou-se quando ela era jovem para a urbana cidade de Chicago, uma experiência das ruas que ficou clara em seu trabalho.

Brooks queria levar poesia para as crianças pobres e negras da periferia. E foi o que fez — com uma batida rápida, tensionando firmemente o pentâmero iâmbico que era anterior ao rap, ganhou a distinção de ser a primeira pessoa negra a receber o Prêmio Pulitzer (pelo livro *Annie Allen* em 1950). Mais tarde, ela assumiu uma postura mais radical, juntando-se aos negros revolucionários do movimento beat LeRoi Jones (hoje Amiri Baraka) e Don L. Lee, (hoje Haki R. Madhubuti), saltando com os dois pés nas causas dos afro-americanos. Tornou-se uma poeta Black Power durona e brava, escrevendo versos baseados no estilo clássico, desconstruídos pelas lentes de sua nova consciência racial e compromisso com a causa. Quarenta anos após o seu feito premiado, a sua poesia ainda é crua, fresca e dominadora.

> *Quero esclarecer a minha linguagem. Quero que estes poemas sejam livres. Quero que eles sejam dirigidos sem sacrificar o tipo de música, a produção de imagens por que sempre me interessei.*
> **Gwendolyn Brooks**

ZORA NEALE HURSTON: ALCANCE O SOL

O número de leitores de Zora Neale Hurston é muito maior agora do que no auge da sua carreira. Quase quarenta anos após a sua morte, em 1960, sua obra foi reimpressa centenas de vezes, garantindo o seu legado na nossa herança literária. Uma escritora do Harlem Renaissance, Hurston falou pelas mulheres negras silenciadas. Seu trabalho — cinco romances, mais de cinquenta contos e ensaios, uma coleção de contos e sua autobiografia — demonstra seu compromisso com a cultura de seu povo e com sua bolsa de estudos em Antropologia da língua e da história negras.

Nascida na Flórida rural em 1891, Zora era muito franca, insistindo na igualdade e evitando os papéis tradicionais de uma mulher negra da sua época. A isso, credita a sua preciosa mãe, Lucy, que a incentivou a "saltar para o sol!" quando ela tinha nove anos. Apesar de uma infância instável com uma madrasta de quem não gostava, Hurston prosperou na cidade negra de Eatonville, onde viu o exemplo de um governo pacífico e bom por e para os negros. Seu pai, um popular pastor batista, foi prefeito da cidade várias vezes e avisou sua filha de que o mundo lá fora seria muito diferente. Ela viveu com vários parentes até que, aos catorze anos, saiu para fazer o seu próprio caminho no mundo, trabalhando como empregada da companhia teatral itinerante de Gilbert e Sullivan. Aterrissando em Nova York, Zora fez algumas conexões inevitáveis com líderes do Harlem Renaissance, incluindo Langston Hughes, Alan Locke e Montgomery Gregory.

Com ajuda financeira, Zora teve acesso a uma excelente educação no Barnard College, em Nova York, onde teve mentoria de Franz Boas, o principal antropólogo da época, que também tinha sido mentor de Margaret Mead. Boas viu a infinita vontade e curiosidade de Hurston e a colocou na tarefa de reunir a história cultural de seu povo. Após a formatura, Hurston voltou à Flórida para registrar o folclore negro. Ela se casou com um homem que conheceu lá, Herbert Sheen, mas divorciou-se pouco tempo depois, um dos seus três divórcios. Ela conseguiu uma bolsa em 1934 para estudar mais sobre folclore e partiu em uma busca por conhecimento sobre seu povo que a levou para Nova Orleans, Jamaica, Haiti e Bahamas, onde estudou vudu, além de sua habitual linguística e mitos. Os dados que acumulou nesta viagem épica constituíram os alicerces de *Mules and Men* e *Tell My Horse*. *Jonah's Gourd Vine* é considerada uma das suas melhores obras de ficção, e *Their Eyes Were Watching God* é aclamada como sua obra-prima. A romancista Alice Walker, uma das maiores apoiadoras de Hurston, oferece um poderoso endosso à sua obra: "Não há livro mais importante para mim do que este."

Infelizmente, a amizade de Zora com Langston Hughes acabou por causa de uma peça em que estavam trabalhando, *Mule Bone*. Os anos 1940 viram mais um declínio na carreira de Zora Neale Hurston. Seu ensaio, "How It Feels to be Colored Me", atraiu reprovação por sua franqueza incendiária em relação ao que Hurston viu como o sistema totalmente parcial e injusto de Jim Crow, as leis de segregação racial no sul dos Estados Unidos. Na América dos anos 1940, os protestos literários de Hurston caíram em ouvidos relutantes.

Em 1948, foi vítima de uma acusação falsa de abuso de crianças em Nova York. O caso foi encerrado, mas Hurston ficou devastada e voltou para a Flórida. Destemida, ela continuou a agir em nome de sua consciência, protestando durante o caso Brown versus Topeka Board of Education de 1954, assumindo a posição de que o sistema escolar justificaria o preconceito em relação aos estudantes negros e escolas do sul, taxando-os como inferiores. Hurston, uma das estudiosas literárias mais originais dos Estados Unidos, linguista, mitógrafa e romancista, precisou trabalhar como bibliotecária, professora substituta e até mesmo como empregada doméstica para tentar pagar suas contas. Ela estava trabalhando em um livro e ainda enviando artigos para o *Saturday Evening Post* e para a revista *American Legion Magazine*, mesmo nas circunstâncias mais desesperadoras.

Quando morreu de insuficiência cardíaca, em janeiro de 1960, estava sem um tostão e sem teto, abrigando-se no Saint Lucie Welfare Home. O trabalho de Hurston definhou, quase esquecido, até que a sua escrita magistral foi "redescoberta" nos anos 1970. Zora via a cultura negra como um tesouro a ser celebrado e compartilhado, considerando a cultura caucasiana como fraca quando colocada ao lado da vitalidade da língua e da narrativa negras. Alice Walker procurou o túmulo de Hurston em Fort Pierce, Flórida, e escreveu para a revista *Ms.* sobre sua peregrinação para encontrar sua heroica antecessora. Seu artigo "In Search of Zora Neale Hurston" criou uma avalanche de interesse renovado na escritora que esteve no epicentro do Harlem Renaissance. Na lápide que Walker encomendou está escrito: "Zora Neal Hurston, Um Gênio do Sul. Novelista, Folclorista, Antropóloga."

Eu não me sentia à vontade. Coisas estranhas devem ter-me saído dos olhos, como Lázaro após sua ressurreição... eu estive na cozinha da tristeza e lambi todas as panelas... estava no topo da montanha com uma harpa e uma espada em minhas mãos.
Zora Neale Hurston de Dust Tracks on a Road, a autobiografia de Hurston na qual ela prevê toda a sua vida em doze visões, incluindo a sua derradeira miséria.

MARTHA GRAHAM: A GRANDE DAMA DA DANÇA

Martha Graham, que revolucionou a dança moderna, nasceu em uma família de médicos em 1894. Seu pai era fascinado pela forma como o corpo expressa o psicológico, e a jovem era uma estudante voraz, adotando esta abordagem fisionômica em seu trabalho. A família de Martha se estabeleceu em Santa Bárbara, Califórnia, em 1908, onde ela foi ainda mais influenciada pelas ondas do oceano e pela arte oriental. Em 1916, começou a dançar profissionalmente em Denishawn, a escola e grupo de dança de Los Angeles fundada por Ruth St. Denis e Ted Shawn. Martha se envolveu avidamente na tradição da dança global em Denishawn — baseada nas tribos nativas dos Estados Unidos, dança clássica, folclórica e de um extasiante misticismo religioso. Shawn trabalhou com Martha no "Xochitl", um impressionante balé asteca que mostrou o poder e a paixão escondidos de Martha. Ela ficou em Denishawn até 1923, quando decidiu que o ecletismo da escola beirava a dispersão, indo para o Greenwich Follies, no leste do país. No ano seguinte, Martha ensinou e fez experiências com dança na Rochester's Eastman School.

Ela apareceu em Nova York como bailarina e coreógrafa independente pela primeira vez em 1926. Os críticos ficaram satisfeitos com a sua graça e elegância em "The Three Gopi Maidens" e "Danse Languide". No ano seguinte, Graham tinha se aprofundado na sua própria fonte criativa. As suas novas danças eram despojadas, mais puras, menos ao gosto dos formadores de opinião novaiorquinos, que declararam o seu trabalho como "feio, duro e obscuro". Os movimentos que eram suas marcas registradas saíram de uma contração do tronco. Ela foi comparada a Nijinsky por não ter medo de parecer completamente desinteressante na agonia apaixonada da expressão.

Em 1927, ela apresentou "Revolt", talvez a primeira dança de protesto encenada nos Estados Unidos. Com a vanguardista música moderna de Arthur Honegger, "Revolt" chocou o público, causando um clamor de protesto à sua dança. O período seguinte provou o esforço e a dedicação de Martha à inovação com "Frontier", que apresentou peças esculpidas por Isamu Noguchi; "Primitive Mysteries", gravado para Martha por um excelente compositor, Louis Horst; "Night Journey", uma releitura do mito de Édipo pelos olhos de Jocasta; e "Letter to the World", interpretações da poesia e da vida de Emily Dickinson. Em uma carreira que se estendeu por mais de cinquenta anos, Martha Graham criou quase duzentas peças originais, coreografou mais de 160 balés, formou sua própria escola e companhia e obteve reconhecimento como uma das dançarinas mais influentes de todos os tempos. A primeira a apresentar sessões de dança moderna em casas de balé, Graham dançou "para objetivar as minhas crenças de forma física..."

[Graham criou] uma técnica de dança que se tornou a base da educação de centenas de milhares de dançarinos em todo o mundo, estabelecendo uma nova forma para a dança e o teatro do século xx.
Do prêmio Scripps American Dance Festival em homenagem a Martha Graham

RUKMINI DEVI ARUNDALE: TRANSFORMANDO A TRADIÇÃO E FALANDO PELOS SEM VOZ

Rukmini Devi Arundale foi uma bailarina e coreógrafa que ressuscitou e transformou um ramo da dança clássica indiana; também foi teosofista e ativista pelo bem-estar e direitos dos animais. Nascida em 1904 no seio de uma família de Brâmane em Madurai, Índia, foi criada em Madras (atual Chennai), onde foi exposta ao pensamento teosófico não só por seu pai, mas pela famosa líder teosofista Annie Besant e outras pessoas. Ela chocou a sociedade conservadora da época ao casar-se com o proeminente teosofista britânico dr. George Arundale aos dezesseis anos de idade. Três anos mais tarde, Rukmini tornou-se presidente da All-India Federation of Young Theosophists e presidente da World Federation of Young Theosophists, em 1925.

Ela viajou muito com seu marido e com Besant, trabalhando para promover a teosofia, e se sentiu atraída pela dança clássica ocidental. A famosa bailarina russa Anna Pavlova organizou aulas de balé para Rukmini e sugeriu que ela buscasse inspiração nas artes tradicionais da Índia. Depois de testemunhar a antiga forma de dança indiana *sadir* em 1933, ela estudou *sadir* e *bharatanatyam* extensivamente com diversos professores, depois fez sua primeira apresentação na Diamond Jubilee Convention of the Theosophical Society; isso estabeleceu um precedente para que as mulheres da classe alta se apropriassem de uma forma de dança há muito associada às mulheres da classe baixa, que eram desprezadas. Rukmini iniciou duas escolas secundárias teosóficas em 1934. Em 1936, ela e seu marido estabeleceram uma academia de dança e música chamada "Kalakshetra", perto de Madras; as três escolas acabaram se unindo para se tornar a Kalakshetra Foundation, que ainda existe como uma academia cultural altamente respeitada, dedicada à preservação dos valores tradicionais da arte e do artesanato indiano.

Rukmini, juntamente com o precursor E. Krishna Iyer, teve como objetivo reformular a forma da dança, que havia caído em desprestígio devido à sua associação com dançarinos do templo *Devadasi* e suas práticas eróticas, desaprovadas pela cultura cristã britânica colonizadora. Ela trabalhou como coreógrafa para purgar *Bharatanatyam* do seu conteúdo erótico e reorientá-lo no sentido da devoção e incluiu novos instrumentos musicais como o violino, trajes inovadores, nova iluminação, cenários teatrais e joias inspiradas em esculturas de templos.

Rukmini foi membro do Parlamento indiano de 1952 a 1962. Tinha um grande interesse no bem-estar animal e estava envolvida com uma série de organizações que trabalhavam em prol de tratamento humano aos animais; como deputada, foi fundamental na promulgação da Lei de Prevenção da Crueldade contra os Animais em 1960. Em 1962, ela criou e presidiu o India's Animal Welfare Board. Curiosamente, em 1977 foi-lhe oferecida a presidência da Índia pelo primeiro-ministro Morarji — ao que ela recusou. Rukmini Devi Arundale ainda é uma figura querida na Índia moderna.

Temos de manter tanto a nossa feminilidade como a nossa força.
Rukmini Devi Arundale

PEARL PRIMUS: UMA PÉROLA VALIOSA

A bailarina prodígio Pearl Primus nasceu em 1919 em Trinidad; tornou--se a melhor intérprete da sua herança africana por meio de coreografias e performances. Ela recebeu atenção e respeito internacionais, apesar de não possuir formação convencional em dança e de ter pretendido ser médica. Pearl era multitarefas, trabalhando como operadora telefônica, fotógrafa, conselheira sanitária e como soldadora nos estaleiros de Nova York, bem como em muitos trabalhos em fábricas. Assim que Pearl se comprometeu com a dança como profissão, ela agiu com feroz dedicação e concentração, vendo a dança como uma forma de expressar suas ideias sobre as condições sociais e o estado da humanidade. Era incrivelmente inovadora, misturando constantemente estilos de dança e música. Muito rapidamente, as suas peças, como "Strange Fruit", tornaram-se clássicos. Ela também recitou poesia e literatura africana, da Índia Ocidental e afro-americana durante performances de dança livre, como "Our Spring Will Come" de Langston Hughes e "The Negro Speaks of Rivers". Pearl Primus se interessou realmente pela cultura afro-indiana, aprendendo e, por sua vez, ensinando através de sua dança sobre as culturas, tribos e história de seu povo. Uma vez ela disse: "A dança é o meu remédio. É o grito que atenua por um tempo a terrível frustração comum a todos os seres humanos que, por causa de raça, credo ou cor, são 'invisíveis'".

MARGARET BOURKE-WHITE: O OLHO DO ESPELHO

Imagino o que Margaret Bourke-White pensaria de sua linda e assombrosa fotografia de Mahatma Gandhi em sua roda de fiar sendo usada no anúncio da Apple com a legenda "Pense diferente". Como se a questão gramatical não fosse suficientemente irritante, parece trágico que um trabalho destinado a preservar a memória e a honra de um homem dedicado à paz e à simplicidade (ele está costurando sua própria roupa para não usar produtos manufaturados estrangeiros) esteja agora sendo usado para comercializar computadores.

Nascida no Bronx em 1904, Margaret Bourke-White "ousou tornar-se fotógrafa industrial e fotojornalista numa época em que os homens pensavam ter direitos exclusivos sobre esses títulos, depois subiu com velocidade surpreendente ao topo das duas profissões", escreve a biógrafa Vicki Goldberg. Na verdade, suas habilidades contribuíram muito para o crescimento do fotojornalismo, e muitas das nossas memórias da importante história do século xx existem graças aos seus esforços para documentá-las para a posteridade. Embora a fotografia de Gandhi seja a mais famosa graças a um marketing bastante insidioso, outras estão gravadas na nossa memória: o holocausto indiano que ocorreu durante a partição, quando todos os hindus foram forçados a deixar o novo estado do Paquistão enquanto todos os muçulmanos viajaram para lá. Os mortos ainda não estão numerados nesta trilha de lágrimas, mas as estimativas chegam a três milhões. Ela também fotografou o massacre muçulmano em Calcutá, imagens horrendas e poderosas de hindus mortos sendo devorados por abutres.

Como fotógrafa da *Life*, ela viajou pelo mundo. Em Moscou, filmou a invasão aérea nazista da cidade russa. Na África do Sul, fotografou negros sitiados pelo apartheid, escravizados em minas de diamantes e de ouro para o ganho de seus opressores. Na Coreia, fotografou a guerrilha. Ela cobriu as frentes de guerra na África, Itália e Alemanha, e esteve com a força Aliada que entrou no campo da morte de Buchenwald, onde fotografou algumas de suas obras mais dolorosas e importantes. "Eu vi e fotografei as pilhas de corpos nus e sem vida, os esqueletos humanos nos fornos, os esqueletos vivos."

Nos Estados Unidos, a seca de 1934 e a migração para o Dust Bowl foram seus temas, assim como uma visão não envernizada da pobreza abjeta nos Apalaches e em outras partes do sul rural. Ela e seu marido, o escritor Erskine Caldwell, colaboraram em vários livros de ensaios fotográficos, incluindo *You Have Seen Their Faces*, lembrando a uns EUA insular o seu próprio povo esquecido. Durante a Segunda Guerra Mundial, ela foi a primeira fotógrafa da Força Aérea do Exército em ação na Itália e no Norte da África.

A dedicação heroica de Margaret Bourke-White por dizer a verdade com imagens deixou-nos com uma fascinante crônica do século xx. Em sua busca pela veracidade visual, ela se colocou em perigo diversas vezes, andando sobre vigas de aço para conseguir a melhor foto, indo fundo em minas perigosas, voando com um esquadrão antibombas na Tunísia e até afundando em um naufrágio na Segunda Guerra Mundial. Ela morreu em 1971 da doença de Parkinson. Durante sua vida, Margaret Bourke-White nos devolveu nossa própria história e nos deu a oportunidade de aprender com ela.

A impessoalidade da guerra moderna tornou-se estupenda, grotesca.
Margaret Bourke-White, que deu um rosto aos horrores

LINA BO BARDI: MODERNISTA INTRANSIGENTE

Muitas pessoas têm medo de casas de vidro, mas não desta incrível arquiteta nascida Achillina Bo na Roma de 1914. Aos 25 anos de idade, Lina Bo Bardi formou-se no Rome College of Architecture com seu trabalho final, "A Maternidade e o Centro de Cuidados Infantis". Lina então começou a trabalhar em parceria com o arquiteto Carlo Pagani no Studio Bo e Pagani. Ela também colaborou com o arquiteto e designer Gio Ponti em uma revista de design de interiores. Abriu seu próprio estúdio em 1942, mas, devido à guerra, o trabalho arquitetônico era escasso, então Lina fez ilustrações para jornais e revistas. Um ano depois, o seu estúdio foi destruído por um bombardeio aéreo; o que a impulsionou a envolver-se mais no Partido Comunista Italiano. A revista *Domus* encarregou-a de viajar por aí tirando fotos para documentar a destruição que a guerra tinha trazido à Itália. Lina também participou do First National Meeting for Reconstruction, em Milão, destacando a indiferença pública sobre o tema; para ela, a reconstrução pós-guerra não era meramente física, mas moral e cultural.

Em 1946, Lina e seu marido Pietro mudaram-se para o Brasil; foram recebidos no Rio de Janeiro pelo IAB (Instituto dos Arquitetos Brasileiros). Ela novamente abriu o próprio estúdio e reencontrou sua criatividade, inspirada pelo país. Ela e o marido fundaram juntos a seminal revista de arte

Habitat, em 1947, Pietro foi convidado a criar e administrar um museu de arte. Lina projetou a conversão do edifício em museu, bem como o projeto de um edifício de escritórios para o jornal *Diários Associados*. Em 1951, Lina completou a Casa de Vidro, cujo design foi influenciado pelo racionalismo italiano. Tornou-se professora na USP em 1955 e logo publicou um trabalho importante sobre o ensino da teoria da arquitetura. Aos 74 anos de idade, foi homenageada com a primeira exposição de seu trabalho na USP. Lina Bo Bardi morreu na Casa de Vidro em 1992, deixando para trás projetos para uma nova Prefeitura de São Paulo e para o Centro Cultural para Veracruz.

Arquitetura e liberdade arquitetônica são, acima de tudo, uma questão social que deve ser vista de dentro de uma estrutura política, não de fora.
Lina Bo Bardi

DOROTHEA LANGE: FOTÓGRAFA ATIVISTA

"A discrepância entre o que eu fazia nas molduras de impressão e o que se passava na rua era demais para eu assimilar", escreveu Dorothea Lange sobre a razão pela qual deixou o seu trabalho como fotógrafa da sociedade para registrar a miséria da Depressão dos anos 1930. A empatia de Lange pelo sofrimento humano transparece em suas fotografias luminosas, incluindo suas famosas "Migrant Mother" e "White Angel Breadline". No entanto, a sua compaixão foi mais tarde alvo de críticas, ao ser vista como excessivamente solidária com a detenção dos nipo-estadunidenses durante a Segunda Guerra Mundial. Embora ela tenha sido contratada para gravar este evento para a posteridade, as fotografias foram apreendidas e só foram exibidas em 1972, sete anos após a sua morte. No entanto, Lange não foi dissuadida da sua missão pessoal de capturar a humanidade essencial e universal compartilhada ao redor do mundo. A sua genialidade estava em documentar aquilo que poderia ser ignorado, não fosse seu olhar artístico nos obrigando a olhar.

FRIDA KAHLO: PIONEIRA DA CULTURA POP

A deificação póstuma de Frida Kahlo pela cultura pop eclipsou a de seu marido, o muralista mexicano Diego Rivera. Totalmente iconoclasta, o estilo de pintura visceral de Frida tem uma intensidade igualada por poucos artistas. Suas frutas carnudas, artérias rasgadas, partos torturados e paisagens de sonhos surrealistas e imaginários aterrorizam e hipnotizam. Os seus olhos ardentes, retratados tanto em autorretratos como em fotografias, tornam-na difícil de esquecer. Sua dor parece emanar de muitas feridas — psicológicas, físicas e românticas.

Nascida Magdalena Carmen Frida Kahlo y Calderón em 1907, na região da Cidade do México, sua aparência exótica, que hipnotizou milhões, é um produto de sua herança. O pai de Frida, um dos principais fotógrafos do México, foi um mexicano de primeira geração nascido de judeus húngaros, enquanto sua mãe, Matilde Calderón, era mexicana de ascendência mista espanhola e indígena. Frida contraiu pólio aos sete anos de idade, o que atrofiou sua perna direita. Seu pai tomou conta de sua recuperação, incentivando-a a praticar esportes para recuperar a força do pé direito e da perna. Aos quinze anos, Frida sofreu um horrendo acidente de bonde, esmagando a coluna, o pé direito e pélvis, deixando-a paralítica para sempre. Mais tarde, ela descreveu o acidente como a perda da sua virgindade quando o freio de mão do bonde penetrou o seu jovem corpo. Sentindo dores durante o resto de sua vida, foi submetida a 35 cirurgias, à amputação de seu pé direito gangrenado e ao que ela considerava como uma prisão, acamada com coletes de gesso. De fato, várias das maiores obras de Kahlo foram feitas enquanto ela estava de costas, usando um cavalete especial que sua mãe tinha feito para ela.

Sua tempestiva relação com o mundialmente reconhecido pintor Diego Rivera também foi uma fonte de grande sofrimento. Muitas vezes descrito como "parecido com um sapo" no aspecto, a estrela da arte mexicana era mulherengo. Durante um hiato entre o casamento, Frida cortou o seu lindo cabelo comprido e vestiu-se com largas roupas masculinas. Ela sofreu amargamente com sua incapacidade de dar um filho a Rivera, sofrendo vários abortos espontâneos. Os dois produziram arte de formas muito diferentes — as enormes pinturas de Rivera eram mensagens políticas nas paredes dos prédios públicos; as pinturas de Frida eram profundamente pessoais, coloridas, vibrantes, muitas vezes feitas em pequenos pedaços de lata.

Frida e Diego eram um casal bastante público. Na maturidade da Revolução Mexicana, ambos eram muito políticos, tornando-se amigos de Leon Trótski, Pablo Picasso, do cineasta russo Sergei Eisenstein, Andre Breton e dos Rockefellers. Ambos os artistas abraçaram o "Mexicanismo", Frida chegando ao ponto de usar sempre trajes tradicionais de camponeses indígenas, contrastando uma figura marcante e memorável com a formalidade rústica. A forte adesão de Frida a todas as coisas "do povo" fez dela uma heroína nacional, com artigos comentando a sua semelhança com uma princesa ou deusa indígena. Em seu artigo, "Portrait of Frida Kahlo as Tehuana", o crítico de arte Hayden Herrera afirma que a artista latina "não foi reprimida pela típica cultura mexicana dominada por homens. As mulheres tehuantepec são famosas por serem imponentes, bonitas, inteligentes, corajosas e fortes; segundo a lenda, a sociedade delas é matriarcal, onde as mulheres dirigem os mercados, lidam com os assuntos fiscais e dominam os homens". Mais de sessenta anos após a sua morte, Frida e o seu trabalho causam um fascínio que não mostra sinais de desaparecer. Seu estilo pessoal dramático e suas pinturas selvagens capturaram a imaginação do público. Ela tem sido aclamada como um modelo para as mulheres artistas, uma pioneira estilística e idealista que perseguiu a sua arte, apesar das deficiências físicas que teriam impedido muitas outras. Seu corpo estava quebrado, mas seu espírito era indomável, como as mulheres Tehuana com as quais ela se identificou. Como Herrera observa, "ela ficou famosa pela sua *heroica alegria*."

INFLUÊNCIAS ARTÍSTICAS

A bailarina **Anna Pavlova** adotou o "look Frida" quando foi à Cidade do México. Ela dançou um balé mexicano com um traje indígena nativo que foi sensação. Logo, intelectuais boêmios de todo o mundo estavam usando o traje das mulheres camponesas mexicanas.

OUTRA MULHER SELVAGEM

Frida Kahlo conheceu Diego Rivera, vinte anos mais velho, através da fotógrafa **Tina Modotti**. Tina foi realmente o catalisador do rumo que a vida de Frida tomou em direção à arte e à política de esquerda. Frida conheceu Tina depois da sua hospitalização após o acidente com o bonde; Modotti a incentivou a juntar-se ao partido comunista e deu-lhe um broche com o martelo e a foice para melhor mostrar as suas afinidades.

Tina Modotti deixou a sua casa na Itália e mudou-se para São Francisco em 1913. Teatral em todos os sentidos, ganhou o respeito da comunidade cênica italiana por sua atuação, casando-se com Roubaix de l'Abrie Richey, um famoso pintor e poeta romântico. Sete curtos anos depois, ela se mudou para o sul da Califórnia e fez carreira nos filmes de Hollywood. Em busca dos boêmios da época, ela conheceu o fotógrafo Edwin Weston, que logo se tornou seu amante. Weston ensinou fotografia a Modotti e tirou-lhe muitas fotografias assombrosamente bonitas.

Tina acabou se aborrecendo de trabalhar com cinema e se voltou para o caldeirão cultural da Cidade do México, onde teve um namoro rápido com Diego Rivera e se envolveu com outros artistas, escritores e revolucionários. Tina Modotti viveu na linha entre o popular e o extraordinário; foi inclusive acusada do assassinato de seu amante cubano, morto a sangue frio enquanto ele e Modotti caminhavam juntos nas ruas da Cidade do México. Difamada pela imprensa, ela foi expulsa do México em 1930. Visitou Berlim e a União Soviética, dedicando-se em tempo integral ao ativismo político com os radicais Sergei Eisenstein, Alexandra Kollontorai, La Pasionaria, Ernest Hemingway e Robert Capa. Tina Modotti viveu em constante perigo devido ao seu papel como espiã em nome do stalinismo. Ela desempenhou um papel importante na Guerra Civil Espanhola antes de morrer sozinha em circunstâncias misteriosas, em 1942. Pablo Neruda leu um poema que tinha escrito especialmente para Tina Modotti durante seu funeral.

SIMONE DE BEAUVOIR: INDIVIDUALIDADE E INTELECTO

A escritora existencialista Simone de Beauvoir foi a líder do movimento feminista na França. Seu livro, *O segundo sexo*, tomou imediatamente um lugar de importância no cânone feminista após sua publicação, em 1949, e estabeleceu a reputação de Beauvoir como uma pensadora de primeira linha. Embora o seu exame brutalmente honesto da condição das mulheres na primeira metade do século XX tenha chocado algumas mentes delicadas, outras ficaram gratas por ter alguém que falasse sobre as coisas como elas eram. Beauvoir descreveu os papéis tradicionais femininos de esposa e mãe como "o ser relativo" dependentes do contexto. Ela encorajou as mulheres a seguirem carreiras e se esforçarem para buscar a realização através de um trabalho significativo.

Beauvoir evitou a armadilha do "ser relativo" (e do nada), ao manter como parceiro e amante Jean-Paul Sartre, que conheceu aos vinte anos, num grupo de estudos na famosa universidade de Paris, a Sorbonne. Reconheceram-se imediatamente como companheiros de alma e permaneceram juntos durante 51 anos numa parceria pouco ortodoxa, em que havia espaço para "amores contingentes" como forma de não limitarem a sua capacidade de enriquecer a experiência. Ela escapou da maternidade e de todas as formas de domesticidade; a dupla raramente jantava em casa, preferindo os cafés para todas as suas refeições. Eles viveram juntos apenas muito brevemente durante a Segunda Guerra Mundial e tiveram dificuldade em proteger a sua privacidade como expressão da nova filosofia existencialista da moda, optando por abraçar a ambiguidade, difundir-se e aumentar o seu prestígio internacional. Enquanto Sartre é geralmente creditado como o criador do existencialismo, Simone não foi uma desleixada filosófica. Seu tratado *Existentialism and the Wisdom of the Ages* postula a condição humana como neutra, nem inerentemente boa nem má: "[O indivíduo] não é nada no início", teorizou ela, "cabe a ele fazer-se bom ou mau, dependendo se ele assume ou nega sua liberdade."

Os primeiros esforços de Beauvoir em sua carreira como escritora foram ficcionais, incluindo sua estreia como romancista em 1943, com *She Came to Stay*, uma ficcionalização da jovem protegida de Sartre, Olga Kosakiewicz, que formava com os dois intelectuais franceses uma relação triangular. Em seguida, abordou o ponto de vista masculino em seu épico tratamento da morte em *Todos os homens são mortais*, cujo personagem central foi um imortal que ela rastreou durante sete séculos. Em 1954, após o sucesso de seu clássico feminista *O segundo sexo*, Beauvoir voltou à ficção com *Os mandarins*, um romance sobre a desgastada e desencantada elite intelectual francesa, que ganhou o ilustre Prêmio Goncourt.

Ela continuou a escrever e publicar, criando uma consistente obra. Viveu alguns anos a mais que Sartre, morrendo num dia de verão em Paris, em 1986, após uma vida longa e reflexiva, deixando um legado de contribuições significativas para as questões de gênero e identidade, bem como de filosofia e literatura.

Não se nasce mulher, torna-se mulher.
Primeira linha de *O segundo sexo*

CLARA ISAACMAN: UMA VIDA ESCONDIDA

A família de Clara mudou-se para a cidade belga de Antuérpia em 1932, fugindo da perseguição romena aos judeus depois que seu pai foi espancado por tentar votar. A vida deles começou bem na Antuérpia, trabalhando com empacotamento de garrafas em casa. Enquanto a conversa sobre atividades antissemitas se espalhava pela Europa, a família continuou trabalhando arduamente, tentando seguir da melhor forma que podia, mantendo-se sempre atenta aos problemas. A primeira experiência de Clara com o que causava os sussurros assustados de seus pais veio quando uma tropa de nazistas apareceu para revistar sua escola.

Depois disso, o pesadelo piorou. Clara passou a ser evitada por seus antigos companheiros de brincadeira por ser judia e vivia com medo constante de ser levada embora. A família acabou fugindo, escondendo-se onde podia, muitas vezes apenas um passo à frente dos soldados nazistas à procura de judeus para levar aos campos de concentração. Quando ficaram sem dinheiro, seu pai arriscou-se ao sair do esconderijo em busca de alguma forma de continuar pagando às pessoas para permitir que vivessem em sótãos e porões imundos e infestados por ratos.

Clara sobreviveu graças aos muitos heróis e heroínas belgas que encontrou durante a sua secreta vida nas sombras. A vigilância de sua mãe salvou a família inúmeras vezes. Um dos medos constantes era que seus "senhorios" deixariam que se escondessem em troca de dinheiro apenas para entregá-los à Gestapo mediante uma recompensa. A mãe de Clara tinha um sexto sentido e parecia saber exatamente quando a traição estava prestes a acontecer, e eles fugiam novamente.

Uma memória preciosa de Clara diz respeito a seu irmão, Heshie, que foi levado pelos alemães e colocado para trabalhar em uma equipe prisional judaica. Quando Heshie se recusou a agir como um "kapo" — um prisioneiro que recebia comida extra e melhor tratamento em troca de fazer qualquer coisa que os nazistas exigissem, incluindo ajudar a matar outros judeus —, ele foi executado. A coragem de Heshie diante de tanta crueldade e degradação fez dele um herói para os outros prisioneiros, um dos quais procurou a família de Clara para ter certeza de que eles sabiam do heroísmo e da honra de Heshie diante da morte.

Como muitos sobreviventes do Holocausto, Clara sofreu com a enorme culpa por ser uma das judias que foi poupada enquanto outros seis milhões, incluindo o seu amado irmão, morreram. Durante muitos anos depois da guerra, ela ficou em silêncio sobre sua experiência por vergonha de viver. Clara decidiu quebrar esse silêncio depois de ouvir o ganhador do Prêmio Nobel Elie Weisel falar sobre ser judeu e praticar a fé na era pós-pogrom. Clara percebeu que precisava partilhar sua história e ajudar no processo de cura, e proferiu palestras ao redor do mundo sobre o Holocausto, especialmente para os jovens. Uma Anne Frank que viveu para contar sua história, ela escreveu um livro para jovens adultos intitulado *Clara's Story* sobre os seus anos de esconderijo. Ao dedicar a vida a contar sua história para ajudar a criar paz, cura e memória, a heroica sobrevivência de Clara é um testemunho para o espírito humano.

SELMA LAGERLOF E NELLY SACHS: NOBREZA NOBEL

Em 1909, Selma tornou-se a primeira mulher e a primeira escritora sueca a receber o Prêmio Nobel de Literatura. O prêmio foi concedido por sua obra, incluindo o romance de 1891 *A saga de Gösta Berling* e a ficção em dois volumes, *Jerusalem*, de 1902, uma crônica sobre camponeses suecos que migram para Jerusalém. Selma tornou-se a escritora sueca mais notável de sua época e teve uma produção fantástica — 33 romances e quatro narrativas biográficas. Mas ela não se contentou em ser apenas a mais brilhante romancista de sua época; ela também trabalhou arduamente para libertar a escritora judia Nelly Sachs de um campo de concentração nazista. Sachs, inspirada por sua salvadora, ganhou o Prêmio Nobel de Literatura em 1966.

ANNE FRANK: ATRÁS DA PAREDE DO SÓTÃO

Se Anne Frank tivesse sobrevivido, o que acharia do fato de que seu diário sobre os dois anos em que sua família passou escondida dos nazistas se tornaria não apenas um clássico da literatura de guerra, mas um dos livros mais lidos e amados de todos os tempos? *O diário de Anne Frank* é agora transmitido de geração em geração, e a leitura dos registros das emoções de Anne tornou-se um rito de passagem para os adolescentes de hoje. Foi traduzido para mais de cinquenta idiomas e transformado numa peça de teatro e num filme; uma nova versão em inglês, publicada em 1995, restaurou mais um terço do material original que foi cortado pelo pai de Anne.

Por que tanta popularidade? *O diário de Anne Frank* mostra o rosto humano de uma guerra desumana enquanto registra o crescimento emocional de Anne com grande perspicácia. Quando ela se mudou para detrás das estantes, vivendo em salas secretas de um sótão em Amsterdã, deixou para trás sua verdadeira vida. Aos treze anos, Anne tornou-se imediatamente prisioneira e fugitiva. Arrancada de seus amigos no início da adolescência, ela derramou seu coração no diário que chamou de "Kitty", sua amiga imaginária e confidente. É uma experiência intensa para o leitor que sabe o que Anne não poderia saber — ela não sobreviveria. Anne acreditava que conseguiria e partilhava as suas esperanças e desejos para os filhos que um dia teria. Mas, aos dezesseis anos, ela morreu no campo de concentração de Bergen-Belsen.

Também parte o coração perceber o dom que Anne tinha para a escrita — é quase impensável que algumas daquelas passagens tenham sido escritas por uma adolescente! Sua honestidade sobre seus sentimentos, nem todos nobres, é a qualidade que faz eterna o diário de Anne. Enjaulada num mundo oculto, ela nos mostrou que uma vida dentro da mente poderia ser plena, não importando as circunstâncias. Pela sua coragem e otimismo, Anne Frank será sempre uma heroína.

O melhor remédio para aqueles que estão com medo, solitários ou infelizes é ir lá fora, para algum lugar onde eles podem estar bem sozinhos com o céu, a natureza e Deus... acredito firmemente que a natureza traz conforto para todos os problemas.
Anne Frank

MAIS AUTORAS INSPIRADORAS

As histórias de Clara Isaacman e Anne Frank podem te inspirar a procurar mais destes preciosos documentos dos espíritos heroicos do Holocausto. Sugiro o livro de **Etty Hillesum**, *Uma vida interrompida*, o diário de uma jovem judia escondida dos nazistas na Holanda, *Little Eden: A Child at War*, **de Eva Figes**, sobre uma jovem que fugiu para Londres, e *A Song of Life*, de **Hanna Szenes**.

AUDRE LORDE: UMA EXPLOSÃO DE VIDA

A poetisa ativista Audre Lorde está finalmente recebendo o reconhecimento que há tanto tempo merece. Uma poetisa negra e lésbica que nunca escondeu sua verdade, Audre começou a escrever poesia seriamente na escola primária. Nascida no inverno de 1934, seus pais eram imigrantes caribenhos que fugiram de Granada para Nova York em 1924, bem a tempo da Grande Depressão. Audre cresceu sentindo-se diferente das suas duas irmãs mais velhas, como se fosse uma filha única ou "um único planeta, ou algum mundo isolado em um firmamento hostil, ou na melhor das hipóteses, pouco amigável".

Extremamente brilhante, Audre lia vorazmente. Após uma passagem pela Universidade do México, onde a atmosfera de tolerância racial realmente lhe abriu os olhos para o racismo nos Estados Unidos, começou a frequentar a Hunter College e se formou em Biblioteconomia pela Columbia. Casada e com dois filhos pequenos, ela trabalhou para várias bibliotecas de Nova York durante oito anos. Após se divorciar, buscou novamente a sua verdadeira paixão — escrita criativa, tanto prosa quanto poesia. Em 1968, começou a ensinar Escrita Criativa na City University of New York. Ela também passou um ano como poeta residente no Tougaloo College em Jackson, Mississippi, e passou a dar aulas em muitas escolas de prestígio por todo EUA, onde a sua reputação como poeta extraordinariamente talentosa cresceu.

Uma rara combinação de escritora habilidosa *e* professora, Audre Lorde desafiou seus alunos. De acordo com a biógrafa Joanne S. Richmond no *Handbook of American Women's History*, Lorde instigava seus alunos de escrita criativa a "reivindicar cada aspecto de si mesmos e encorajá-los a descobrir o poder de uma totalidade espirituosa, sabendo que no silêncio não há crescimento, na supressão não há satisfação pessoal".

Sua prosa inclui *The Cancer Journals,* revelando sua batalha contra o câncer de mama, do qual acabou morrendo. Audre encontrou o pesadelo de uma feminista no seu tratamento, recusando-se a usar a prótese de seio que o seu médico tentou forçá-la a usar. Em 1982, *Ami: a New Spelling of My Name* foi a incursão de Lorde na criação de um novo gênero, que ela chamou de "biomitologia", e sua abertura literária sobre sua própria lesbianidade. Em *Ami*, ela escava profundamente o arquétipo, o mito e os mistérios das mulheres através da história da terra natal de sua mãe, a ilha de Carriacou, no Caribe. Lorde revelou-se na sabedoria das deusas africanas e nos contos matriarcais, suas relações sexuais luxuriosas com outras mulheres negras e no igualitarismo intrínseco da natureza. Feminista e ativista política, em seu trabalho ela também apontou para o "Eu" patriarcal centrado nas tradições judaico-cristãs e confrontou a hipocrisia de seu tempo, denunciando raivosamente o sexismo e fanatismo em poemas como "Cables to Rage" e "The Black Unicorn".

Em muitas ocasiões, Lorde declamou sua poesia com os poetas negros Amiri Baraka, Nikki Giovanni e Jayne Cortez. Ela começou, como fazem muitos poetas, em cafeterias e porões de igrejas humildes. Mas logo estava enchendo teatros e ganhando prêmios, incluindo o American Book Award por *A Burst of Light*, uma indicação em poesia para o National Book Award de 1974 e a Walt Whitman Citation of Merit, pela qual ela se tornou Poeta Laureada de Nova York pouco antes de morrer, vítima do câncer em 1992.

Audre Lorde é admirada por outros poetas. Risque a superfície de muitas das influências dos melhores escritores de hoje e o seu nome surgirá repetidamente. Jewelle Gomez cita Audre Lorde como uma grande influência na sua vida escrita e na vida de muitos outros na comunidade criativa afro-americana.

Num artigo para a revista *Essence*, Gomez reconhece o trabalho de Lorde como "um mandato para avançar contra a... vitimização e criar padrões independentes que nos ajudem a viver uma vida plena e justa... Ela era uma figura que todas as mulheres podiam usar como base quando lutavam pelo reconhecimento do seu valor".

A poesia é o conflito nas vidas que levamos. É a mais subversiva porque seu objetivo é encorajar a mudança.
Audre Lorde

MAYA ANGELOU: COMO CANTA O PÁSSARO NA GAIOLA

A infância de Marguerite Johnson foi marcada pelas dificuldades dos anos da Grande Depressão em que ela cresceu. Seus pais se divorciaram, enviando-a para morar com sua avó, "Momma" Henderson, em Stamps, Arkansas, onde ela administrava uma pequena loja de conveniências. Marguerite, conhecida como Maya, frequentou a igreja devotadamente com Momma, que lhe deu estabilidade e lhe ensinou a importância dos valores e de uma forte ética de trabalho. A jovem encontrou amor e raízes com sua avó e a congregação em sua igreja.

A tragédia chegou quando ela visitou sua mãe em St. Louis por oito meses. A mãe de Maya tinha um namorado que passava muito tempo em sua casa e muitas vezes tocava e abraçava demais a menina de sete anos, que, em sua inocência, confundia isso com o amor de um pai. Mais tarde ele a estuprou, e Maya se sentiu culpada e responsável por sua prisão e posterior morte nas mãos de outros detentos que aplicaram seu próprio senso de justiça em um molestador de crianças. Como resultado dessa violência, ela se tornou catatônica. Com o apoio de sua família e de uma amiga adulta, Bertha Flowers, que a apresentou à literatura, Maya gradualmente retornou à realidade, falando depois de cinco anos e se formando na sua turma do oitavo ano.

Maya e a mãe mudaram-se então para São Francisco, onde sua mãe dirigia uma pensão e trabalhava como apostadora profissional. Maya conheceu muitos personagens coloridos entre os pensionistas e se dedicou à escola, onde floresceu. Ela engravidou aos dezesseis anos e assumiu todas as responsabilidades da maternidade com o nascimento de seu filho, Guy. Durante alguns anos, Maya foi uma aventureira: trabalhou em um restaurante de comida creole, foi garçonete em um bar em San Diego e até mesmo passou um curto e acidental período como cafetina para duas prostitutas lésbicas. Depois de dois anos de casamento com um homem branco, Maya começou a dançar no Purple Onion e entrou no espetáculo *Porgy and Bess*, que fez uma turnê pela África e pela Europa. Depois de escrever *Cabaret for Freedom* com Godfrey Cambridge para a Southern Christian Leadership Conference, Maya chamou a atenção de Martin Luther King, Jr. pelo seu talento e contribuição para o movimento de direitos civis, convidando-a para servir como coordenadora do SCLC.

A carreira de Maya tornou-se absolutamente espantosa depois deste ponto, vivendo no Egito com Guy e seu amante, um sul-africano engajado na luta contra a opressão, trabalhando em Gana escrevendo para o *The African Review*. Ela permaneceu envolvida com o teatro, escrevendo e se apresentando em peças, atuando em *Roots*, e escrevendo vários volumes de poesia, bem como o roteiro e a música para o filme de sua autobiografia. Mas foi com os seis volumes de sua vendidíssima autobiografia, começando por *Eu sei por que o pássaro canta na gaiola*, que ela entra para a história da literatura (o *New York Times* a chamou de "um dos gênios da autobiografia em série afro-americana"). Escritos com cativante honestidade, cor e verve, seus livros são lidos tanto por jovens como por adultos pela sua mensagem inspiradora. Veja esta poderosa passagem de *Eu sei por que o pássaro canta na gaiola*: "Se crescer é doloroso para a menina negra do Sul, estar consciente do seu deslocamento é a ferrugem na lâmina de barbear que ameaça a garganta. É um insulto desnecessário." Quando ela foi criticada por não ser completamente factual como escritora, Maya respondeu: "Há um mundo de diferença entre verdade e fatos. Os fatos podem obscurecer a verdade."

Maya Angelou, um nome combinado de um apelido que seu irmão lhe deu e uma variação do nome do seu primeiro marido, reinventou-se verdadeiramente. Nenhum momento da sua vida maravilhosamente colorida ilustra isto tanto quanto a leitura que fez do seu belo poema, "On the Pulse of Morning", durante a primeira posse do presidente Bill Clinton. Ela tinha percorrido um longo caminho desde a pequena, assustada e silenciosa criança de sete anos de idade até uma mulher plena em seu poder, sem medo de compartilhar isso com o mundo.

A capacidade de controlar o próprio destino... vem do trabalho duro e da coragem constantes.
Maya Angelou

MAXINE HONG KINGSTON: GUERREIRA LITERÁRIA

A autobiografia de Maxine Hong Kingston, apropriadamente apontada como realismo mágico, *The Woman Warrior: Memoirs of a Girlhood Among Ghosts*, saiu em um ano bissexto, 1976. Foi um *timing* perfeito, porque a história de Kingston é uma história norte-americana e também uma história sobre rebelião. Seu conto sobre uma garota sino-estadunidense chegando à maioridade na Califórnia ganhou o National Book Critic's Circle Award e desencadeou uma onda de livros escritos por mulheres não brancas; de repente Maxine era uma heroína literária aos 36 anos de idade. Seu livro subsequente, *China Men*, ganhou o mesmo prêmio em 1980, enquanto seu romance de estreia, *Tripmaster Monkey: His Fake Book*, de 1989, entusiasmou tanto os leitores como os críticos.

Nascida em 1940, filha de imigrantes chineses que dirigiam uma casa de jogos em Stockton, Califórnia, Maxine recebeu o seu nome de uma mecenas do estabelecimento, loira e muito bem-sucedida. Quando alguns amigos anônimos tiraram a família Hong do negócio do jogo, eles passaram a operar uma lavanderia que empregava toda a família, incluindo Maxine e seus cinco irmãos. Era uma vida com muito trabalho, mas Maxine pôde frequentar a Universidade da Califórnia com onze bolsas de estudo. Com a intenção inicial de estudar Engenharia, ela rapidamente mudou para Literatura Inglesa. Ao formar-se, ela se casou com um homem branco, Earl Kingston.

Durante toda a sua infância, Maxine Hong Kingston lutou contra a sensação de não estar no mesmo mundo dos livros que leu. Não havia histórias de sino-estadunidenses na biblioteca de Stockton, e pouquíssimas apresentavam garotas. "De certa forma, não é tão terrível ficar de fora", disse ela anos mais tarde ao *Los Angeles Times*, "porque então você poderia ver que há um filão inteiro de histórias que pertencem a você e a mais ninguém".

A menina em *Woman Warrior* teve sua língua cortada pela mãe, de acordo com a superstição de que isso lhe permitiria falar muitas línguas (em *Ami*, Audre Lorde relata ter sofrido o mesmo corte). A justaposição entre a escola comum e o trabalho na lavanderia da infância de Maxine em *Woman Warrior* são imaginações fantásticas de uma garota que não sofria com as restrições das tarefas e da mera realidade. Kingston percorre os ancestrais de sua mãe e fala francamente sobre expressões antifemininas do povo chinês, como "Ao pescar por tesouros no rio, tenha cuidado para não puxar meninas" e "Não há lucro em criar meninas. É melhor criar gansos do que garotas".

Talvez, então, não seja de admirar que Kingston tenha sofrido as críticas mais fortes daqueles de sua própria cultura. Vários homens chineses foram atrás de Maxine, criticando-a por tudo, desde sua liberdade criativa com lendas chinesas até seu casamento com um homem branco. O dramaturgo e ativista Frank Chin, em nome do orgulho masculino sino-estadunidense, lançou o ataque mais vicioso e ácido a *Woman Warrior*, depreciando-o como "submisso" e "escrita pessoal". Chin também chama a atenção para a personalidade de Maxine, dando como exemplo "Orientalia Ornamental", chamando-a de "falsa deusa" criada pelo "culto aos mentirosos".

Claramente, Kingston irritou algumas pessoas com o poder de sua escrita, tocando nas questões críticas de raça e gênero de uma forma que fez sua obra se tornar "o livro de um autor vivo mais amplamente ensinado nas universidades e faculdades americanas", como observado pelo ex-poeta laureado Robert Hass. Em *Woman Warrior*, a batalha interior da protagonista de Kingston se desenrola silenciosamente dentro dos limites de sua mente — raça, gênero, espírito, identidade, enredando-se na dualidade de uma cultura que desvaloriza as meninas ao mesmo tempo em que as lendas dizem "que nós falhamos se crescemos para ser apenas esposas ou escravas. Podemos ser heroínas, espadachins."

A INFLUÊNCIA DE UMA GUERREIRA LITERÁRIA

Kingston credita Virginia Woolf como sendo uma grande influência no seu trabalho. "Virginia Woolf quebrou as restrições de tempo, de gênero, de cultura. Orlando pode ser um homem. Orlando pode ser uma mulher". Inspirada por Woolf para experimentar pontos de vista de raça e gênero, ao que Kingston foi além, segundo ela "agora posso escrever como homem, como uma pessoa negra, como uma pessoa branca; eu não estou restrita ao tempo ou à forma física."

JUDY CHICAGO: ADIVINHE QUEM VEM JANTAR?

Judy Chicago chocou o mundo da arte com "The Dinner Party", sua instalação de mídias mistas feita com artesanato tradicional feminino — agulhas, tecelagem, cerâmica, porcelana pintada e plástico. Judy Cohen, nascida em Chicago em 1939, logo partiu para a incipiente cena artística em Los Angeles, no início dos anos 1960. Depois que seu marido Jerry Gerowitz morreu em um acidente de carro, Judy mudou seu nome para Judy Chicago a pedido de Rolf Nelson, dono de uma galeria. Nelson deu-lhe esse epíteto em parte devido ao seu forte sotaque do meio-oeste e em parte devido ao seu forte sentido de propósito. Em uma performance no Cal State Fullerton em 1969, havia uma placa na porta da frente com a seguinte frase: *Pelo presente, Judy Gerowitz despoja-se de todos os nomes que lhe são impostos pelo domínio social masculino e escolhe livremente o seu próprio nome, Judy Chicago.* A partir de 1973, Chicago começou a trabalhar no "The Dinner Party", mas logo percebeu que seu ambicioso projeto de arte precisava de ajuda e acabou com um exército de enormes faixas soletrando os nomes apresentados na mesa triangular de catorze metros, com placas vúlvicas de design único e jogos americanos suntuosamente bordados à mão. Cada prato honra uma mulher cuja contribuição foi significativa para a história. O trabalho incrivelmente detalhado de "The Dinner Party" mostra a pesquisa, o cuidado e a meticulosidade do projeto. O jogo americano das amazonas está repleto de labirintos, o machado duplo sagrado e couraças, uma lua crescente, entre muitas outras minúcias. Um total de 999 mulheres são nomeadas na obra de Chicago, gravadas nos azulejos de cerâmica triangular (o Poder da Deusa Tríplice!) no Heritage Floor do Museu do Brooklyn.

"The Dinner Party" foi provavelmente o clímax da expressão artística do feminismo dos anos 1970. Apesar deste esplêndido feito, a maioria dos museus não estava disposta a exibir a instalação. No entanto, São Francisco se banqueteou com Chicago e sua obra-prima, que atraiu a maior multidão já reunida para ver a abertura de uma exposição — mais de cem mil pessoas. Embora os engravatados que governam o mundo da arte continuem a cuspir desculpas, "The Dinner Party" teve vida própria. A instalação foi celebrada em fotografias, livros e arte performática, e está indelevelmente impressa na história da arte. Judy Chicago, cujo último empreendimento é "The Birth Project", certamente alcançou o que ela se propôs a fazer ao "simbolizar a longa história da realização feminina", ressaltando a compreensão de que "a história da civilização ocidental, como a entendemos, falhou em representar a experiência de metade da raça humana".

Lista de convidadas da Dinner Party de Judy Chicago:
Deusa Primordial
Deusa da Fertilidade
Kali
Deusa Serpente
Sofia
Amazona
Hatexepsute
Judite
Safo
Apasia
Boadicea
Hipátia
Marcella
Santa Brígida
Theodora
Rosvita
Trótula
Leonor da Aquitânia
Hildegarda de Bingen
Petronilla de Meath
Cristina de Pisano
Isabel d'Este
Elizabeth R.
Artemisia Gentileschi

Anna Van Schurman
Anne Hutchinson
Sacajawea
Caroline Herschel
Mary Wollstonecraft
Sojourner Truth
Susan B. Anthony
Elizabeth Blackwell
Emily Dickinson
Ethel Smyth
Margaret Sanger
Natalie Barney
Virgínia Woolf
Georgia O'Keeffe

BELL HOOKS: UMA LÍNGUA INDOMADA

Nascida Gloria Jean Watkins na pequena cidade de Hopkinville, Kentucky, em 1952, a poeta, teórica feminista e professora bell hooks cresceu como uma entre seis crianças vendo seu pai trabalhar como zelador e sua mãe limpar casas para brancos. Gloria foi uma das primeiras a participar de aulas dessegregadas e lamentou pela perda do senso de comunidade e segurança que a dessegregação causou: "Dói deixar para trás memórias, escolas que foram 'nossas', lugares que nos honraram." Ela foi criada para ser educada e ter boas maneiras, mas Gloria não "tinha papas na língua". Por responder e dizer o que realmente pensava, ela foi repreendida por uma vizinha como sendo "uma parente de bell hooks [sua avó materna] — uma mulher de língua afiada... Gloria deveria ter sido uma doce garota do Sul, quieta, obediente, agradável. Ela não devia ter aquele traço selvagem característico das mulheres do lado materno." Com isso, Gloria mudou o seu nome e continuou encontrando a sua própria voz.

Ela encontrou sua vocação ainda muito jovem, quando tinha dez anos, compondo poemas. Então, enquanto trabalhava como telefonista para pagar as aulas em Stanford, a bell de dezenove anos compartilhou seus escritos com as colegas de trabalho, mulheres negras da classe trabalhadora que alimentaram o seu talento e a encorajaram a contar ao mundo a verdade sobre ser negra e mulher. Desde então, enquanto continua a escrever poesia, sua fama como escritora vem de ensaios críticos sobre raça, gênero e classe.

Ela obteve o doutorado em Literatura Inglesa, ensinou inglês e estudos afro-americanos em várias instituições de todo o país, incluindo Yale, Oberlin, São Francisco State e City College of New York. Publicou seu trabalho pela primeira vez em 1981 no livro *E eu não sou uma mulher?*, um título citando e homenageando a grande heroína Sojourner Truth. O livro de bell teve um impacto imediato, nomeado como um dos vinte livros mais importantes para mulheres. E ainda mais importante para bell, ela recebeu centenas de cartas de mulheres negras, incluindo muitas leitoras pobres e da classe trabalhadora de todo os EUA, que lhes disseram que *E eu não sou uma mulher?* mudou suas vidas. Para bell, o objetivo de um feminismo totalmente inclusivo em vez de uma "tradicional escola de meninas" das mulheres brancas da Ivy League estava a caminho de ser realizado, uma busca que ela continua até hoje. "Passar do silêncio à fala é para os oprimidos, os colonizados, os explorados e os que estão de pé e lutam lado a lado em um gesto de desafio que torna possível uma nova vida e um novo crescimento. Aquele ato de falar, de responder, não é um mero amontoado de palavras vazias, é a expressão do nosso movimento, do objetivo ao subjetivo — a voz livre." Ela continua escrevendo, incluindo um livro com Cornel West, *Breaking Bread: Insurgent Black Intellectual Life*, para nos pedir que acordemos para os vários "ismos" que são socialmente criados e pessoalmente dolorosos.

Eu estava sempre dizendo a coisa errada, fazendo as perguntas erradas. Eu não podia limitar o meu discurso aos cantos e preocupações necessárias da minha vida.
Bell Hooks

GUERRILLA GIRLS: ARTISTAS FEMINISTAS E ATIVISTAS

As Guerrilla Girls são um grupo de mulheres artistas e profissionais da arte que fazem cartazes sobre sexismo e racismo no mundo da arte e na cultura em geral. Essas autointituladas benfeitoras feministas se veem como contrapartes de Robin Hood, Batman e o Cavaleiro Solitário, usando humor para provocar discussões e usando máscaras de gorila para que o foco fique nos problemas, não em suas personalidades. Em dez anos, elas produziram setenta cartazes que viajaram pelo mundo nas mãos de mentes semelhantes. O slogan delas? "Podemos ser qualquer um; estamos em toda parte."

·REFERÊNCIAS BIBLIOGRÁFICAS·

ABBOT, Willis J. *Notable Women in History*. Londres: Greening & Co., 1913.
African Americans: Voices of Triumph-Creative Fire. Alexandria, VA: Time-Life Books, 1994.
African Americans: Voices of Triumph-Leadership. Alexandria, VA: Time-Life Books, 1993.
African Americans: Voices of Triumph-Perseverance. Alexandria, VA: Time-Life Books, 1993.
ASHTON, Helen; DAVIES, Katherine. *I Had a Sister*. Londres: Lovart Dickson Limited, 1937.
BALLENGER, Seale. *Hell's Belles*. Berkeley, CA: Conari Press, 1997.
BAKER, Daniel B. (Org.). *Explorers and Discoverers of the World*. Detroit, MI: Gale Research, 1993.
BANKS, Olive. *The Biographical Dictionary of British Feminists*, v. 1. NY: New York University Press, 1985.
BEGOS, Jane DuPree (Org.). *A Women's Diaries Miscellanys*. Weston, CT: MagiCircle Press, 1989.

BELL, Robert E. *Women of Classical Mythology*. Santa Bárbara, CA: ABC-
-CLIO, Inc., 1991.

BELLAFANTE, Ginia. "Kudos for a Crusader". *Time*, 20 de outubro de
1997, p. 65.

BERNEY, K.A. (Org.). *Contemporary Women Dramatists*. Detroit, MI: St.
James Press, 1994.

BIBLOWITZ, Iris et al. *Women and Literature*. Cambridge, MA: Women and
Literature Collective, 1976.

BIEDERMANN, Hans. *Dictionary of Symbolism: Cultural Icons and the Meanings
Behind Them*. Nova York, NY: Facts on File, Inc., 1992.

BIGELOW, Barbara Carlisle (Org.). *Contemporary Black Biography*, v. 5.
Detroit, MI: Gale Research, Inc., 1994.

_____. (Org.). *Contemporary Black Biography*, v. 6. Detroit, MI: Gale
Research, Inc., 1994.

_____. (Org.). *Contemporary Black Biography*, v. 7. Detroit, MI: Gale
Research, Inc., 1995.

BLASHFIELD, Jean F. *Hellraisers, Heroines, and Holy Women*. Nova York, NY:
St. Martin's Press, 1994.

BOIS, Danuta. "Distinguished Women of Past and Present". 1997.

BREMSER, Martha (Org.). *International Dictionary of Ballet*, 2 vols. Detroit,
MI: A Bruccoli Clark Layman Book, 1997.

BROWN, Ivor. *Dark Ladies*. Londres: Collins Press, 1957.

CAMPBELL, Karlyn Kohrs (Org.). *Women Public Speakers in the United
States, 1800-1925*. Westport. CT: Greenwood Press, 1993.

CAMPBELL, Karlyn Kohrs (Org.). *Women Public Speakers in the United
States, 1800-1925*. Westport, CT: Greenwood Press, 1994.

CARLSON, Margaret. "Back in the Saddle". *Time*, 27 de outubro de 1997.
p. 27.

CARPENTER, Humphrey; PRICHARD, Mari. *The Oxford Companion to
Children's Literature*. Nova York, NY: Oxford University Press, 1984.

CECH, John (Org.). *American Writers for Children, 1900-1960*. Detroit,
MI: Gale Research Inc., 1983.

CHANG, Hsiao-hung. "Gender Crossing in Maxine Hong Kingston's
Tripmaster Monkey". Society for the Study of the Multi-Ethnic Literature
of the U.S., 1997.

CHONIN, Neva. "The Women of Rock Interviews: Joan Baez". *Rolling Stone*,

n. 773, 13 de novembro de 1997. p. 155.

CHUJOY, Anatole; MANCHESTER, P. W. (Org.). *The Dance Encyclopedia*. NY: Simon e Schuster, 1967.

CLARK, Ella; EDMONDS, Margot. *Sacagawea of the Lewis and Clark Expedition.* Berkley e Los Angeles, CA: Jornal da Universidade da Califórnia, 1979.

COULSON, John, (Org.). *The Saints.* NY: Hawthorn Books, 1958.

CRENSHAW, Nadine. *Scully X-posed.* Rocklin, CA: Prima Publishing, 1997.

_____. *Xena X-posed.* Rocklin, CA: Prima Publishing, 1997.

CULLEN-DUPONT, Kathryn. *The Encyclopedia of Women's History in America.* NY: Facts on File, Inc., 1996.

DELEON, David (Org.). *Leaders from the 1960s.* Westport, CT: Greenwood Press, 1994.

DUNN, Katherine. "The Women of Rock Interviews: Courtney Love". *Rolling Stone*, n.773, 13 de novembro de 1997. pp. 164-6. Museu Nobel Eletrônico. "The Nobel Prizes". 1997. Disponível em: <http://www.nobel.se/prize>.

ELFE, Wolfgang D.; HARDIN, James (Org.). *Dictionary of Literary Biography*, v. 75, *Contemporary German Fiction Writers.* Detroit, MI: A Bruccoli Clark Layman Book, 1988.

ELLET, Elizabeth. *The Women of the American Revolution.* v. II. NY: Haskell House Publishers Ltd., 1969.

ENCICLOPÉDIA britânica. Disponível em: <http://www.eb.com:180>.

ESTES, Glenn E. (Org.). *American Writers for Children Since 1960: Fiction.* Detroit, MI: Gale Research Inc., 1986.

FARAGHER, John Mark (Org.). *The Encyclopedia of Colonial and Revolutionary America.* NY: Facts on File, 1990.

FELDER, Deborah G. *The 100 Most Influential Women of All Time.* NY: A Citadel Press Book, 1996.

FORBES, Malcolm. *Women Who Made a Difference.* NY: Simon e Schuster, 1990.

FOX News. "India's Bandit Queen Threatens Suicide". 21 de novembro de 1997.

FRANKLIN, John Hope; MEIER, August (Org.). *Black Leaders of the Twentieth Century.* Urbana, IL: Jornal da Universidade de Illinois, 1982.

FRASER, Antonia. *The Warrior Queens.* NY: Alfred A. Knopf, Inc., 1989.

FRONTLINE. "The Karen Silkwood Story". 13 de novembro de 1997.

Disponível em: <http://www.pbs.org/wgbh/pages/frontline/shows/reaction/interact/silkwood.html>.

GAAR, Gillian. *She's a Rebel*. Seattle, WA: Seal Press, 1992. Ute Gacs. *Women Anthropologists: Selected Biographies*. Illini Books ed. Urbana: Jornal da Universidade de Illinois, 1989, c. 1988.

GALE Research, Inc. "Celebrating Women's History Month Biographies". 1997. Disponível em: <http://www.thomson.com/gale/whmbios.html>.

GARDNER, Elysa. "The Women of Rock Interviews: Bonnie Raitt". *Rolling Stone*, n.773. 13 de novembro de 1997. p. 157.

GAROFALO, Janeane. "The Women of Rock Interviews: Jewel". *Rolling Stone*, n.773. 13 de novembro de 1997. p. 162.

GEOCITIES. 1997. Disponível em: <http://www.geocities.com>.

GERTEN-JACKSON, Carol. "Georgia O'Keeffe (1887-1986)". 1 de outubro de 1997. Disponível em: <http://www.yawp.com/cjackson/okeefe/ookeefe_bio.htm>. 3

GILBERT, Ronnie. *Ronnie Gilbert on Mother Jones*. Berkeley, CA: Conari Press, 1993.

GILLOGLY, Jim. "Modesty Blaise Chronology". 20 de novembro de 1997. Disponível em: <http://www.cs.umu.se/~kenth/modesty.html>.

GOLEMBA, Beverly E. *Lesser-Known Women*. Boulder, CO: Lynne Rienner Publishers, 1992.

GONOS, Mike. Batgirl Online. 18 de dezembro de 1997. Disponível em: <http://www. netvista.net/~mpg/batgirl/batgirl.html>.

HAMILTON, Jill. "The Women of Rock Interviews: Ani DiFranco". *Rolling Stone*, n. 773. 13 de novembro de 1997. p. 150.

HARDIN, James; DAVIAU, Donald (Org.). *Dictionary of Literary Biography*, v. 85. *Austrian Fiction Writers After 1914*. Detroit, MI: A Bruccoli Clark Lyman Book, 1989.

HAWKINS, Walter L. *African American Biographies*. Jefferson, NC: MacFarland and Company, 1992.

HENDERSON, James D.: HENDERSON, Linda Roddy. *Ten Notable Women of Latin America*. Chicago: Nelson-Hall, 1978.

HERRERA, Hayden. "Portrait of Frida Kahlo as a Tehuana". *Heresias #4*, Edição de Inverno, 1978. p. 245.

HERTSGAARD, Mark. "Who Killed Petra Kelly?" *Mother Jones,* 18(1), jan-fev, 1993. p. 13.

HICKOK, Ralph. *The Encyclopedia of North American Sports History.* NY: Facts on File, Inc., 1992.

HINE, Darlene Clark (Org.). *Black Women in America: An Historical Encyclopedia,* 2 vols. Brooklyn, NY: Carlson Publishing, 1993.

HIRSHEY, Gerri. "The Women of Rock Interviews: Madonna". *Rolling Stone,* n. 773. 13 de novembro de 1997. pp. 98-100.

_____. "Jodi Foster". *Rolling Stone,* n. 600. 21 de março de 1991. pp. 34-41, 88-9.

HO, Fred (Org.). *Sheroes Womyn Warrior Calendar.* Brooklyn, NY: Autonomedia, 1998.

HOOKS, Margaret. *Tina Modotti: Photographer and Revolutionary.* São Francisco, CA: Pandora, 1993.

THE INTERNATIONAL *Who's Who of Women.* Londres: Europa Publications, Limited, 1992.

JAMES, Edward T.; JAMES, Janet Wilson (Orgs.). *Notable American Women 1607-1950.* 3 vols. Cambridge, MA: The Belknap Press of Harvard University Press, 1971.

JOHNSON, Anne Janette. *Great Women in Sports.* Detroit, MI: Visible Ink, 1996.

KAEL, Pauline. *5001 Nights at the Movies.* NY: Henry Holt and Company, 1991.

KELLY, Christina. "The Women of Rock Interviews: Melissa Etheridge". *Rolling Stone,* n. 773. 13 de novembro de 1997. p. 159.

KERSEY, Ethel M. *Women Philosophers.* Westport, CT: Greenwood Press, 1989.

KINCAID, Jamaica. "Pam Grier: The Mocha Mogul of Hollywood". *Ms.* agosto de 1975, 1997.

KLINE, Nancy. *Elizabeth Blackwell: A Doctor's Triumph.* Berkeley, CA: Conari Press, 1997.

KOPMANIS, Gretchen. "Modesty Blaise". 20 de novembro de 1997. Disponível em: <http://www.cs.umu.se/~kenth/modesty.html>.

KOHN, Howard. "Malignant Giant". *Rolling Stone,* 11 de junho de 1992. pp. 92-7.

KORTE, Mary Norbert. "Judi Bari: Hero of the Forest Movement". Artigo original não publicado, 1997.

KRAMARAE, Cheris: TREICHLER, Paula A. *Amazons, Bluestockings, and Crones.*

Londres: Pandora Press, 1992.

KUHN, Annette; RADSTONE, Susannah (Orgs.). *Women in Film, An International Guide*. NY: Ballantine Books, 1990.

_____. (Orgs.). *The Women's Companion to International Film*. Berkley, CA: Jornal da Universidade da Califórnia, 1994.

LABLANC, Michael L. (Org.). *Contemporary Black Biography*, v.1. Detroit, MI: Gale Research, 1992.

LEON, Vicki. *Uppity Women of Ancient Times*. Berkeley, CA: Conari Press, 1995.

LOGAN, Rayford; WINSTON, Michael (Orgs.). *Dictionary of American Negro Biography*. NY: W.W. Norton & Company, 1982.

LUNARDINI, Christine, Ph.D. *What Every American Should Know About Women's History*. Holbrook, MA: Bob Adams, Inc., 1994.

MABUNDA, L. Mpho, (Org.). *Contemporary Black Biography*, v. 8. Detroit, MI: Gale Research Inc., 1995.

MABUNDA, L. Mpho; PHELPS, Shirelle (Orgs.). *Contemporary Black Biography*, v. 11. Detroit, MI: Gale Research Inc., 1996.

MAGILL, Frank N. *Magill's Cinema Annual 1987*. Pasadena, CA: Salem Press, 1987.

_____. *Magill's Cinema Annual 1990*. Pasadena, CA: Salem Press, 1990.

_____. *Magill's Cinema Annual 1992*. Pasadena, CA: Salem Press, 1992.

_____. *Magill's Cinema Annual 1993*. Pasadena, CA: Salem Press, 1993.

_____. *Magill's Cinema Annual 1994*. Pasadena, CA: Salem Press, 1994.

_____. *Great Lives from History: American Series*, vols. 1 e 4. Pasadena, CA: Salem Press, 1987.

_____. *Magill's Survey of Cinema: English Language Films*, First Series, v. 4. Englewood Cliffs, NJ: Salem Press, 1980.

_____. *Magill's Survey of Cinema: English Language Films*, Second Series, v. 1. Englewood Cliffs, NJ: Salem Press, 1981.

MALINOWSKI, Sharon (Org.). *Nottable Native Americans*, Detroit, MI: Gale Research, Inc., 1995.

MARTIN, Rick; CHAMBERS, Veronica. "High Heels, Low Esteem". *Newsweek*, 13 de outubro de 1997. p. 71.

MCDONNELL, Evelyn. "The Women of Rock Interviews: Queen Latifah". *Rolling Stone*, n. 773. 13 de novembro de 1997. p. 122.

MCELRATH, Susan. "Mary McLeod Bethune Council House". 1997.

Disponível em: <http://www.nps.gov/mamc>.

MCHENRY, Robert (Org.). *Famous American Women*. Nova York, NY: Dover Publications Inc., 1981.

MILLMAN, Joyce. "Personal Best: Silence of the Lambs". *Salon*. 1997. Disponível em: <http://www.salonmagazine.com/weekly/lambs960930.html>.

MILLS, Kay. "Literature by Lode and by Lore". *Los Angeles Times*, 25 de agosto de 1985.

MIZRAHI, Isaac. *The Adventures of Sandee the Supermodel*. 3 vols. NY: Edições Simon & Schuster, 1997.

MOMPOULLAN, Chantal. *Interviews with Eight American Women of Achievement*. Voice of America, 1985.

MUTEN, Burleigh (Org.). *Return of the Great Goddess*. Boston, MA: Shambhala Publications, 1994.

O'DONNELL, Peter. "How It Could Have Been..." 20 de novembro de 1997. Disponível em: <http://www.cs.umu.se/~kenth/modesty.html>.

OPFELL, Olga S. *Women Prime Ministers and Presidents*. Jefferson, NC: McFarland & Company, Inc., 1993.

OSBON, Diane K. (Org.). *Reflections on the Art of living: A Joseph Campbell Companion*. NY: HarperCollins Publishers, 1991.

PARKMAN, Mary Rosetta. *Heroines of Service*. Freeport, NY: Books for Libraries Press, 1969.

PHELPS, Shirelle. *Contemporary Black Biography*, v. 12. Detroit, MI: Gale Research Inc., 1996.

_____. *Contemporary Black Biography*, v. 15. Detroit, MI: Gale Research Inc., 1997.

POND, Steve. "Wild Things Run Fast: Joni Mitchell". *Rolling Stone*, 25 de novembro de 1982. pp. 27-9, 87.

PRAGER, Arthur. "The Secret of Nancy Drew: Pushing Forty and Going Strong". *Saturday Review*, 25 de janeiro de 1969. pp. 18-9, 34-5.

RAGSDALE, Bruce A.; TREESE, Joel D. *Black Americans in Congress, 1870-1989*. Gabinete de Impressão do Governo dos EUA, 1990.

RAVEN, Susan; WEIR, Allison. *Women of Achievemen*. Nova York, NY: Harmony Books, 1994.

READ, Phyllis J.; WITLIEB, Bernard L. *The Book of Women's Firsts*. NY: Random House, 1992.

Redes de Televisão a&e. "Biography." 1997

REISMAN, Don (Org.). *Portraits of American Women,* v. II. NY: St. Martin's Press, 1991.

ROSE, Phyllis (Org.). *The Norton Book of Women's Lives.* NY: W.W. Norton & Company, 1993.

ROSENBERG, Bob. "Frequently Asked Questions About Tank Girl". 15 de dezembro de 1997. Disponível em: <http://www.cs.ucl.ac.uk/staff/b.rosenberg/tg/FAQ.html>.

SALEM, C. (Org.). *African American Women: A Biographical Dictionary.* NY: Garland Publishing, 1993.

SALMONSON, Jessica Amanda. *The Encyclopedia of Amazons.* NY: Paragon House, 1991.

SANDERS, Jonathan. "Why Batgirl?". 18 de dezembro de 1997. Disponível em: <http://www.geocities.com/EnchantedForest/2635/why.htm>.

SAPIEHA, Virgilia; NEELY, Ruth; COLLINS, Mary. *Eminent Women: Recipients of the National Achievement Award.* Menasha, WI: George Banta Publishing Company, 1948.

SCALISE, Kathleen. "The Hunmanities Medal for Kingston". *Berkleyan,* 1-7 de outubro de 1997.

SCHLUETER, Paul; SCHLUETER, June (Orgs.). *An Encyclopedia of British Women Writers.* NY: Garland Publishing, Inc. 1988.

SCHONBERG, Bent (Org.). *World Ballet and Dance 1992-1993. An International Yearbook.* Londres: Dance Books Ltd., 1993.

SHARMA, Arvind; YOUNG, Katherine K. (Org.). *The Annual Review of Women in World Religions.* v. II, *Heroic Women.* Albany, NY: Jornal da Universidade do Estado de Nova York, 1992.

SHATTOCK, Joanne. *The Oxford Guide to British Women Writers.* NY: Jornal da Universidade de Oxford, 1993.

SMITH, Jessie Carney. *Epic Lives: One Hundred Black Women Who Made a Difference.* Detroit, MI: Visible Ink, 1993.

_____. *Notable Black American Women.* Detroit, MI: Gale Research, Inc., 1992.

_____. (Org.). *Notable Black American Women,* Livro II. Detroit, MI: Gale Research, Inc., 1994.

STEPHENS, Autumn. *Wild Women.* Berkeley, CA: Conari Press, 1992.

STINEMAN, Esther. *American Political Women.* Littleton, CO: Libraries

Unlimited, Inc., 1980.

SIRCH, Willow Ann. *EcoWomen: Protectors of the Earth.* Golden, CO: Fulcrum Publishing, 1996.

TARDIFF, Joseph C.; MABUNDA, L. Mpho (Orgs.). *Dictionary of Hispanic Biography.* Detroit, MI: Gale Research Inc., 1996.

TERRACE, Vincent. *Television Character and Story Facts.* Jefferson, NC: McFarland and Company Inc. 1993.

THURSTON, Herbert S. J.; ATTWATER, Donald (Orgs.). *Butler's Lives of the Saints.* Londres: Burns and Oates, 1956.

TINLING, Marion. *Women Remembered.* Westport, CT: Greenwood Press, 1986.

_____. *Women into the Unknown.* Westport, CT: Greenwood Press, 1989.

TRAVERS, Peter. "A Woman on the Verge: Thelma e Louise". *Rolling Stone.* 18 de abril de 1991. pp. 97-8.

UGLOW, Jennifer S. *The Continuum Dictionary of Women's Biography.* NY: Continuum, 1984.

UGLOW, Jennifer; HINTON, Frances (Orgs.). *The International Dictionary of Women's Biography.* NY: Continuum; Macmillan, 1982.

_____. (Orgs.). *The International Dictionary of Women's Biography.* NY: Continuum, 1989.

VIETNAM Veterans of America Foundation. "The Nobel Peace Prize for 1997: International Campaign to Ban Landmines (ICBL) and Jody Williams". 30 de dezembro de 1997. Disponível em: <http://www. vvaf.org/landmine.html>.

WARNER, Marina. *From the Beast to the Blonde: On Fairy Tales and Their Tellers.* NY: Farrar, Straus e Giroux, 1994.

WEISER, Marjorie; ARBEITER, Jean. *Womanlist.* Canadá: McClelland e Stewart Ltd., 1981.

WHITMAN, Alden (Org.). *American Reformers.* NY: The H. W. Wilson Company, 1985.

WILLIAMS, Ora. *American Black Women in the Arts and Social Sciences.* Metuchen, NJ: The Scarecrow Press, 1994.

WINTLE, Justin (Org.). *Makers of Modern Culture.* NY: Facts on File, Inc., 1981.

_____. (Org.). *Makers of 19th Century Culture 1800-1914.* Boston, MA: Routledge & Kegan Paul, Ltd., 1982.

WOMEN's International Center Biographies. 1997. Disponível em: <http://www.wic.org/bio>.

WOODMAN, Marion. *Leaving My Father's House: A Journey to Conscious Femininity.* Boston, MA: Shambhala Publications, 1992.

WRIGHT, Elizabeth (Org.). *Feminism and Psychoanalysis.* Cambridge, MA: Blackwell Reference, 1992.

YAHOO's Web CelebSite Biographies. Disponível em: <http:// la.yahoo.com/external/webceleb>.

ZWOLINSKI, Zbigniew. "Maria Sklodowska-Curie, 1867-1934". 21 de novembro de 1997. Disponível em: <http://hum.amu.edu.pl/~zbzw/ph/sci/msc.htm>.

ZIA, Helen; GALL Susan B. (Orgs.). *Notable Asian Americans.* Detroit, MI: Gale Research, 1995.

ZOPHY, Angela Howard; KAVENIK, Frances M. (Orgs.). *Handbook of American Women's History.* Biblioteca de Referência Garland, 1990.

Ouça este e milhares de outros livros no Ubook.
Conheça o app com o **voucher promocional de 30 dias**.

Para resgatar:
1. Acesse **ubook.com** e clique em **Planos** no menu superior.
2. Insira o código #ubk no campo **Voucher Promocional**.
3. Conclua o processo de assinatura.

Dúvidas? Envie um e-mail para contato@ubook.com

*

Acompanhe o Ubook nas redes sociais!
 ubookapp   ubookapp   ubookapp